DISTEL VERLAG

Hans See / Eckart Spoo (Hg.)

Wirtschaftkriminalität – Kriminelle Wirtschaft

Distel Verlag

DISTEL HEFTE · Beiträge zur politischen Bildung · Band 33
Herausgegeben von Uli Dieterich und Marion von Hagen

Sonnengasse 11, 74072 Heilbronn.

Druck und Bindung: Fritz Steinmeier, Nördlingen.
Umschlagentwurf: Jürgen Knauer, Heilbronn.
ISBN 3-929348-16-0

Inhalt

Einleitung

Der damalige Chef der Deutschen Bank, Hilmar Kopper, schuf das Wort des Jahres, als er die knapp eine halbe Milliarde Mark, die das renommierte Geldinstitut im Betrugsfall des Baulöwen Jürgen Schneider eingebüßt hatte, als »Peanuts« bezeichnete. Für ihn war der Fall des Immobilien-Spekulanten, der bei seinem Konkurs eine Betrugsmasse von rund fünf Milliarden hinterlassen hatte, offenbar nichts Besonderes.

Tatsächlich gibt es so viele andere Fälle mit schweren und schwersten Schäden für Staat und Gesellschaft, auch für die Wirtschaft selbst, daß es denen, die ihre Verluste mühelos nach unten weitergeben können, auf ein paar Konkurse und auf einige Tausende Arbeitslose mehr oder weniger nicht mehr ankommt. Von den Opfern redet sowieso niemand.

Wer erinnert sich noch des Sportbodenherstellers Balsam? Schneider und Balsam, beide hochgeschätzte, weil erfolgreiche Unternehmer, verursachten mit relativ kleinen Unternehmen in kurzer Zeit einen Schaden von mindestens vier Milliarden Mark. Das sind immerhin 4000 Millionen und wären, umgerechnet, 16000 (in Worten: sechzehntausend) Banküberfälle, jeder mit einer Beute von einer Viertelmillion Mark. Aber Balsam war kein Bankräuber. Nachdem sein Milliardenbetrug an seinen Kreditgebern anonym angezeigt worden war, versuchte ein Staatsanwalt sogar, die Akte auf Eis zu legen. Und weil der Erste Kriminalhauptkommissar Karl-Heinz Wallmeier gegen die Order von oben den Fall dennoch ins Rollen brachte, wurde ihm ein disziplinargerichtliches Verfahren angehängt.

Die meisten der bekannt werdenden Wirtschaftsdelikte sind schnell wieder vergessen. Es sind einfach zu viele. Die Meldungen überschlagen sich.

Bei der Lektüre einiger weniger Zeitungen und Zeitschriften trug die Kriminologin und Redakteurin der Zeitschritt »Business Crime«, Monika Weißler, zwischen April und Juni 1997 unter anderen folgende Meldungen zusammen:

- Acht Filialen eines Berliner Bestattungsunternehmens ließen es sich 100 bis 250 DM pro Auftrag kosten, ihre Wettbewerber illegal auszuschalten. Aus »schwarzen Kassen« floß reichlich Schmiergeld an Beschäftigte in Polizeidienststellen, Bezirksämtern, Krankenhäusern und Pflegeheimen für ertragreiche Auftragsvermittlung.
- 40 bis 70 Prozent »Öko-Eier« erwiesen sich bei Untersuchungen des Deutschen Tierhilfswerks in verschiedenen Testgebieten der Bundesrepublik als Eier aus Legebatterien.
- 80 000 DM kassierte die Dresdner Bank dafür, daß sie das Vermögen einer alten Dame in fünf Jahren um 6 000 DM vermehrte.
- Im Jahre 1995 »verdienten« 41 Medizinprofessoren der Uni-Klinik in Mainz 46 Millionen Mark Nebeneinnahmen.
- 120 deutsche Firmen betrieben Rüstungsschmuggel und belieferten heimlich das iranische Mullah-Regime.
- 20 Millionen DM kassierte der Korruptionsring »Netzwerk«, bestehend aus VW-Mitarbeitern, die Zulieferaufträge gegen Schmiergeld vergaben, von dem Züricher Anlagebauer ABB für ein Auftragsvolumen von rund 400 Millionen DM.
- 16 Millionen DM Sanierungsaufwand entstand allein in einem einzigen Fall unter vielen anderen Fällen illegaler Entsorgung von PCB-haltigem Sondermüll, den ein führender Unternehmer der Recycling-Wirtschaft als Wirtschaftsgut deklariert hatte.
- Dem Bauunternehmer Wolfgang H. wird vorgeworfen, 19 Millionen DM überhöhte Fördergelder unberechtigt für den Bau von Sozialwohnungen kassiert zu haben.
- 36 Millionen DM transferierte eine Geldwäsche-Organisation zwischen 1993 und 1995 über eine Wechselstube in Frankfurt a.M. ins Ausland. Hinweise US-amerikanischer Drogenfahnder führten auf die Spur.
- 42 Millionen DM Strafe zahlen nach Angaben des amerikanischen Justizministers die Schweizer Chemiekonzerne Hoffman-La Roche und Jungbunzlauer International AG. Sie bekennen sich illegaler Preisabsprachen schuldig. Ihr dadurch erzielter krimineller Profit ist nicht bekannt.
- Christoph Meili, der Züricher Wachmann, der die Vernichtung von Dokumenten über die Kollaboration zwischen Schweizer Banken und den Nationalsozialisten verhinderte, ist aus der Schweiz emigriert: »Ich habe in den USA um politisches Asyl gebeten, weil ich in der Schweiz behandelt werde wie ein Krimineller«.

– 265 Millionen DM Strafgelder müssen Stromleitungshersteller zahlen, die ein Kartell gebildet hatten und damit Wucherpreise durchsetzten. 14 Hersteller, zwei Organisationen der Kabelindustrie sowie 23 Personen sind in das Verfahren verwickelt.

Es handelt sich – wie gesagt – nur um eine sehr kleine Auswahl aus einer Überfülle von Meldungen. Sie zeigt: Wirtschaftskriminalität ist allgegenwärtig und verursacht größere Schäden als alle übrigen Verbrechensarten – außer vielleicht Kriegen. Experten gehen davon aus, daß die Zahl der unentdeckt bleibenden Delikte im Bereich der Wirtschaft besonders hoch ist. Erkennbar ist sie nur an den Symptomen der wirtschaftlichen Dauerkrise.

Doch nach öffentlicher und veröffentlichter Meinung sind es keineswegs die profitmaximierenden Herren im Nadelstreifen, die mit der »Tatwaffe Unternehmen« die innere Sicherheit der Staaten und Staatengemeinschaften gefährden. Gefährlich sind – sagen die Ordnungspolitiker, und viele glauben es nur allzu gern – die Ausländer, Asylsuchenden, die illegalen Zuwanderer und Schwarzarbeiter. Innenminister Kanther: »Wer in Deutschland von Kriminalität redet, der muß von den Ausländern reden.« Vielleicht auch von korrupten Beamten. Das sorgt für Wahlkampfstimmung. Mit dem Thema Wirtschaftskriminalität dagegen ist offenbar kein Staat zu machen. Keine der großen Parteien zeigte sich bisher geneigt, die nachweisliche Gefährdung von Sozialstaat und Demokratie durch Wirtschaftskriminalität im Wahlkampf aufzugreifen.

Neuerdings wird von seiten der Wirtschaft massiv versucht, Delikte, die Arbeiter und Angestellte zum Schaden ihres Arbeitgebers begehen, als Wirtschaftskriminalität darzustellen. Doch der Arbeitnehmer, der seinen Arbeitgeber beklaut, seine Versicherung betrügt, ist kein Wirtschaftskrimineller, er ist ein Dieb oder Betrüger.

Bei Wirtschaftskriminalität handelt es sich in der Regel um Kapitalbeschaffungs-, Kapitalverwertungs- und Kapitalsicherungskriminalität. Das aber heißt, es handelt sich um Bereicherungskriminalität der Reichen, der etablierten »Oberwelt«. Sie ist die ganz alltägliche, für sensationelle Berichterstattung nur selten geeignete Kriminalität des Kapitals, die Kriminalität der Wirtschaft.

Die Wirtschaft ist – was gern vergessen oder als ganz selbstverständlich hingenommen wird – nach wie vor eine demokratiefreie Zone. In ihr herrscht Eigentumsrecht, nicht demokratisches Stimmrecht, hier gilt nach wie vor das Fürsten- oder Führerprinzip, nicht die repräsentative und schon gar nicht die direkte Demokratie. Freie Wirtschaft steht also in einem strukturellen Widerspruch zur sozialen und demokratischen Rechtsstaatlichkeit. Ein Widerspruch, der durch Tarifautonomie und andere Formen des ungleichen – aber gesetzlich geregelten – Tauziehens von Verbänden und Parteien um die richtigen Grenzwerte des Sozialen und Ökologischen nur unzureichend überbrückt werden kann. Die jeweiligen Grenzen der unternehmerischen Betätigungsfreiheit werden auf demokratischer Grundlage in Gesetzen festgeschrieben. Aber:

– Wirtschaftskriminalität ignoriert diese demokratisch zustande gekommene Gesetze und macht grundsätzlich alles und alle zu ihren Opfern, um neben den legalen zusätzliche illegale Profite zu erzielen. Sie richtet sich in erster Linie gegen konkurrierende Wirtschaftsunternehmen, aber auch gegen Geschäftspartner, gegen Kapitalanleger, gegen Versicherungen, also gegen das Kapital selbst. Wenn das Argument Gehör findet, daß Wirtschaftskriminalität eine Gefahr darstelle, dann allenfalls mit Blick auf die Bedrohung der Einzelkapitale selbst oder auch auf das System.

– Wirtschaftskriminalität richtet sich auch gegen Arbeitnehmer. Denn die Kriminalität des Kapitals gegen das Kapital zerstört Arbeitsplätze, soziale Sicherungssysteme, ganze Sozialordnungen. Zu ihren Opfern gehören neben den Arbeitern und Angestellten auch die nicht immer mit diesen identischen Verbraucher, Patienten, Klienten, Verkehrsteilnehmer, Beschäftigte und Nutzer von Kultureinrichtungen, Beschäftigte und Mitglieder von Sozialverbänden, Gewerkschaften, Kirchen.

– Wirtschaftskriminalität untergräbt daher auch nahezu unbemerkt die fundamentalen Rechts- und Sicherheitsgarantien der Gesellschaft. Sie ruiniert Staat und Kommunen, denn sie räubert – oft auch durch Wegsehen oder gar mit aktiver Unterstützung korrumpierter Politiker und höherer Beamter – die Staats- und Sozialkassen aus. Oft genug verbirgt sie sich hinter der sogenannten kommunalen oder staatlichen Verschwendungssucht und hinter der gewissenlosen Überschuldungspolitik. Und sie setzt damit die für einen sozialen, demokratischen und ökologisch verantwortlichen Rechtsstaat unentbehrliche politische Steuerungskapazität bis zum Grad ihrer Unwirksamkeit herab. So verkümmert soziale, demokratische und ökologische Politik zu symbolischer Gesetzgebung, reduziert sich auf Versprechen und Flaggezeigen, provoziert mit ihrer Untätigkeit und Unwirksam-

keit die Sehnsucht nach dem starken Staat, am Ende gar dem Polizei- und Führerstaat.
- Wirtschaftskriminalität nimmt keine Rücksicht auf Grenzen und Regulierungen; sie beutet die Menschen aus - und die Natur.

Wenn wir vom Gesetzesbruch der Wirtschaft sprechen, muß daran erinnert werden, daß die Vertreter der Wirtschaft vom Staat Rechtssicherheit, Schutz und Freiheit des Eigentums verlangen. In Vergangenheit und Gegenwart haben sie sich immer wieder Gesetze wie Maßanzüge zuschneiden lassen. Diese Gesetze finden sich vor allem im Sozial- und Wirtschaftsrecht. Aus der Sicht derer, die über kein oder nur unbedeutendes Kapital verfügen, ermöglichen oder fördern die meisten dieser Gesetze die völlig legale Bereicherung auf ihre Kosten und - teilweise - auch die Ausplünderung der mittelständischen Schichten durch Kreditgeber und Monopolisten.

Der den Unternehmern näher als den Arbeitnehmern stehende bürgerliche Rechtsstaat legalisierte und legalisiert - trotz überwundenem Dreiklassenwahlrecht und zugelassener Gewerkschaften, auch trotz propagierter sozialer Mittelstandspolitik - heute noch Wirtschaftsmethoden, die von den meisten Opfern, und nicht nur von diesen, als Verbrechen erlitten und gewertet werden. Die Arbeiterbewegung hatte der legalen Ausbeutung sozialstaatlich-demokratische Grenzen gezogen. Nachdem aber die klassenbewußte Arbeiterbewegung und der Realsozialismus besiegt sind, wittert Kapitalmacht wieder Morgenluft. Nun soll auch noch die gewinnschmälernde »Gefälligkeitsdemokratie« abgebaut werden, die die Unternehmer den Sozialpolitikern aller Parteien (außer der kapitalfrommen FDP) anlasten. Dazu muß das Globalisierungsargument herhalten, der sogenannte internationale Wettbewerb. Gemeint ist allerdings nicht der Leistungswettbewerb zwischen konkurrierenden Unternehmen um bessere Produkte, sondern die Senkung der in den ursprünglichen Industrienationen erreichten Demokratie-, Sozial- und Umweltstandards.

Globalisierungs- und Wettbewerbsargumente reichen offensichtlich aus, um zu rechtfertigen, daß kostenwirksame Grundprinzipien der Verfassung, Errungenschaften der modernen Zivilisation, nämlich die Unverletztlichkeit der Menschenwürde, die Menschenrechte und die freie Entfaltung der Persönlichkeit, dem Interesse einer profitableren Kapitalverwertung unterworfen werden. Sie reichen auch aus, Chancengleichheit oder auch nur Chancengerechtigkeit, den Schutz der Gesundheit und das Recht auf Bildung, die eigentlich auch den kollektiven Unternehmerinteressen dienen, den individuellen Unternehmerfreiheiten unterzuordnen.

Obwohl die meisten Wirtschafts- und Sozialgesetze auf die Interessen der Kapitaleigner zugeschnitten sind, werden sie demontiert und wenig respektiert. Wirtschaftsverbrechen, als der bewußte Verstoß gegen nationale und – soweit im Ansatz vorhanden – internationale Wirtschafts- und Sozialgesetze, sind zu einem Kernproblem der modernen sozial- und rechtsstaatlichen Demokratien geworden. Die Gesetze sind nun einmal nicht mehr nur zum Schutz des bestehenden kapitalistischen Wirtschaftssystems da, der Sozialstaat ist nicht mehr nur »ideeller Gesamtkapitalist«, auch nicht mehr nur »Nachtwächterstaat«, der die Reichen vor Eigentumsfeinden, seien es Diebe oder Kommunisten, schützt. Auch die Bundesrepublik ist – nicht nur laut Verfassung, sondern auch kraft ihrer zur sozialstaatlichen Demokratie stehenden Bürgerinnen und Bürger – ein sozialer und demokratischer Rechtsstaat. Dieser Staat hat den Schutz wichtiger, man sollte hinzufügen, auch überlebenswichtiger Rechtsgüter der Menschen zu garantieren. Alle diejenigen, die die freiheitlich-demokratische Grundordnung, die innere Sicherheit oder das Wirtschaftssystem von der Straße, den Werkshallen oder den Gewerkschaftszentralen her bedroht glauben, sollten sich mit dem Gedanken vertraut machen, daß die Gefahr mehr denn je von den demokratisch unkontrollierten Chefetagen unserer transnational und an geltendem Recht vorbei operierenden Unternehmen ausgeht. Denn wenn und soweit sich dort wirtschaftskriminelle Praktiken zur Erzielung ständig größerer Anteile an illegalen Gewinnen durchsetzen und nach den Gesetzen des Wettbewerbs alle übrigen Marktteilnehmer in den Sog dieses Strudels hineinziehen, dann droht diesem Wirtschaftssystem die Selbstzerstörung. Erinnert sei an einen Satz des damaligen FDP-Wirtschaftsministers Hans Friderichs, der anläßlich der Novellierung des Wettbewerbsrechts am 14. Juni 1973 in seiner Stellungnahme vor dem Deutschen Bundestag sagte: »Die Novellierung wesentlicher Elemente der Wettbewerbspolitik gebietet den Selbstzerstörungsprozessen unseres praktizierten Systems Einhalt.« Zehn Jahre später war die FDP – und auch ihr vom Minister zum Vorstandssprecher der Dresdner Bank aufgestiegene Hans Friderichs – tief in den Flick-Parteienspenden-Skandal verwickelt. Die wirtschaftshörigste Partei der Bundesrepublik Deutschland war es, die mit ihren Wirtschafts- und Finanzministern einen größeren Beitrag zum Selbstzerstörungsprozeß der sozialen Marktwirtschaft geleistet hat als alle mutmaßlichen zerstörerischen Kräfte, falls sie dies wirklich von unten oder von außen versucht haben sollten.

Wirtschaftskriminalität, die unter dem weiten Mantel staatlich garantierter unternehmerischer Betätigungsfreiheit stattfindet und sich unter wohlwollenden Blicken von Finanzverwaltungen und Gerichten enorme Wettbewerbsvorteile und Extraprofite verschafft, gesetzestreue Wettbewerber ausschaltet, ruiniert, private Monopolisierung der Märkte vorantreibt und die Kontroll- und Regelfunktionen der Marktmechanismen außer Kraft setzt, zerstört die Grundlagen des politischen Systems, auf das sich das Kapital zu seiner metademokratischen Selbstlegitimation beruft.

Der erste öffentliche Kongreß über Wirtschaftskriminalität fand im Oktober 1996 in Frankfurt a.M. statt. Aus ihm ist das Buch hervorgegangen. Veranstalter waren »Business Crime Control«, der DGB Hessen, die Gewerkschaft Handel Banken und Versicherungen, die Gewerkschaft Holz und Kunststoff, der Bund demokratischer Wissenschaftlerinnen und Wissenschaftler, die Vereinigung Demokratischer Juristinnen und Juristen, der Fachbereich Sozialarbeit der Fachhochschule Frankfurt und nicht zuletzt die 1989, am 200. Jahrestag der Französischen Revolution unter dem Motto »Freiheit, Gleichheit, Mitmenschlichkeit« gegründete »Bürgerinitiative für Sozialismus«.

»Dieser Kongreß«, sagte der stellvertretende Vorsitzende von Business Crime Control, Kriminaldirektor a.D. *Dieter Schenk*, in seiner Eröffnungsrede, »ist der erste in der Geschichte Deutschlands, der sich unter dem Aspekt der Verteidigung des Sozialstaats und der Demokratie dem Problem der Wirtschaftskriminalität widmet. Natürlich gab es schon einige Expertentreffen, meist handverlesene juristische Zirkel und Gruppen von Top-Spezialisten, die sich mit Repräsentanten der Politik trafen, um über Erscheinungsformen, soziologische und psychologische Aspekte von Wirtschaftskriminalität, vor allem Fragen des Wirtschaftsstrafrechts, der besseren Gesetzgebung, der Strafverfolgung und des gerechten Strafmaßes, nachzudenken. Geändert hat sich bekanntlich wenig. So trafen sich im November 1976 in Straßburg die Direktoren der Kriminologischen Forschungsinstitute zu ihrer zwölften Konferenz und behandelten dort die kriminologischen Aspekte der Wirtschaftskriminalität. Die Öffentlichkeit hat von diesem Treffen keine Kenntnis genommen. »Sieben Jahre später, 1983«, so Schenk, »in der Zeit, als ich in der Stabsstelle Interpol des

Bundeskriminalamtes tätig war, fand auch dort eine zweifellos wichtige Expertentagung zum Problem der Wirtschaftskriminalität statt. Wieder war es ein Austausch von Expertenwissen ohne Breitenwirkung. Einer meiner BKA-Kollegen, Kriminaldirektor Wilhelm Berk, fand damals Worte der Erklärung, deren Aktualität man heute kaum bezweifeln kann.« Berk hatte gesagt: »Die Wirtschaftskriminalität eines Landes steht in enger Beziehung zu seiner Wirtschaftsordnung. Bei dem heutigen extrem harten Konkurrenzkampf und einer schon längst nicht mehr an den Realitäten orientierten, psychologisch raffiniert gestalteten Suggestivwerbung in allen Massenmedien der verunsicherten Konsumentengesellschaft, die nach immer höherem Lebensstandard strebt, werden die moralischen und gesetzlichen Grenzen gewaltsam hinausgeschoben, um immer größere Freiräume zu schaffen. An die Stelle des seriösen Wirtschaftsverhaltens ist das Machbare getreten; das Machbare ist legitim geworden. In einem so offenen Wirtschaftssystem wird die Bandbreite der Ansatzpunkte und Einstiegsmöglichkeiten für kriminelle Elemente durch die derzeitige Wirtschaftslage noch erheblich erweitert.«

Schenk kommentierte die Aussage seines Kollegen so: »Damit mag in Zusammenhang stehen, daß die Zahl der Einkommensmillionäre 1989 bis 1992 in den alten Bundesländern von 17000 auf 23000 stieg, um rund 40 Prozent. Natürlich, man kann auch mit ehrlicher Arbeit Millionär werden, aber der Kriminalist, der ich mal war, kommt angesichts dieser Zahlen ins Grübeln.«

Das BKA befaßt sich – zumindest sieht es von außen so aus – nach wie vor mit Wirtschaftskriminalität nur ganz am Rande. Kriminalitätsformen wie Terrorismus und Organisierte Kriminalität finden ungleich größere Beachtung. 1994 waren zehn von 4320 der BKA-Beamten zur Bekämpfung der Umweltkriminalität eingesetzt, die bekanntlich ein Unterfall von Wirtschaftskriminalität ist. Zehn sind es auch heute noch. Dagegen wird – so Schenk – »immense Manpower in eine überholte Drogenbekämpfung fehlinvestiert«. Lediglich in den USA liegen die Verhältnisse etwas günstiger. Aber auch dort wird Verbrechensbekämpfung nicht in erster Linie auf dem Gebiet der sogenannten »white collar crime« oder »corporate crime« betrieben. Dieter Schenk betonte deshalb in seiner Eröffnungsrede zum Kongreß: »Als Gründungsmitglied und einer der Vorsitzenden der Organisation Business Crime Control betrachte ich es als einen Durchbruch, daß dieser Kongreß fünf Jahre nach der Gründung von BCC endlich in dem Rahmen stattfinden kann, der dem Problem angemessen ist.«

Es war ein Kongreß, an dem nicht nur juristische, kriminalistische und sozialwissenschaftliche Spezialisten teilnahmen, sondern sozialkritische Publizisten und eine große Zahl sozial und ökologisch engagierter Arbeiter, Angestellte, Beamte, Studentinnen und Studenten.

Dieter Hooge, der Vorsitzende des Landesbezirks Hessen des Deutschen Gewerkschaftsbundes, der neben Dieter Schenk den Kongreß eröffnete, sprach im Zusammenhang mit der Wirtschaftskriminalität vom neoliberalen Zeitgeist: »Wir müssen dazu beitragen, daß er nicht weiter zum Spielball geistig-moralischer Deregulierung wird. Steuerhinterziehung und Steuervermeidung werden im ›Naturschutzpark des großen Geldes Bundesrepublik Deutschland‹ in weiten Teilen der Öffentlichkeit beharrlich als Kavaliersdelikte betrachtet. Das ist kein Zufall, daran wird gedreht. Ich würde mich nicht wundern, wenn Straffreiheit und Amnestie als Pflege des Wirtschaftsstandortes Deutschland gefordert würden. Wenn ich mir den Wirtschaftsteil der FAZ ansehe, wundert mich langsam nichts mehr.«

Hooge nannte ein Beispiel: »Als der begründete Verdacht bei der Frankfurter Commerzbank (höchstes Bürohaus Europas) aufkam, daß dieses Geldhaus möglicherweise seit 1988 jährlich 500 Millionen Steuern vermieden habe, wurde heftig gezetert. Da war von Rufmordkampagne und Kriminalisierung des Bankgewerbes die Rede. Direktoren protestierten und sahen den Ruf Frankfurts als Bankenplatz in Gefahr. Unabhängig davon erstatteten die Herren mit den Nadelstreifen aber sofort Selbstanzeige, um – rein prophylaktisch – einer Strafverfolgung zu entgehen. Ich habe seinerzeit versucht, öffentlich zu thematisieren, ob nicht solches Geschäftsgebaren bei großen Banken (wenn dies nicht nur bei der Commerzbank – sozusagen – üblich ist) ein Licht auf die Ursachen der horrenden Verschuldung der Stadt Frankfurt und auch des Landes Hessen wirft. Diese Fragestellung wurde von den Frankfurter Zeitungen und auch vom Hessischen Rundfunk nicht aufgegriffen. Nach betriebswirtschaftlichen Kriterien betrachtet sind die Stadt Frankfurt und das Land Hessen bereits pleite. Zwar liegt Hessen beim Wirtschaftswachstum im ersten Halbjahr 1996 weit vorn im Vergleich zu allen Bundesländern. Trotzdem gibt es im Haushalt 1997 des Landes eine Deckungslücke. Weitere Einsparungen rigoroser Art im Sozialbereich kündigen sich an. Die Wirtschaft wächst, der DAX explodiert, die Finanzen des

Landes aber befinden sich in einem katastrophalen Zustand. Wie paßt das zusammen?«

»Wir müssen«, so Hooge, »die Definition dessen, was Wirtschaftskriminalität ist, sehr weit fassen. Denn: Illegale Beschäftigung, Scheinselbständigkeit, der Einsatz von EU-Leiharbeitern, von Werkvertrags-Arbeitnehmerinnen und -Arbeitnehmern oder auch von sogenannten geringfügig Beschäftigten, Lohn- und Sozialdumping bei geschätzten fünf Millionen derartiger Arbeitsverhältnisse – ist dies nicht auch schwere Wirtschaftskriminalität?«

Hooge verwies schließlich darauf, daß bei der Bundesregierung kein politischer Wille zu erkennen sei, diese Wirtschaftskriminalität zu bekämpfen. »Und wenn die Bundesvereinigung der Deutschen Arbeitgeberverbände mit sturer Beharrlichkeit im Tarifausschuß des Bundesarbeitsministers die Allgemeinverbindlichkeit des Tarifvertrags für einen Mindestlohn in der Bauindustrie blockiert, dann hat dies eine simple Ursache: Lohn- und Sozialdumping – ein gigantisches Umverteilungsprogramm von unten nach oben. Es geht um Milliarden, die auf diesem Weg über den Profit in die Taschen von Unternehmern und Selbständigen transferiert werden. Und es ist dazu noch ein krimineller Griff in die Sozialkassen unseres Landes. Aber wird dies in der Öffentlichkeit – besser: in der veröffentlichten Meinung – als Wirtschaftskriminalität betrachtet? Und was ist Tarifflucht? Was ist Druck auf die Arbeitnehmerinnen und Arbeitnehmer, unbezahlte Mehrarbeit zu leisten, wie z.B. bei Burda in Offenburg oder bei Viessmann in Nordhessen? Ist dies Wirtschaftskriminalität? Und wenn unsere Kolleginnen und Kollegen in der Automobilindustrie und anderen Branchen nicht Widerstand geleistet hätten, gestreikt hätten, wäre dann nicht in weiten Bereichen der Wirtschaft Rechts- und Tarifbruch bei der Lohnfortzahlung im Krankheitsfall Praxis geworden? Anstatt flächendeckende Flächentarifverträge anzuwenden, wäre dann flächendeckend Tarifbruch und Rechtsbruch praktiziert worden? Und wo kein Kläger ist, ist auch kein Richter.« Hooge resümierte: »Gegen Wirtschaftskriminalität, gegen die Zerstörung der sozialen Demokratie ist eine breite soziale Bewegung notwendig. Widerstand gegen Wirtschaftskriminalität ist möglich. Widerstand ist unerläßlich, damit die Ökonomie die Demokratie nicht auffrißt.«

Die in diesem Band versammelten Aufsätze greifen alte grundlegende Fragen sowohl unter historischen als auch unter aktuellen Aspekten auf. Gesamtgesellschaftliche und spezielle Problemanalysen werden aus verschiedensten Blickwinkeln mit Hilfe unterschiedlichster Bewertungskriterien untersucht. Kennzeichen aller Aufsätze ist es, daß sie nicht nur das Strafrechts-, sondern auch das Sozialstaats-, das Ökologie- und das Demokratieproblem in die Betrachtungen und Analysen einbeziehen, wie es von den Veranstaltern des Kongresses beabsichtigt war.

Gedankt sei allen, die zum Gelingen des Kongresses beigetragen haben. Stellvertretend für viele seinen genannt: der Rektor der Fachhochschule Frankfurt a.M., Rolf Kessler; der Komponist Ingomar Grünauer und die Sängerin Petra Bassus, die musikalische Beiträge zum Thema leisteten; der Künstler Klaus Staeck, der eine Plakatausstellung stiftete; Ralph Kollwig und Heinz in der Wiesche.

Dieses Buch widmen wir in Dankbarkeit dem Schauspieler *Rolf Becker*, der zu dem Frankfurter Kongreß einen tief beeindruckenden, leider nicht reproduzierbaren künstlerischen Beitrag leistete. Er bot mit seinen Rezitationen ein großartiges Beispiel dafür, daß sozial engagierte Künstler für die Aufklärung über vordergründig eher abstrakt wirkende Themen unentbehrlich sind.

Frankfurt a.M. / Hannover, im Juli 1997 Hans See / Eckart Spoo

I. Freies Wirtschaften – legal oder kriminell?

Hans See

Wirtschaftsverbrechen – Gefahr für Sozialstaat und Demokratie

Vorbemerkung

Der demokratische und soziale Rechtsstaat ist gefährdet – und mit ihm der für Arbeitnehmer, Gewerkschaften, Schlechterverdienende und sozial Schwache besonders wichtige Standortvorteil Demokratie. In Staats- und Sozialkassen herrscht gähnende Leere. Eine bessere Methode, den Sozialstaat zu zerstören, als ihm sein Geld zu nehmen, gibt es nicht. Dabei werden die Reichen immer reicher. Damit das so bleibt, muß an Otto Normalverdiener und den Sozialleistungsberechtigten gespart, müssen immer neue Quellen der Bereicherung erschlossen werden.[1]

Die Quellen der Bereicherung

Es gibt viele Quellen der Bereicherung. Zu ihnen zählen – neben den klassischen, der ausbeutbaren Arbeitskraft und der Natur – mindestens fünf weitere, die offensichtlich immer bedeutender, weil profitabler werden, nämlich die Massenarbeitslosigkeit, die Staatsschulden, die Steuerprivilegien, die Spekulation und die Wirtschaftsverbrechen.

Massenarbeitslosigkeit drückt Löhne und Gehälter der Beschäftigten. Sie erhöht auf Dauer Kapitalerträge mehr, als Arbeitslose in Lohn und Brot zu setzen. Sonst gäbe es die Arbeitslosen nicht.[2] Au-

---

1 Zur Sozialstaatsdebatte: W. Abendroth: Das Grundgesetz, Pfullingen 1966; H.-H. Hatwig: Sozialstaatspostulat und Status quo, Köln/Opladen 1970; E. Altvater: Sozialpolitik im »globalen Dorf«, in: F. Hengsbach/M. Möhring-Hesse: Eure Armut kotzt uns an!, Solidarität in der Krise, Frankfurt a. M. 1995.

2 St. Welzk: Boom ohne Arbeitsplätze, Köln 1986.

ßerdem profitieren die Kapitalverwerter von der Schwarzarbeit, bei der es sich, auch wenn es diesen Begriff noch gar nicht gibt, um Schwarzausbeutung handelt. Aber die Schwarzausbeuter stehen außerhalb jeder Kritik.

Staatsschulden sind Vermögen derjenigen, die genug Geld haben, den Staat zu beleihen. Jährlich bringen die Staatsschulden den Geldverleihern - obgleich diesen schon ungezählte legale Möglichkeiten geboten werden, ihre Steuern zu senken - einen Profit von annähernd 1000 Milliarden Mark. Diese ungeheure Summe muß vom ehrlichen Steuerzahler aufgebracht werden. Ob der große Schuldengewinnler diesen Profit aus der Staatskasse versteuert, ist zu bezweifeln.[3]

Die *steuerliche Privilegierung* der Reichen, das faktische Recht der Selbstveranlagung, ermöglicht es darüber hinaus, die allseits beklagten Spitzensteuersätze durch zum Teil inszenierte und vom Fiskus allzu großzügig anerkannten Verluste auf dem Wege der Abschreibung gegen Null zu senken.[4] Man braucht nur die dazu gehörende Unverschämtheit - und wer Geld hat, hat auch diese.

Spekulationen ersetzen zunehmend Investitionen. Die US-amerikanische Wissenschaftlerin Susan Strange hat das treffende Wort vom »Casino-Kapitalismus« geprägt. Weit über 1000 Milliarden Dollars vagabundieren täglich um die Welt, um jede kleine Devisen- oder Wertpapier-Preisschwankung gewinnbringend auszunutzen, wenn nicht sogar zu verursachen.[5]

Dieses auf der lokalen wie der globalen Ebene gespielte Monopoly bringt sehr viel Geld. Der »global player« braucht, um gewinnbringend zu spielen, nicht einmal unbedingt die Gesetze zu verletzen. Denn nahezu alles sind legalisierte, zumindest großzügig geduldete und weithin akzeptierte Gewinnspiele. Legalität ist freilich nicht gleichbedeutend mit legitim.

Doch lassen wir die sogenannten legalen oder legalisierten sozialschädlichen Praktiken beiseite. Hier geht es um *Wirtschaftskriminalität*, organisierte Kriminalität und Korruption. Um *Wirtschaftsverbrechen*. Mit ihrer Hilfe wird neben den legalen Bereicherungsquellen die immer attraktiver werdende und immer kräftiger sprudelnde Reich-

3 R. Roth: Wie der Staat die Reichen immer reicher macht, in: H. Schui/E. Spoo (Hg.): Geld ist genug da. Reichtum in Deutschland, Heilbronn 1996.

4 Dazu F. Schmid: Steuer-Kriminalität (in diesem Band).

5 A. Kostolany: ...und was macht der Dollar? Im Irrgarten der Währungsspekulation, Düsseldorf/Wien/New York 1987. Auch E. Altvater, a. a. O. (Anm. 1).

tumsquelle des systematischen Gesetzesbruches ausgeschöpft. Die Verbrechen der Wirtschaft mit ihren enormen Wettbewerbsvorteilen und Gefahren sollen hier einer etwas genaueren Betrachtung und Bewertung unterzogen werden.

Eine Schadensbilanz

Wenn wir uns nur über Steuer-, Anlage- und Subventionsbetrüger, wirtschaftskriminelle Kapitalschmarotzer und Korrupteure aller Branchen unterhalten, unterhalten wir uns - bezogen auf die Bundesrepublik Deutschland - über mindestens 200 Milliarden Mark. So hoch ist die Summe, die dem Staat und damit dem größten Teil der Gesellschaft jedes Jahr auf dem Wege krimineller Umverteilung von Volksvermögen entzogen wird.[6] Sie verschwindet meist auf anonymen in- und ausländischen Konten, und niemand weiß konkret, was der einzelne Wirtschaftsdelinquent mit diesem Geld verbricht.

Niemand kann genau sagen, wieviel von den kriminell erwirtschafteten Geldern an in- und ausländische Politiker, Parteien, Parlamentarier, Beamte, Regierungsmitglieder, möglicherweise auch an Staatsanwälte und Richter fließt, um die Gesetzgebung, den Verwaltungsvollzug, die Strafverfolgung und den Strafvollzug am Mehrheitswillen der Bevölkerung vorbei und zu deren Nachteil im Interesse und zum Vorteil des Einzelunternehmers oder der Unternehmen ganz generell zu beeinflussen.

Allein durch Steuerkriminalität gehen nach Schätzungen der Deutschen Steuergewerkschaft dem Fiskus - und damit den ehrlichen Steuerzahlern sowie allen, die auf staatliche Leistungen angewiesen sind, jährlich rund 150 Milliarden verloren.[7] Auch der Gesamtheit der Unternehmer, deren Gewinne von einer gut funktionierenden Infrastruktur abhängen. Die Verluste des Fiskus bringen auf der Gewinnerseite mindestens den gleichen Betrag.

Die übrigen Wirtschaftsdelikte, also Subventions-, Ausschreibungs- und Anlagebetrug, verbunden mit Kartellabsprachen, und die unge-

---

6 Zur Schadensdiskussion und den damit zusammenhängenden Definitionsfragen: G.W. Wittkämper/P. Krevert/A. Kohl: Europa und die innere Sicherheit, BKA-Forschungsreihe 35, Wiesbaden 1996.

7 Zur Bestätigung dieser Schätzung: Meinolf Guntermann, stellv. Vors. der DStG (Deutsche Steuergewerkschaft) Landesverband NRW, bei einem Hearing der Grünen im Landtag NRW: Bekämpfung der Steuerhinterziehung - ein Beitrag zu Steuergerechtigkeit und funktionsfähigem Wettbewerb, 6. Sept. 1996 (Skript).

zählten sonstigen Möglichkeiten, als Kapitalverwerter durch Gesetzesverletzung zusätzliche illegale Gewinne zu erzielen, sind mit weiteren 50 Milliarden Mark zu veranschlagen; diese Schätzung ist äußerst vorsichtig. So kommen aber seit der Wiedervereinigung jedes Jahr mindestens 200 Milliarden an materiellen Schäden durch Wirtschaftskriminalität im engeren Sinne, also durch Gesetzesbruch seitens der Wirtschaft, zusammen.

Darin sind allerdings nicht die kaum berechenbaren Schäden aus Umweltverbrechen, die in der Regel ebenfalls Wirtschaftsdelikte sind, enthalten. Umweltkriminalität ist ein Unterfall von Wirtschaftskriminalität. Dabei bezieht sich der Begriff »Unterfall« auf die Systematik der Gesetze. Aus ökonomischer Sicht handelt es sich eher um den Hauptfall, denn die Umweltverbrechen der Wirtschaft sind eine der ertragreichsten Profitquellen überhaupt. Würden diese Schäden zu den genannten hinzugerechnet, würde sich der Gesamtschaden um die 1000 Milliarden Mark bewegen.

Eine weitere riesige Bereicherungsmöglichkeit der Kapitalseite, die ich der Wirtschaftskriminalität zuordne, findet keinen Niederschlag in den geschätzten Schadensbilanzen. Es handelt sich um die von mir so bezeichnete Wissenschaftskriminalität.[8] Hierzu gehören die unerlaubte Forschung, das gesetzwidrige Experimentieren mit Menschen, Tieren und Pflanzen, vor allem jedoch das Gutachterunwesen: die Käuflichkeit von Wissenschaft, von Experten. Ein Gutachten, das wider besseres Wissen leugnet, daß bestimmte Krankheiten durch bestimmte Stoffe verursacht wurden, spart einer einzigen Firma bis zu 250 Milliarden Mark Schadenersatz und Sanierungskosten. Den Schaden tragen die Betroffenen und die Gesellschaft. Das Gutachterunwesen findet sich in den Bereichen der Wirtschaft im allgemeinen, in der Industrieforschung, der Medizin, der Justiz im besonderen. Es als Wirtschaftsdelikt einzustufen, wäre nicht nur notwendig, um sich und anderen die Größe der Gefahren von Wirtschaftsverbrechen bewußter machen zu können, sondern auch, um sich darüber klar zu werden, daß alle Schadensbilanzen total revidiert werden müßten, wenn jede Art von Wirtschaftskriminalität in die Analyseversuche einbezogen würde. Statt dessen wird immer wieder versucht, Straftaten, die von Nicht-Kapitalbesitzern zum Nachteil des Kapitals began-

8 Vgl. dazu: A. Bultmann/F. Schmithals (Hg.): Käufliche Wissenschaft – Experten im Dienst von Industrie und Politik, München 1994.

gen werden, zu Wirtschaftsdelikten hochzustilisieren. Ein Versicherungsbetrug ist, wenn er nicht von einem Unternehmen begangen wird, ein Betrug, ein Delikt gegen die Wirtschaft, aber kein Wirtschaftsdelikt.

Die organisierte Kriminalität

Es wäre durchaus zulässig und sinnvoll, auch die durch die organisierte Kriminalität angerichteten Schäden in die Schadensbilanz der Wirtschaftskriminalität aufzunehmen. Auch in diesem Bereich werden immense Gewinne erzielt, die sich für Staat und Gesellschaft als gewaltiger Schaden bemerkbar machen.

Es bedarf der Erläuterung, aus welchen Gründen ich die organisierte Kriminalität von der übrigen Wirtschaftskriminalität unterscheide. Es ist so üblich und bleibt aus aufklärungs- und bekämpfungstrategischen Gründen sinnvoll, auch wenn in der Praxis eine hinreichend exakte Trennung oft unmöglich ist, zumal sie nicht selten in Personalunion betrieben und begangen werden.

Auch organisierte Kriminalität ist Wirtschaftskriminalität, aber spezialisiert auf kriminalisierte oder monopolisierte Märkte. Solche Märkte zu versorgen, ist ihr Hauptgeschäft. Daher kann organisierte Kriminalität nur als prinzipiell kriminelles Wirtschaften verstanden werden. Daß sich kriminelle Wirtschaft mittels ganz legaler Firmen tarnt, ändert daran nichts.[9]

Auch bei organisierter Kriminalität geht es jährlich um viele hundert Milliarden Mark Schäden. Die Drogengelder und die ungeheuren Profite, die allein durch die Überlassung von Sondermüll an mafiose Entsorger gemacht werden, lassen sich kaum berechnen. Sicher ist allerdings, daß allein aus diesen beiden Geschäftszweigen, dem Handel mit Drogen und Müll (weitere Geschäftszweige sind Menschen- und Waffenhandel), kriminelle Profite zusammenkommen, die der Entwicklung einer mafiosen, einer europäischen, ja globalen Untergrundökonomie, dem Untergrundkapitalismus, eine enorme ökonomische und damit auch politische und ideologische Macht verleihen. Das dürfte keinen Menschen, der sich als Demokrat versteht, auch keine sich demokratisch nennende Partei unberührt lassen.

Zählt man die geschätzten materiellen Schäden zusammen, die

9 H. Hillebrand/H. See: Organisierte Kriminalität OK, in: Positionen 1/93, hg. v. Landeszentrale für politische Bildung Rheinland Pfalz.

durch Wirtschaftskriminalität, Umwelt- und Wissenschaftskriminalität sowie durch organisierte Kriminalität entstehen, haben wir es mit einer Summe zu tun, die das durchschnittliche menschliche Vorstellungsvermögen weit übersteigt. Entsprechend unvorstellbar ist, was mit dieser Summe oder schon mit einem Teil davon zur erfolgreichen Bekämpfung und Behebung der heutigen sozialen und ökologischen Weltprobleme beigetragen werden könnte. Ganz davon abgesehen, daß diese Probleme geringer wären, wenn Wirtschaftsverbrechen erfolgreicher eingedämmt würden.

Asymmetrische Moral

Immer wieder werden in Zeiten schwerer Wirtschaftskrisen Schuldige gesucht. Es verwundert nur politisch Naive, daß die Schuldigen dann hauptsächlich unter den Opfern gefunden werden. Es ist wie in Diskussionen um Vergewaltigungen von Frauen. Am Ende sind die Opfer selbst die Täter. Daß in Zeiten der Not auch der Mißbrauch des sozialen Netzes zunimmt und dagegen vorgegangen werden muß, versteht sich schon aus Gründen der Gerechtigkeit. Wir wissen aber, daß Wirtschaftsverbrechen nur selten aus Not entstehen. Schon der US-Amerikaner Edwin Sutherland hat in seiner berühmten Studie mit dem Titel »White Collar Crime« in den vierziger Jahren nachgewiesen, daß die von ihm untersuchten Unternehmen allesamt immer wieder rückfällig geworden waren[10] – ohne Not.

Der Mißbrauch des sozialen Netzes kostet maximal zwei Milliarden Mark. Eine erkleckliche Summe. Zu den Tätern gehören beispielsweise auch Altenheimgeschäftsführungen, die Sozialhilfe für längst verstorbene ehemalige Heimbewohner kassieren. Selbst wenn es 20 Milliarden wären, die pro Jahr von den so genannten »Sozialschmarotzern« abgesahnt würden, was wäre diese Summe gegen die mindesten 200 Milliarden, die allein von den wirtschaftskriminellen »Kapitalschmarotzern« dem Sozialstaat vorenthalten werden?

Daß die zwei Milliarden sofort wieder in Konsumgüter verwandelt werden, also postwendend in die Wirtschaft zurückfließen, entschuldigt nichts, läßt aber eine Unterscheidung zu zwischen der Kapitalflucht und der Steuerkriminalität auf der einen und der erschwindelten Sozialhilfe auf der anderen Seite. Diesen Unterschied muß man

---

10 E.H. Sutherland: White Collar Crime (The uncut version), New York/London 1983

beachten, wenn über die Schädlichkeit der unberechtigten Sozialleistungen (dazu noch unter dem Aspekt der Gerechtigkeit) diskutiert wird. Derzeit herrscht eine empörende Doppelmoral, vornehmer ausgedrückt, eine moralische Asymmetrie. Wir wissen, daß in der humanistischen Antike und im christlichen Mittelalter – trotz des gepredigten Armutsideals – der Arme nicht die gleichen Rechte wie der Reiche hatte, wir wissen auch, daß Arme noch immer – wie im vorigen Jahrhundert und in vordemokratischen Verhältnissen –als Faulenzer, potentielle Verbrecher, Objekte von Haß und staatlicher Diskriminierung betrachtet und behandelt werden; aber eben dieses Wissen gebietet uns, im Zeitalter der sozialstaatlichen Demokratie eine solche Politik nicht hinzunehmen. Denn Armut ist in unserer Epoche hausgemacht. Nach dem Stand der Wissenschaft, der Produktivität und der verkehrstechnischen Erschließung des Planeten brauchte niemand zu verhungern, niemand ohne eigenes Einkommen und ohne soziale Sicherheit zu leben.

Die Demokratiefrage

Würde die Politik, würden Parteien und Parlamente, Verwaltungen und Regierungen, Polizei und Justiz, Wissenschaft und Medien ernsthaft daran arbeiten, die allein durch Wirtschaftskriminelle verursachten Schäden einzudämmen, durchaus »im Namen des Volkes«, von dem alle Staatsgewalt ausgeht, brauchte Demokratie nicht abgebaut, sondern könnte zum Nutzen aller, vor allem der Bevölkerungsteile, die über kein Kapital verfügen, weiterentwickelt werden. Es geht darum, die Vorherrschaft der Politik gegenüber der Wirtschaft, man kann auch sagen, der Volkssouveränität gegenüber der Kapitalmacht, herzustellen. Gelänge dies, würden sich bald viele soziale Probleme fast von selbst lösen. Wahrscheinlich würde auch der Mißbrauch des sozialen Netzes durch diejenigen, die sich die Wirtschaftskriminellen zum Vorbild auserwählten, merklich nachlassen. Vor allem wäre dies ein entscheidender Beitrag zur Bekämpfung der organisierten Kriminalität. Doch leider haben die professionellen Gesetzesbrecher der legalen Wirtschaft einen Bonus. Immer noch finden sie ein zu großes Verständnis in den Medien und damit auch in der Bevölkerung, in der Politik, sogar in Teilen der Polizei, bei vielen Staatsanwälten und vor Richtern.

Was tun?

Was können, was sollen wir tun? Gerechterweise muß man erwähnen, daß sich in den vergangenen Jahrzehnten da und dort etwas bewegt hat. So wurden in den 60er Jahren Schwerpunktstaatsanwaltschaften eingerichtet, und zur Zeit der sozialliberalen Koalition, im Jahre 1976, wurde sogar ein Wirtschaftskriminalitätsgesetz verabschiedet. Nicht zuletzt, um der damals gegen den Kapitalismus rebellierenden studentischen Jugend den Wind aus den Segeln zu nehmen. Aber trotz aller Fortschritte bei der Bekämpfung von Wirtschaftsverbrechen wird man bei näherer Befassung mit dem Problemkomplex den Eindruck nicht los, daß die Sache von den meisten Politikern – wenn überhaupt – nur mit spitzen Fingern angefaßt wird. Um so härter wird bei den Kleinkriminellen zugeschlagen. Mit ihnen lassen sich die Kriminalstatistiken aufbessern, die Risiken der Strafverfolger, daß sie am Ende vor Gericht noch scheitern, minimieren. Denn Wirtschaftsgangster können durch alle Instanzen gehen und sich oft die angesehensten Anwälte leisten. Darüber hinaus finden Großkriminelle fast immer Verständnis, wenn sie Wettbewerb oder Arbeitsplatzsicherung als ihre Tatmotive nennen. Auch wer eine Räuberbande gründet, schafft Arbeitsplätze. Doch wohin soll es führen, wenn jedes Verbrechen, das angeblich oder wirklich Arbeitsplätze sichert oder schafft, von vornherein Verständnis oder Unterstützung findet?

Der Fortschritt in der Politik ist eine Schnecke. Dagegen wird in den wichtigen Bereichen der globalen Wirtschaft, also auch der globalen Wirtschaftskriminalität und der globalen organisierten Kriminalität, längst mit Überschallgeschwindigkeit, mit modernsten Transportmitteln für Personen, Waren und Informationen, modernster Elektronik gearbeit, selbstverständlich mit Internet, E-Mail und Handy, oft auf höchstem organisatorischen und theoretischen Niveau. Es handelt sich um Profis. Darauf muß sich einstellen, wer etwas bewirken will.

Eine wirksame Bekämpfung von Wirtschaftsverbrechen wird dadurch behindert, daß nach wie vor die meisten Wirtschafts- und Sozialwissenschaftler so tun, als ginge sie das alles gar nichts an. Dabei bestehen gewaltige Forschungs- und Wissensdefizite.[11] Was wir brauchen, ist eine gut ausgestattete Forschung auf dem Gebiet der Wirt-

11 Vgl zu diesem Komplex H. See: Kapital-Verbrechen. Die Verwirtschaftung der Moral, Frankfurt 2. Aufl. 1992

schaftskriminologie. Ohne fundierte Kenntnisse über Ursachen, Strukturen, Funktionen und Folgewirkungen von Wirtschaftsverbrechen jeglicher Art ist es schwer, systematische Aufklärungsarbeit zu organisieren.

Keine Mystifizierung, sondern wissenschaftliche Klarheit

Um Wirtschaftskriminalität (Wikri) erfolgreich bekämpfen zu können, muß also zuerst das öffentliche Bewußtsein auf die Gefahren und Schädlichkeit dieser Verbrechensform gelenkt werden. Dann muß eine systematische wissenschaftliche Beschäftigung mit dem Thema beginnen. Die Aufklärung muß weiter vorangetrieben und am Ende auch politisch organisiert werden. Bei der Bewußtseinsbildung darf nicht, wie es immer wieder und immer noch geschieht, von den Wirtschaftsdelikten durch Verharmlosung abgelenkt werden. Die beliebte »Schwarze-Schafe«-Theorie ist längst widerlegt. Auch die Verwirrspiele »Wir sind alle Wirtschaftskriminelle«, Steuerhinterziehung sei doch ein »Volkssport«, dürfen nicht von der Tatsache ablenken, daß Volkssportler Amateure sind, die wirtschafts-, sozial- und umweltpolitisch brisante Steuerkriminalität aber von Vollprofis betrieben wird. Dennoch werden solche Charakterisierungen nach wie vor von Persönlichkeiten benutzt, denen andere Gehör und Glauben schenken.[12]

Auch mit der von vielen Politikern und Medien betriebenen Mystifizierung des organisierten Verbrechens wird teils absichtlich, teils ungewollt Ablenkung betrieben. So groß die Gefahren sind, die von der organisierten Kriminalität (Polizeikürzel OK) ausgehen, wird mit dieser allenfalls die Hälfte des Problems erfaßt. Dazu noch sehr diffus. Denn es fehlt an Begriffen, die zum Begreifen der Zusammenhänge geeignet sind. Deshalb muß die Anstrengung des Definierens, die ich den Leserinnen und Lesern dieses Beitrags zumute, noch ein Stück weitergeführt werden. Mein Vorschlag ist, zunächst zwischen dem legalen und dem kriminalisierten Teil des jeweiligen Wirtschaftssystems und zwischen Kapital und Arbeit auch im Bereich der Wirtschaftskriminalität zu unterscheiden. Wirtschaftskriminalität gehört demnach zum legalen Bereich der Wirtschaftsordnung. Organisierte Kriminalität ist dagegen von vornherein Untergrundkapitalismus.

---

12 Vgl. dazu: H. See: Sichern effektive Steuerverwaltungen die Funktionsfähigkeit der Wirtschaft?, in: »Business Crime«, Nr. 2/3, Oktober 1996, S.10.

Wirtschaftskriminalität dient der Erzielung von Extraprofiten, die in der Regel die legalen Gewinne nicht übersteigen. Wenn allerdings ein grundsätzlich seine Gewinne legal erwirtschaftendes Unternehmen auf Dauer und hauptsächlich kriminelle Gewinne angestrebt und erzielt, ist das Unternehmen nur noch Tarnfirma. Dann muß von organisierter Kriminalität gesprochen werden. Bei welchen Anteilen krimineller Gewinne die Grenze von der Wirtschaftskriminalität zur organisierten Kriminalität überschritten wird, bei 30 oder 50 Prozent, ist eine ähnlich schwierige Frage wie die der Bestimmung eines Grenzwerts im Gesundheits- bzw. Umweltschutz.[13]

Die Grenze kann nicht in letzter Instanz wissenschaftlich, über sie muß politisch entschieden werden. Mit der Definition von organisierter Kriminalität, die heute im Polizeibereich in Gebrauch ist, läßt sich aus wissenschaftlicher Sicht wenig anfangen. Sie ist ebensogut geeignet, die ganz alltägliche Wirtschaftskriminalität zu erfassen. Auch diese ist durch »Gewinn- und Machtstreben« bestimmt, wird »planmäßig«, »arbeitsteilig« und »auf unbestimmte Dauer« unter »Verwendung gewerblicher oder geschäftsähnlicher Strukturen« begangen, auch unter Anwendung von »Einschüchterung« oder unter »Einflußnahme auf Politik, Medien, öffentliche Verwaltung, Justiz oder Wirtschaft«.

Was heute offiziell unter OK verstanden wird, läßt sich derzeit nur einigermaßen sicher sagen, weil der allgemeinen Definition bestimmte Deliktgruppen beigefügt sind. Diese reichen vom »Rauschgifthandel und -schmuggel, Waffenhandel und -schmuggel, Kriminalität im Zusammenhang mit dem Rotlichtmilieu und Schutzgelderpressung« bis zur Herstellung und Verbreitung von Falschgeld. Schon bei der ebenfalls aufgelisteten »unerlaubten Arbeitsvermittlung und Beschäftigung« und beim »Betrug zum Nachteil von Versicherungen« ist es äußerst zweifelhaft, ob diese Delikte eine Spezialität der OK sind. Hier wäre wiederum wichtig zu wissen, welches Unternehmen mit welchem Umsatz- bzw. Gewinnanteil am Umsatz den Versicherungsbetrug begeht.

Wirtschaftskriminalität ist – strafrechtlich gesehen – der Verstoß

13 Aus der oben (Anm. 6) genannten BKA Studie erfuhr ich, daß mein Vorschlag, den hauptsächlichen Charakter einer wirtschaftlichen Tätigkeit als Kriterium heranzuziehen, schon zuvor von der Landesregierung Rheinland-Pfalz gemacht worden war. Er hat aber trotzdem keinen Eingang in die Diskussion gefunden. BKA-Studie 35, S. 40, Anm. 58.

gegen geltende Wirtschaftsstrafgesetze und entsprechendes Nebenstrafrecht durch legale Firmen, Betriebe, Unternehmen, Konzerne, vertreten durch die Kapitaleigner selbst oder von den rechtlich durch Prokura ermächtigten Personen. Es handelt sich also um Straftaten der legalisierten Kapitalseite. Auch in diesem Bereich gibt es eine Aufzählung von Straftatbeständen, die geeigneter ist als jede der zahlreichen in Umlauf befindlichen Definitionen zu erfahren, was offiziell unter Wirtschaftskriminalität verstanden wird.. (Vgl. die in § 74c Abs. 1 Nummern 1 bis 6 aufgeführten Delikte des Gerichtsverfassungsgesetzes.). An der Feststellung, daß es sich bei Wirtschaftsdelikten um Delikte der Kapitalseite handeln muß, ändert sich nichts, wenn wir wissen, daß diese Seite für ihre Straftaten in der Regel Arbeitnehmer (oder auch ein anderes Unternehmen, auch Subunternehmer, nicht selten aus dem OK-Bereich) zum Einsatz bringt.

Verbrechen von Arbeitnehmern, Kunden, Konsumenten etc. gegen die Wirtschaft und zu deren Schaden sind keine Wirtschaftsdelikte, wenn der Täterkreis nicht seinerseits als »Wirtschaft« im Interesse des jeweiligen Kapitals operiert, sei es zur kriminellen Kapitalbeschaffung (z. B. Kreditbetrug) oder zur Kapitalverwertung (z. B. »unfreundliche Übernahme« etc.). Delikte von Unternehmern bzw. Kapitaleignern oder deren Prokuristen und Top-Managern zum Zweck der Kapitalbeschaffung, der Kapitalverwertung und der politischen Kapitalsicherung müssen von Delikten der Arbeitnehmer und sonstigen Nicht-Kapitaleigner klar unterschieden werden. Zur Kapitalsicherung, die oft mit Korruption einhergeht, gehört auch die illegale Finanzierung von kapitalfrommen Politikern, Parteien, Parlamentariern sowie die Unterstützung rechtsextremer, gewerkschaftsfeindlicher Regierungen, einschließlich Diktatoren, um legalisieren zu lassen, was eine aufgeklärte Gesellschaft zu ihrem Wohl und zum Wohl der Menschheit sofort durch demokratische Kontrollen vorbeugend oder durch Strafverfolgung abstellen würde.

Begriffe zum Nichtbegreifen

Ein Beispiel geradezu demagogisch anmutender Verdrehung des Begriffs Wirtschaftskriminalität finden wir in der Studie der Wirtschaftsprüfungsgesellschaft KPMG über dieses Phänomen. Selbst die – ansonsten eher kritische – »Frankfurter Rundschau« (vom 16. April 1996) hat in ihrer Berichterstattung über diese Umfrage deren falsche und irreführende Kriterien einfach übernommen. Und wenige Tage später hat dieselbe Tageszeitung Auszüge unkommentiert ganzseitig abgedruckt. In dem Artikel findet sich ein Satz, der die ganze Arbeit für den Papierkorb qualifiziert: »Am häufigsten sind nach der Studie Fälle, bei denen Beschäftigte die Täter sind.«

Wenn Beschäftigte ihre Firmen betrügen, um sich persönlich, also nicht die Kapitalseite, zu bereichern, sind sie Betrüger, aber keine Wirtschaftskriminellen. Kaufhauskunden, die das Kaufhaus bestehlen, sind Diebe, aber keine Wirtschaftsdelinquenten. Dasselbe gilt für den Versicherten, der seine Versicherung betrügt. Nur wenn die Versicherung von einem anderen Unternehmen betrogen wird oder diese Versicherung ihre Kunden betrügt, Unternehmen oder Privatperson, handelt es sich um Wirtschaftsdelikte. Wenn also festgestellt wird, daß »am häufigsten« die Fälle sind, bei denen Beschäftigte die Firma betrügen, ist dies keine Studie über Wirtschaftskriminalität gewesen, sondern eine über Angriffe und Übergriffe von Beschäftigten auf die Firmen, in denen sie beschäftigt sind.

Kapital und Arbeit

Hieran zeigt sich ein zentrales Problem des Definitionsstreits unter den »Gelehrten«. Will man etwas mehr Klarheit über Wirtschaftsverbrechen schaffen, muß man auf den Gegensatz von Kapital und Arbeit zurückgreifen, auch wenn es im Zeitalter der Sozialpartnerschaft, der Kleinaktionäre und der zu Subunternehmern gemachten Arbeitslosen doppelt schwerfällt. Diese letztgenannten Spezialgruppen würde ich aus wirtschaftskriminologischer Sicht gar nicht der Kapitalseite zurechnen. Objektiv sind sie Arbeitnehmer, solange sie nicht vom Kapitalertrag ein arbeitsfreies Leben genießen können.

Wirtschaftskriminalität ist und bleibt also die Kriminalität der ganz legalen Wirtschaft. Sie ist die Kriminalität des Kapitals gegen Kapital, gegen die Gesellschaft, gegen den Staat oder den Standort. Organisierte Kriminalität ist dies alles auch, aber sie ist Untergrundkapitalismus.[14] Ihre Betriebsformen sind denen der legalen Wirtschaft täuschend ähnlich. Es gibt Klein-, Mittel- und Großbetriebe, also auch multinationale Konzerne. Da sie sich aber bei Konflikten nicht des Staates zur rechtlichen Regulierung ihrer Geschäftsbeziehungen

---

14 In dem Band: H. See/D. Schenk (Hg.): Wirtschaftsverbrechen – Der innere Feind der freien Marktwirtschaft, Köln 1992, habe ich den Begriff und das Problem des Untergrundkapitalismus näher erläutert.

bedienen kann, entwickelt organisierte Kriminalität ein eigenes Justizsystem. Hier werden Steuern eingetrieben, wir nennen das Schutzgelderpressung, hier wird Selbstjustiz geübt, hier werden auch noch Todestrafen ausgesprochen und vollstreckt.

Wie sich Wikri und OK - bei aller Konkurrenz und sogar Feindschaft - zugleich hervorragend ergänzen, läßt sich eindrucksvoll am Geldwäschegeschäft, am Waffen- und am Zigarettenschmuggel, aber auch bei der illegalen Beschäftigung zeigen, um nur wenige Beispiele zu nennen. Hier partizipiert die legale Wirtschaft. Vor allem die Banken profitieren davon, aber auch alle anderen zur Geldwäsche bereiten und geeigneten legalen Unternehmen. Den Banken könnte es gleichgültig sein, ob ein Geldwäscher des OK-Bereichs versucht, seine Drogengelder in den legalen Wirtschaftskreislauf zurückzuführen, oder ob der Geldwäscher ein angesehener Unternehmer ist, der ein seriöses Geschäft betreibt, aber eine bestimmte Summe unversteuerter Schwarzgelder über den Schalter schiebt. Gleichgültig ist es den Bankangestellten aber dann nicht mehr, wenn sie gemäß dem Geldwäschegesetz erkennen sollen, ob es sich um Drogen- oder hinterzogene Steuergelder handelt, wenn sie die Gelder der Drogenbarone beschlagnahmen, die Schwarzgelder des Unternehmers aber passieren lassen müssen.

Da dies die bisherige Rechtslage ist, verwundert es nicht, daß das Geldwäschegesetz das Papier nicht wert ist, auf dem es geschrieben steht. Man hätte das gleich wissen können, denn es gab warnende Stimmen genug. Aber wenn ein Gesetz schon nicht verhindert werden kann, wird es erst einmal so schlecht gemacht, daß es nicht greift. Dann wird es jahrelang erprobt, um endlich novelliert zu werden. Schließlich darf man gespannt sein, welche Hintertürchen das novellierte Geldwäschegesetz für die Wirtschaftskriminellen offen läßt.

Daß sich Thomas Achim Werner darüber wundert, »wie gering im Bankensektor bislang das Interesse am Kampf gegen die Geldwäsche und damit am Schutz gegen eine Kriminalisierung der gesamten Wirtschaft entwickelt ist«, liegt einfach daran, daß er - wie die politischen Parteien und Parlamentsmehrheiten - das Geldwäscheproblem ausschließlich als Problem der organisierten Kriminalität behandelt.[15] So

---

15 Th. A. Werner: Wachstumsbranche Geldwäsche, Reihe fhw forschung 29; Auszug in der Frankfurter Rundschau vom 13.12.96. Werner hätte nur das Buch von H.-L. Mertes: Schwarzes Geld und weiße Weste - Ganz legal am Fiskus vorbei

blendet er – bewußt oder unbewußt – die Geldwäsche der übrigen Wirtschaft aus, behandelt die Banken wie Unschuldslämmer und lenkt von den Schwarzgeldwäschern der legalen Wirtschaft ab. Solche Art Wissenschaft findet die Anerkennung derer, denen sie nützt. Werner, der sich vor der Wirklichkeit disqualifizierte, erhielt dafür den Berliner Joachim-Tiburtius-Preis für die beste Diplomarbeit.

Korruption

Im Zusammenhang mit Wirtschaftsverbrechen ist es notwendig, einige Hinweise auf die ebenfalls weit in den Vordergrund gerückte Korruption zu geben. Korruption wird von vielen, die sich dazu äußern, als eine eigenständige Verbrechensform behandelt.[16] Das ist sie nicht. Sie ist nur eine Funktion der beiden genannten Grundformen von Wirtschaftsverbrechen.

Korruption, hauptsächlich die aktive Bestechung, die von den Chefetagen ausgeht und auf die Korrumpierung von Beamten und Politikern abzielt, ist eine Form des kriminellen Marketing (deshalb die steuerliche Abzugsfähigkeit). Und sie ist eine Methode der Privatisierung des Rechts. Mit ihrer Hilfe werden die der unternehmerischen Betätigungsfreiheit im Wege stehenden gesetzlichen und moralischen Schranken, meist als Investitionshemmnisse denunziert, aus dem Weg geräumt.

Zu den Investitionshemmnissen gehören Gesetze zum Schutz der Gesundheit und Sicherheit der Menschen. Selbstredend auch Kontrolleure aus Verwaltung, Polizei und Justiz. Und Wissenschaftler. Das aber bedeutet, daß im gesellschaftspolitischen Krisen- und Konfliktfall

(München/Wien 1996), zu Rate ziehen müssen, um zu völlig anderen Ergebnissen zu gelangen.

16 Nahezu alle Bücher, die von Korruption handeln, haben den Begriff verselbständigt und zu weit gefaßt, als daß er für eine Analyse von Wirtschaftsverbrechen tauglich wäre. Faktisch handelt es sich im Bereich Wirtschaftsverbrechen immer um aktive Bestechung und Bestechlichkeit. Damit sind vor allem die gesetzeswidrigen Praktiken gemeint, die beabsichtigen, die bewußt gezogene Trennungslinie zwischen Privatwirtschaft und Staat zum Vorteil eines oder mehrerer Privatunternehmen (und zu Lasten des Staates, der Steuerzahler und Konkurrenten) zu durchlöchern. Die beiden besten deutschsprachigen Bücher über Korruption stammen von P. Noack (Korruption – Die andere Seite der Macht, München 1985) und W. Rügemer (Wirtschaften ohne Korruption?, Frankfurt a.M. 1996). Vergleiche auch H. See: Wirtschaft und Politik im Spannungsfeld der Korruption, in: Korruption in Deutschland – Ursachen, Erscheinungsformen, Bekämpfungsstrategie. Eine Dokumentation der Friedrich-Ebert-Stiftung, Berliner Büro 1995.

von der Kapitalseite nicht nur der Sozialstaat, sondern auch das Zuviel an Demokratie als Hindernis der unternehmerischen Betätigungsfreiheit erkannt wird und von denen, die über genügend kriminelle Energie verfügen, beseitigt werden könnte – wie schon viele Male in vielen Ländern und am brutalsten 1933 in Deutschland.[17]

Wer die Vorgeschichte des Nationalsozialismus oder anderer faschistischer Systeme einmal unter dem Aspekt der Wirtschaftskriminalität untersucht, kann vielleicht verstehen, warum ich die These vertrete, daß die innere und auch die äußere Sicherheit von Staaten und Gesellschaften viel weniger von der Straße, den Taschenräubern, Drogendealern, auch nicht von Terroristen und vom organisierten Verbrechen bedroht wird, sondern von den Kapitalstrategen in den Chefetagen, die entweder die notwendigen Gesetze verhindern oder – wo dies nicht gelingt – den Gesetzesbruch als Wettbewerbsvorteil und Gewinnmaximierungsprinzip nutzen und dazu von Parteien und Regierungen ermuntert und gegen Spenden oder Gewinnbeteiligung massiv unterstützt werden.[18] Korruption ist das Schmiermittel der Wirtschaftsverbrecher und signalisiert, wo sie zum Normalfall zu werden droht, den Anfang vom Ende einer Demokratie.

Die vom bürgerlichen Rechtsstaat bewußt gezogene Grenze zwischen Staat und Privatwirtschaft wird durch Korruption durchlöchert. Korruption führt deshalb zu neofeudalen Verhältnissen.

Wer die Wirtschaftskriminalität verharmlost und sie hinter anderen zweifellos ernsten Problemen wie der Alltagskriminalität oder der organisierten Kriminalität zu verstecken versucht, was besonders in Wahlkämpfen geschieht, sollte wissen, daß auch er zu den Totengräbern des Sozialstaats und der rechtsstaatlichen Demokratie gehört.

---

17 Welche Rolle der Antisemitismus zur Kanalisierung eines rechten Antikapitalismus spielt, habe ich in meinem Aufsatz »Der Antisemitismus als nationalistisch-rassistischer Antikapitalismus« untersucht, in: G. Hentges/G. Kempfert/R. Kühnl: Antisemitismus. Geschichte – Interessenstruktur – Aktualität, Heilbronn 1995.

18 Vgl. H. See: Business Crime Control (BCC) – Organisierte Aufklärung über Wirtschaftskriminalität, in: R. Gössner (Hg.): Mythos Sicherheit – Der hilflose Schrei nach dem starken Staat, Baden-Baden 1995.

Otto Köhler

Treuhand

Professor Herbert Hax, Inhaber des Kölner Lehrstuhls für Finanzierungslehre, hatte als Vorsitzender des Sachverständigenrates zur Begutachtung der gesamtwirtschaftlichen Entwicklung den höchsten Blick auf ebendieselbe. Sein Kollege Hans Karl Schneider verfügte als Chef des Staatswissenschaftlichen Seminars der Universität Köln und als Mitglied desselben Sachverständigenrates wie auch als Mitglied des Beirats des Bundeswirtschaftsministeriums über die breiteste Schau. Und Professor Wolfram Fischer, Ordinarius für Wirtschafts- und Sozialgeschichte an der immer noch Freien Universität in Westberlin, besaß als Vorsitzender der Historischen Kommission die tiefste und durchdringendste Sicht.

Aber gemerkt haben sie – mutmaßlich – alle drei nichts. Es sei denn, sie hätten im klaren Bewußtsein dessen, was Treuhand für das Neue Große Deutschland bedeutet, absichtsvoll den Tübinger Wirtschaftswissenschaftler Professor Eckhard Wandel herangezogen, damit ausgerechnet er mit ihnen und anderen ebenfalls angesehenen Professoren das große Werk der Treuhandanstalt würdige. Das in seinen Kreisen wissenschaftlich hochrenommierte Dreigespann hat nämlich 1993 die erste Festschrift für die Treuhandanstalt unter dem preziösen Titel »Das Unmögliche wagen« mit der frohen Botschaft herausgegeben, das Wagnis sei gelungen. »Für Unternehmen, die nicht sanierungsfähig sind und deswegen auch nicht privatisiert werden können, bleibt der Treuhandanstalt nur die Möglichkeit der Abwicklung«, schrieben die drei Herausgeber in der Einleitung und empfahlen ihren kompetenten Autor: »Organisation und Verfahrensweise werden in dem Beitrag von E. Wandel beschrieben.«

Nun war allerdings Professor Wandel, der angesehene Wirtschaftswissenschaftler von der Universität Tübingen, in der Zeit, als er diesen Treuhand-Beitrag schrieb, »manisch-depressiv«. Das muß man aber nicht ernst nehmen. Denn das behauptet nur eines der vielen ärztlichen Atteste, die dazu dienten, den gelehrten Mann vor Ungemach zu bewahren. Es waren – nach Erkenntnis der Staatsanwaltschaft – »Falschbeurkundungen von Krankheit« durch ehrbare Ärzte, die alle dem guten Zweck dienten, den Wissenschaftler vor einem Strafverfahren zu schützen, das 1993 gegen ihn eröffnet worden war. Erst als ein Amtsarzt den kranken Mann untersuchte, stellte sich heraus, daß der Professor gesund genug war, um ein Verfahren wegen Bankrotts und Konkursverschleppung in je zwei Fällen, wegen Kreditbetrugs in fünf Fällen, wegen Betrugs in 18 Fällen und wegen Untreue in acht Fällen durchzuhalten, das ihm schließlich vier Jahre und sechs Monate Haft einbrachte. Das alles, darunter auch ausgedehnte Bilanzfälschungen, hatte der Betriebswissenschaftler bei der Abwicklung seines väterlichen Betriebs vollbracht. Ob die schließlich erwiesene Untreue bei der Treuhandanstalt den Ausschlag gab oder ob ihr die seit langem bekannten Vorwürfe gegen Wandel tatsächlich unbekannt geblieben waren, jedenfalls stellte sie den so hochqualifizierten Mann als Großliquidator ostdeutscher Betriebe an – mit durchschlagendem Erfolg: Rund 20 Ostbetriebe brachte er zwischen 1991 und 1994 unter die Erde und kassierte dafür ebenfalls rund 20 Millionen Mark. Und dann machte er – während die Staatsanwaltschaft schon wieder wegen Untreue gegenüber der Treuhand hinter ihm her war – aus seiner Totengräberpraxis eine Wissenschaft für nicht abwicklungsreife Westzwecke und schrieb mit am Treuhand-Jubelband »Das Unmögliche wagen«.

Wandel, der inzwischen nach einer Entscheidung der Universität Tübingen seinen Professorentitel nicht mehr führen darf, war dabei nicht eigentlich ein Schönfärber, er schrieb vielmehr ganz ehrlich und offen mit der ihm eigenen Sachkunde: »Bereits nach kurzer Tätigkeit der Treuhandanstalt wurde deutlich, daß eine Reihe von Unternehmen in den neuen Bundesländern nicht sanierungsfähig ist und die Abwicklung dieser Unternehmen eine der umfangreichsten und umstrittensten Aufgaben der Treuhand darstellen wird. Viele Presseveröffentlichungen trugen dazu bei, daß ›Abwicklung‹ in der öffentlichen Meinung mit dem Begriff ›Plattmachen‹ gleichgesetzt wurde.« Insbesondere die »Menschen«, so stellte der Wissenschaftler Wandel fest, in den »neuen Bundesländern« stünden »dem Phänomen ›Abwicklung‹ kritisch gegenüber«. Doch bei »näherer Auseinandersetzung« mit dem Thema Abwicklung werde deutlich, daß eine Gleichsetzung mit »›Plattmachen‹ bzw. Stillegen« der »Tätigkeit« der Treuhandanstalt »nicht gerecht« werde.

Diese Erkenntnis hatte sich der Wirtschaftsprofessor mühelos erarbeitet: »So können beispielsweise Vermögensschädigungen, die durch frühere Geschäftsführer oder Berater verursacht wurden, negative Auswirkungen auf das im Abwicklungsgutachten ermittelte Liquidationsergebnis haben.« Besonders das wußte er beispielhaft: »Die strafrechtlichen und zivilrechtlichen Maßnahmen, die gegen die Vermögensschädiger eingeleitet werden können, sind kosten- und zeitintensiv.« Und darauf verließ er sich: »Die Erfolgsaussichten solcher Klagen sind hingegen sehr problematisch gestaltet.«

Ob er dies allerdings wirklich selbst geschrieben hat oder ob ihm auf den Leib geschrieben wurde, was da unter seinem Namen steht, ist fraglich. Herausgeber Hax, dem heute – schließlich ist er einer der fünf Wirtschaftsweisen – der Beiträger Wandel mutmaßlich ein wenig peinlich ist, sagt, daß das, was Wandel für die Treuhanduntersuchung lieferte, wenig brauchbar gewesen sei. Ein Mitarbeiter der Treuhand selbst, Marcus W. Mosen, habe das im wesentlichen neugeschrieben. Von den strafrechtlichen Vorwürfen gegen seinen Kollegen will der Kölner Gelehrte entschieden nichts gewußt haben, obwohl doch die Ermittlungen der Staatsanwaltschaft schon 1986 begonnen hatten und spätestens 1993 öffentlich wurden. Aber da scheint es ihm nicht anders zu gehen als dem Lehrstuhlbesitzer für Bürgerliches Recht, Harm Peter Westermann, der 1993 wohl Dekan der Rechtswissenschaftlichen Fakultät in Tübingen war, aber, sagt er, damals von der Strafverfolgung gegen den Kollegen nichts mitbekommen habe. Er begegnete ihm nur beim gemeinsamen Flug zur Treuhand nach Berlin, wo beide sich bei Birgit Breuel die wissenschaftlichen Maßstäbe zur Beurteilung ihrer Anstalt holten. Wandel-Kollege Westermann kam dort zur Erkenntnis: »Die Aufteilung des ehemals volkseigenen Vermögens weist dynamische Züge auf.«

Am Ende seiner wissenschaftlichen Abhandlung über den »Rechtlichen Rahmen« der Treuhandanstalt vermutete Westermann, daß »die ad hoc geschaffenen Rechtsnormen ihre Hilfsfunktionen für die gesamtwirtschaftlichen Aufgaben der Treuhandanstalt vielleicht nicht optimal, aber doch zufriedenstellend erfüllt« hätten.

Denn der rechtliche Rahmen für die Tätigkeit der Treuhandgesellschaft wurde so gestaltet, daß auch ein Professor Wandel sowie sein Chef, der affärenreiche Leiter der Abwicklungsdirektion, Ex-»Bild«-Reporter Ludwig Tränkner, bequem damit leben konnten.

Die Treuhand stand nämlich vor dem Problem, ob es überhaupt

möglich war, daß ein leitender Mitarbeiter an ihr Betrug und Untreue verübte, oder ob man entsprechende Tatbestände als durchaus erlaubte Fahrlässigkeit bei der nicht unerwünschten Deindustrialisierung Ostdeutschlands interpretieren muß.

Am 22. August 1990 hatte das Herbstgutachten der Wirtschaftsforschungsinstitute empfohlen, die Treuhandanstalt von Sanierungsaufgaben freizustellen. Das bedeutete, die Ostwirtschaft durfte ungeniert abgewickelt werden. Doch dabei verbaten sich die Treuhandchefs – wie ein in seiner Gänze bis jetzt der Öffentlichkeit unbekannter Briefwechsel zwischen der Berliner Treuhandzentrale und dem Bundesfinanzminister in Bonn enthüllt – juristische Fisimatenten. Beflissen stellte Bundesfinanzminister Theodor Waigel noch im Monat des Anschlusses der Treuhand-Führungsriege einen Freibrief aus für alle nur möglichen legalen oder weniger legalen Praktiken bei der ungehemmten Vernichtung der ostdeutschen Wirtschaft. Waigel schrieb am 26. Oktober 1990 dem sehr geehrten Herrn Dr. Rohwedder:

> »Sie haben den Wunsch an mich herangetragen, die Mitglieder des Verwaltungsrats und des Vorstands der Treuhandanstalt in vollem Umfang von jeder persönlichen Haftung freizustellen. Im Verlauf der Vorgespräche haben Sie auf die Dringlichkeit der Angelegenheit sowie darauf hingewiesen, eine Freistellung nur von der Haftung für leichte Fahrlässigkeit sei nicht ausreichend.«

Im Ministerium hatten rechtskundige Beamte ganz offensichtlich so erhebliche Bedenken gegen diese Zumutung erhoben, daß Waigel seine Entscheidung nur nach Absicherung durch Helmut Kohl traf. Er schrieb weiter:

> »Nach Überprüfung und Abstimmung mit den Bundesressorts habe ich mich – unter Zurückstellung von Bedenken – im Einvernehmen mit dem Herrn Bundeskanzler entschlossen, der extremen Ausnahmesituation, die Sie und alle anderen Organmitglieder bei der Aufnahme der Tätigkeit vorgefunden haben, Rechnung zu tragen.
>
> Ich gehe davon aus, die folgende Erklärung entspricht Ihrem Anliegen und auch der besonderen temporären Situation:
>
> ›Hiermit ermächtige ich den Vorstand, namens der Treuhandanstalt die Mitglieder des Verwaltungsrats von der Haftung für grobe Fahrlässigkeit bis zum 30. Juni 1991 freizustellen. Ferner werden Sie ermächtigt, für die zweijährige Laufzeit der Bestellung der

> Verwaltungsratsmitglieder eine Freistellung für leichte Fahrlässigkeit vorzusehen. Die Freistellung erfaßt im gleichen Umfang die (eher theoretische) persönliche Inanspruchnahme durch Dritte.‹
> Eine entsprechende Ermächtigung zur Haftungsfreistellung des Vorstands habe ich heute dem Vorsitzenden des Verwaltungsrats erteilt.
> Angesichts einer so weitgehenden Haftungsfreistellung bin ich sicher, daß die Organe der Treuhandanstalt bei ihren Personal- und Organisationsentscheidungen eine besondere Sorgfalt üben.«

Die Treuhand sollte, schrieb Waigel nach dieser salvatorischen Klausel, wenigstens eine wirksame Innenrevision aufbauen. Vor allem solle der so erteilte Jagdschein streng auf die obersten Vertreter der Treuhand beschränkt und nicht übertragbar sein:

> »Bei dieser Haftungsfreistellung handelt es sich um eine außerordentliche Maßnahme, die auf die Mitglieder des Verwaltungsrates und des Vorstands beschränkt ist. Für die übrigen Mitglieder der Treuhandanstalt verbleibt es bei den allgemeinen arbeitsrechtlichen Regeln.«

Ein Jahr später, sechs Tage vor Ablauf dieses Jagdscheins, bekam Rohwedders Nachfolgerin Birgit Breuel begründete Angst, wie sie und der Vorstand ihre Arbeit fortsetzen könnten, wenn man ihnen eines Tages das »Außerachtlassen einfachster und nächstliegender Überlegungen« – das nämlich bedeutet die erlaubte »grobe Fahrlässigkeit« in ihrer juristischen Definition – vorhalten dürfte. Sie schrieb »betr: Haftungsfreistellung für den Vorstand« dem sehr geehrten Herrn Minister unmißverständlich, daß die üblichen Haftungsmaßstäbe für die Entscheidungsträger der Treuhand auch weiterhin nicht angewandt werden könnten:

> »Da die Gerichte jedoch erst in der Zukunft solche Maßstäbe setzen werden und schlechthin nicht abzusehen ist, ob die Besonderheiten ausreichend gewürdigt werden, hält der Vorstand eine Haftungsfreistellung in Fällen grober Fahrlässigkeit für erforderlich. Andernfalls kämen die Entscheidungsträger in eine äußerst prekäre Entscheidungslage.«

Im Interesse eines guten Betriebsklimas verlangte sie entgegen der bisherigen Regelung gleiche Eigenmächtigkeit für alle Mitarbeiter auf den oberen Ebenen:

> »Der Vorstand sollte auch ermächtigt werden, die Haftungsfreistellung an andere Entscheidungsträger in der Treuhandanstalt weiter-

zugeben. Hier besteht der gleiche Handlungsbedarf. Mitarbeiter haben den Vorstand bereits in einer Vielzahl von Fällen hierauf nachdrücklich aufmerksam gemacht.«

Waigel schickte zur Beantwortung des Breuel-Briefes zunächst seinen Staatssekretär Horst Köhler vor. Der schrieb ihr am 12. Juli 1991:

»Die Bundesressorts haben sich inzwischen eingehend mit der Frage einer Verlängerung befaßt. Angesichts der heutigen Situation – die Pionierzeit der Treuhandanstalt ist inzwischen überwunden – haben sie große Vorbehalte, die Freistellung zu verlängern, da ›grobe‹ Fahrlässigkeit auf Extremfälle mit schwerem Verschulden beschränkt ist (›Außerachtlassen einfachster und nächstliegender Überlegungen‹). Mir ist nicht bekannt, ob es angesichts des inzwischen erreichten Organisationsgrades der Treuhandanstalt überhaupt noch einzelne Bereiche gibt, bei denen der Vorstand meint, daß er insoweit grob fahrlässig handeln könnte. Ich wäre Ihnen dankbar, wenn Sie mir hierzu die möglichen Fälle nennen könnten.«

Das empfand Birgit Breuel offensichtlich als Frechheit. Sie beschwerte sich wegen der dem Vorstand verweigerten groben Fahrlässigkeit am 13. August 1991 beim sehr geehrten Herrn Minister über den Staatssekretär:

»Seine Bitte, ihm die möglichen Haftungsfälle zu nennen, zeigt meinen Kollegen im Vorstand und mir, daß wir das für die Arbeit und den Erfolg der Treuhandanstalt ungemein wichtige Thema bisher nicht ausreichend verdeutlicht haben.«

Birgit Breuel schien es unmöglich, die unermeßliche Breite und Vielfalt grob fahrlässigen Treuhandverhaltens, bei dem sie und ihr Vorstand einfache und nächstliegende Überlegungen – an und für sich sträflich – außerachtlassen könnten, in ein enges Regelwerk zu korsettieren:

»Aus einer Vielzahl von kurzfristig und mittelfristig zu lösenden Problemen Fallgruppen zu abstrahieren, erscheint uns wenig sinnvoll. Wenn dies gelänge, bedürfte es keiner Haftungsfreistellung. Eine Auflistung aller Fallgruppen, in denen die Gefahr besteht, daß der Vorwurf eines grob fahrlässigen Handelns erhoben wird, würde bei einem künftigen Fehlverhalten geradezu den Vorwurf vorsätzlichen Handelns provozieren.«

Sie drohte dem Minister mit Arbeitsverweigerung bei der zügigen Entindustrialisierung Ostdeutschlands auch durch die Treuhandmitarbeiter unterhalb der Vorstandsebene, die eigentlich nach der – längst mißachteten – Entscheidung des Ministers niemals grobe oder auch nur einfache Fahrlässigkeit für sich beanspruchen durften:

> »In Gesprächen haben wir erfahren, daß sich auch bei Mitarbeitern Vorbehalte aufbauen, ohne eine Verlängerung der Haftungsfreistellung in gleicher Weise wie bisher die unbedingt erforderlichen zügigen Entscheidungen insbesondere bei der Privatisierung zu treffen. Bekanntlich hatten wir die bisherige Haftungsfreistellung an unsere leitenden Mitarbeiter weitergegeben.«

Bekanntlich. Der Minister hatte ihr das untersagt, bekanntlich. Und dann das Geständnis, wie sehr man eigentlich die Justiz zu fürchten hatte:

> »Eine gesicherte Prognose, ob die Ausnahmesituation, in der wir zu arbeiten haben, in späteren Jahren von den Gerichten gebührend gewürdigt werden wird, ist nicht möglich. Hier können aus der Rückschau überhöhte Anforderungen konstruiert werden.«

Eine vorausschauende Abwehr: Gerichte, die sich mit Treuhandmitgliedern beschäftigen, konstruieren ihre Anklagen, üben politische Justiz im Blickfeld der politischen Kräfte, meinte die Präsidentin und befürchtete »persönliche Schuldzuweisungen verbunden mit vehement verfolgten Schadenersatzansprüchen«.

Vorsichtshalber hatte Birgit Breuel mit ihrem Vorstand am selben Tag sogenannte Insider-Regeln beschlossen, wonach für die Zukunft der Erwerb von Treuhand-Objekten für Mitarbeiter oder deren Verwandte »strikten Aufsichtsbestimmungen« unterworfen wurde. Es hatte immerhin etwas Aufsehen erregt, daß das große Warenhaus am Alexanderplatz – gleich neben dem damaligen Sitz der Treuhand – in den Besitz der Kaufhof AG überging und daß der Vorsitzende des Verwaltungsrates der Treuhand der damalige Kaufhof-Chef (und Kanzlerfreund) Jens Odewald war. Breuel am Ende ihres Briefes vom 13. August 1991:

> »Schon die Sorge vor einer bloßen Drohung mit Schadenersatzansprüchen in der Öffentlichkeit muß aber bei hiervon Betroffenen Vorsorgemaßnahmen auslösen, die persönlich und finanziell belastend sind.«

Da muß dem Minister bedrohlich klar geworden sein, welch horrenden Fehler er mit der schriftlichen Ausfertigung seines allumfassenden Freibriefes begangen hatte. Er mußte den Schaden, der ihm aus der leicht nachweisbaren Schriftform entstehen könnte, begrenzen. So schrieb Waigel am 18. Oktober 1991 der sehr geehrten Frau Präsidentin:

»Mit Ihrem Schreiben vom 13. August 1991 befürworten Sie die weitere Freistellung von der Haftung für grobe Fahrlässigkeit über den 30. Juni 1991 hinaus. Nach Prüfung aller Argumente wird der besonderen Situation der Treuhandanstalt künftig durch die Freistellung des Vorstands (und der leitenden Mitarbeiter) von der Haftung für einfache Fahrlässigkeit hinreichend Rechnung getragen. – Die Freistellung von grober Fahrlässigkeit bis zum 30. Juni 1991 war eine Sonderregelung, die angesichts der extremen Ausnahmesituation in der Anlaufphase der Treuhandanstalt noch vertretbar war. Nach einem Jahr Treuhandanstalt läßt sich eine Freistellung von der Außerachtlassung ›einfachster und naheliegendster Überlegungen‹ nicht länger verantworten. Vor neue Gesetze, neue Situationen und neue Probleme sind alle in der Wirtschaft und Verwaltung Tätigen gestellt, namentlich auch Unternehmer, Geschäfts- und Behördenleiter in den neuen Bundesländern, die oft nicht einmal von der Haftung für einfache Fahrlässigkeit freigestellt sind. – Bei meiner Einwilligung vom 26. Oktober 1990 bin ich davon ausgegangen, alle bei der Treuhandanstalt Beschäftigten würden im Rahmen des Möglichen die erforderliche Sorgfalt anwenden und schon aus diesem Grund nicht grob fahrlässig handeln. Falls die einer Maßnahme der Treuhandanstalt entsprechende Sorgfalt einen höheren Zeitaufwand erfordern sollte, liegt dies im Interesse der Treuhandanstalt und des Bundes.«

Allerdings ließ Waigel der Treuhandpräsidentin eine Hintertür zu gesetzlosem Handeln offen:

»Angesichts der besonderen Verhältnisse in den neuen Bundesländern für die Aufgaben der Treuhandanstalt ist bei der Beurteilung des Verschuldens ein anderer, großzügigerer Maßstab anzulegen als in den alten Bundesländern. Ich sehe daher nicht die Gefahr, daß zu einem späteren Zeitpunkt Gerichte bei einem evtl. Vorwurf grober Fahrlässigkeit die heutige Ausnahmesituation nicht ausreichend würdigen. Die einmaligen Schwierigkeiten nach der Wiedervereinigung und für die Treuhandanstalt sind allgemein bekannt und offensichtlich; sie können auch in einigen Jahren einem Gericht überzeugend nahegebracht werden. Sollte es tatsächlich später zu einem Verfahren kommen, wird sich das Bundesministerium der Finanzen dafür einsetzen, daß die einmaligen Schwierigkeiten

> für die Arbeiten der Treuhandanstalt in vollem Umfang gewürdigt werden. – Ich bitte deshalb um Ihr Verständnis, wenn ich über die nach wie vor geltende Freistellung von der Haftung wegen einfacher Fahrlässigkeit hinaus die Regelung wegen grober Fahrlässigkeit nicht weiter verlängern kann. – Es ist auch nicht länger vertretbar, unterhalb der Vorstandsebene Mitarbeiter weiterhin von grober Fahrlässigkeit freizustellen. Soweit derartige Freistellungen von grober Fahrlässigkeit noch bestehen sollten, bitte ich, sie sobald wie möglich zu beenden.«

Das schrieb Waigel mit freundlichen Grüßen am 12. Oktober 1991. Doch noch bis mindestens Ende 1992 gab es Verträge mit hochdotierten Beratern, denen umstandslos zugestanden wurde, einfachste und naheliegende Überlegungen zu mißachten. So verstieß der Paragraph 11, Haftung, eines solchen Vertrages vom 15. Dezember 1991:

> »Die Haftung wegen einfacher und grober Fahrlässigkeit wird ausgeschlossen«,

gegen die ausdrückliche und zwei Monate zuvor wiederholte Anordnung des Ministers. Widerwillig schrieb die Präsidentin in ihrem Antwortbrief vom 18. Dezember 1991:

> »Der Vorstand respektiert Ihre Entscheidung. Andererseits sind wir gehalten, die Funktionsfähigkeit der Treuhandanstalt in gleicher Weise zu beachten wie die Fürsorgepflicht gegenüber unseren leitenden Mitarbeitern. Es ist dieser Aspekt, der mich veranlaßt, auf das Thema zurückzukommen.« Waigel sollte sich überlegen, daß »seit Auslaufen der Haftungsfreistellung einer Entscheidungsfreudigkeit insbesondere in Privatisierungsfällen Grenzen gesetzt werden, die zwangsläufig zu einer Verlangsamung des Prozesses führen. Mitarbeiter fürchten unabsehbaren Haftungsrisiken ausgesetzt zu sein. Das Bestimmen der Trennlinie zwischen einfacher und grober Fahrlässigkeit im Einzelfall wird angesichts der differenzierten wirtschaftlichen und rechtlichen Fragen als schwierig angesehen. Der Vorstand kann sich solchen Überlegungen nicht verschließen.«

Man respektierte den zuständigen Minister, machte ihm aber deutlich, daß man sich an seine Vorgaben nicht zu halten gedenke. Waigel raffte sich erst ein halbes Jahr später, am 6. Juli 1992, zu einem neuen Versuch auf, die Treuhand von grober Fahrlässigkeit abzuhalten. Sie sei zwar dazu bis 30. Juni 1991 berechtigt gewesen, danach aber nur zu leichter Fahrlässigkeit. Und so entschied er:

»Angesichts der nach wie vor herrschenden besonderen Verhältnisse in den neuen Bundesländern halte ich die Verlängerung der Haftungsfreistellung für leichte Fahrlässigkeit bis zum 31. Dezember 1993 für vertretbar.«

Und diese Freistellung von leichter Fahrlässigkeit gestand er schließlich auch noch am 21. Dezember 1993 für ein weiteres Jahr, bis 31. Dezember 1994, zu. Bis zum Ende ihrer Tätigkeit hatte somit die Treuhandanstalt ein vom Minister abgesegnetes Recht auf Fahrlässigkeit im Umgang mit dem ostdeutschen Volksvermögen. Wobei die Grenze zwischen einfacher und grober Fahrlässigkeit als dem bewußten Außerachtlassen einfachster und naheliegender Überlegungen dank des rastlosen Bemühens der Präsidentin Breuel bewußt offen blieb.

Soviel Sinn für rechtsförmiges Verhalten beim fahrlässigen Handeln verdiente Lohn. Darum verlieh die Rechtswissenschaftliche Fakultät der Universität Köln Birgit Breuel 1994 den Ehrendoktor. Begründung: »In der Amtsführung hat Frau Breuel Prinzipienfestigkeit hinsichtlich des Privatisierungsauftrags mit Flexibilität, auch bei der Abfederung sozialer Härten, verbunden. Zugleich hat sie das Problem einer angemessenen Außendarstellung der Treuhand trotz der ständigen und vielfältigen Kritik erfolgreich gelöst.«

Kunststück: Vier Professoren dieser Universität Köln – neben den bereits erwähnten Herausgebern Hax und Schneider der Sozialrechtler Peter Hanau und der Wirtschaftspolitiker Hans Willgerodt – waren als Mitarbeiter an der Treuhandjubelschrift »Das Unmögliche wagen« beteiligt. Es war ein Geschäft, das alle Beteiligten befriedigte. Die Treuhand hatte vor der Ehrenpromotion ihrer Chefin den größten Teil der Auflage dieses schmeichelhaften Werkes aufgekauft.

»Wer in Deutschland von Kriminalität redet, der muß von Ausländern reden.«

Bundesinnenminister Manfred Kanther (»Frankfurter Rundschau« vom 24.6.1996).

Werner Rügemer

Die Konkurrenz der Korrupteure

Systemische Korruption vernichtet Arbeitsplätze, Kaufkraft und Gemeinschaftsvermögen

»Korruption sichert Aufträge und damit Arbeitsplätze. Insbesondere im Ausland kommen auch deutsche Unternehmen - ob sie wollen oder nicht - an diesen Praktiken nicht vorbei.« Diese Lehrbuchweisheit der Unternehmerlobby wird nicht nur von den jeweiligen Bundesregierungen seit Jahrzehnten wiederholt. Auch in der Bevölkerung bis hinein in die Gewerkschaften wird sie geglaubt. Daß sich dabei manchmal auch ein bißchen das schlechte Gewissen pflichtschuldigst meldet - nun, das gehört zum abgewetzten moralischen Betriebsgeräusch der westlichen Demokratien und Marktgesellschaften.

Soweit Korruption in der Öffentlichkeit vor allem als moralisches Problem gesehen wird, steht der »korrupte Beamte« als Buhmann vorn. Er wird als moralisch minderwertig betrachtet, weil er »die Hand aufhält« und »sich selbst bereichert«. Auch der normal verbildete »Spiegel«- und »Focus«-Leser folgt diesem Klischee.[1] Das hängt eng mit dem bisherigen Selbstverständnis der bürgerlichen Gesellschaft zusammen und ist älteren Datums: In Deutschland wurde es 1871 in den Paragraphen zu Bestechung, Bestechlichkeit, Vorteilsgewährung und Vorteilsannahme im Strafgesetzbuch kodifiziert. Danach ist Korruption nur dann moralisch geächtet und strafbar, wenn ein öffentlich Bediensteter beteiligt ist.[2]

Beide Sichtweisen - die Rechtfertigung der Korruption als wirtschaftliche Notwendigkeit einerseits und die moralische Ächtung des Beamten andererseits - ergänzen sich. Beide sind von den Interessen der wenigen Profiteure der Korruption diktiert und verdecken mehr, als sie offenlegen. Auch die CDU-Bundesregierung und die Lob-

1 Vgl. die Titelgeschichten zu Korruption zwischen Dezember 1994 und Juli 1995 in Der Spiegel, Stern, Focus, Die Woche.

2 Strafgesetzbuch (StGB) vom 15. Mai 1871, in der Fassung der Bekanntmachung vom 10. März 1987, in: Strafgesetzbuch, München 1994, 29. Auflage, S. 155 f.

byverbände der Wirtschaft stimmen in ihren sogenannten »Bekämpfungsstrategien« überein: Einerseits wird die Korruption insbesondere im Ausland gerechtfertigt, andererseits sollen die Strafen gegen »korrupte Beamte« erhöht werden.[3]

Im folgenden soll jenseits dieser Klischees dargelegt werden, welche betriebs- und volkswirtschaftlichen Folgen die Konkurrenz der Korrupteure hat. Diese Art der Betrachtung, eine politische Ökonomie der Korruption, nimmt die Tatsache ernst, daß Korruption kein isolierter Akt bleibt, sondern seit Jahrzehnten systemische Praxis ist. Korruption wird dabei einerseits als Teil der sich legalisierenden Wirtschaftskriminalität begriffen, andererseits als ein betriebs- und volkswirtschaftlicher Faktor mit Akkumulationseffekten und mit eigener Dynamik.[4]

1. Normalität und Teil-Legalität der Korruption

Korruption ist im Selbstverständnis der Wirtschaft ein normales und legitimes Mittel des Wirtschaftens. In Deutschland gilt seit 1934 – erstes Steuergesetz der NS-Regierung – unverändert die steuerliche Absetzbarkeit von Schmiergeld als Betriebsaufwendung. Insbesondere bei weltwirtschaftlichen Beziehungen gibt es für Schmiergeld, das von deutschen Unternehmen gezahlt wird, so gut wie keine strafrechtlichen oder steuerrechtlichen Einschränkungen. Eigentlich gilt nach deutschem Strafrecht die Handlung eines Deutschen auch im Ausland als strafbar, wenn es dort eine vergleichbare strafrechtliche Bestimmung gibt. Korruption ist nach dem deutschen Strafgesetzbuch im Inland strafbar, ebenso in den Strafgesetzbüchern aller Industrie- und Entwicklungsländer. Dennoch beugen die Gerichte der Bundesrepublik seit fünf Jahrzehnten im Dienste der Exportwirtschaft das Recht. Kein einziger der bekannt gewordenen Bestechungsakte der Unternehmen Siemens, Deutsche Bank, Thyssen, HDW usw. in Indonesien, Iran, Südafrika, Saudi-Arabien usw. wurde gerichtlich verfolgt.

---

3 Bundesverband der Deutschen Industrie (BDI) e.V.: Empfehlungen für die gewerbliche Wirtschaft zur Bekämpfung der Korruption in Deutschland, Köln 1995; Bundesministerium des Inneren/Bundesministerium der Justiz: Maßnahmekatalog zur Bekämpfung der Korruption, Bonn, März 1996. (Vgl. auch den Beitrag von W.J. Schaupensteiner in diesem Band.)

4 Vgl. Werner Rügemer: Wirtschaften ohne Korruption? Frankfurt a.M. 1996, S. 51–95.

Die obersten Gerichte der Bundesrepublik Deutschland haben diese Praxis wiederholt legitimiert (höchstrichterliche Rechtsbeugung). Der Gerechtigkeit halber muß angefügt werden, daß (fast) alle anderen Staaten der »westlichen Wertegemeinschaft« ebenso verfahren.

Korruption ist kein einmaliger Akt, sondern ein teil-legalisiertes Dauergeflecht mit einer großen Zahl beteiligter Personen und Institutionen. Nur noch kleine Ganoven und rückständige Mittelständler schieben den sprichwörtlichen Tausendmarkschein – möglicherweise von einem diskreten Kuvert umhüllt – über oder unter dem Tisch dem korrupten Beamten zu. Bei großen Aufträgen sind heute professionelle Vermittler tätig, die die Schmiergeldleistungen koordinieren; z.T. werden diese Funktionen von Ingenieur-, Planungs-, Rechtsanwalts- und Architektenbüros übernommen. In- und ausländische Tarn- und Tochterfirmen wickeln mehr oder weniger fiktive Leistungen wie Gutachten u.ä. ab. Korruption ist zudem von einem breiten Spektrum von Verbundkriminalität begleitet (Steuerhinterziehung, Urkunden- und Bilanzfälschung, Untreue, Erpressung etc.).

2. Korruption sichert Monopole und Extraprofite

Das Ergebnis der normalisierten Dauerkorruption ist nicht nur die Erlangung einzelner Aufträge, sondern die Ausschaltung der Konkurrenz und damit die Sicherung eines (Teil-)Monopols und eines zusätzlichen Profits. Beispiel aus der 1996 aufgedeckten »Herzklappenaffäre«: Die zuletzt 6500 DM teuren Herzklappen enthielten 700 DM Schmiergeld, die Preisüberhöhung betrug aber – nach anfänglich nur 1000 DM – schließlich 3000 DM. Bei Bauprojekten hat die Staatsanwaltschaft Frankfurt Preisüberhöhungen bis zu 260 Prozent ermittelt.

Korruption sichert Kartelle und Preisabsprachen ab. Kartelle und Preisabsprachen sind regelmäßig mit Preisüberhöhungen bzw. Extraprofiten verbunden, das ist ihr wesentlicher Sinn. Generalunternehmer bei großen Projekten fungieren als Schmiergeld-Inkasso-Büros. Das vorherige Abliefern von Provisionen für fiktive Gutachten u.ä. ist die Eintrittskarte für kleinere Firmen/Subunternehmen. Wer nicht zahlt, wird aus dem Markt geworfen.

Entgegen der öffentlichen Verdummung, die von Bundesregierung, Wirtschaftslobby und auch von Medien wie dem »Spiegel« praktiziert wird, hat die Korruption zwischen Unternehmen und Staat einen geringeren Umfang als die Korruption zwischen Unternehmen. Denn erstens haben die Aufträge zwischen Unternehmen ohnehin einen größeren Umfang als die, die der Staat an Privatunternehmen vergibt. Zweitens greift bei Bestechung zwischen Unternehmen nicht das Strafgesetzbuch, sondern nur ein Wirtschaftsgesetz, das Gesetz gegen den unlauteren Wettbewerb (UWG). Dessen § 12 »Angestelltenbestechung« ist auf vielfache Weise abgemildert: Die Strafe ist gering, die Verjährung setzt schnell ein, nur die Angestellten sind strafbar (der Chef nicht), nur die »Verletzten« (= Konkurrenten) sind anzeigeberechtigt (selbst der Staatsanwalt, wenn er etwas weiß, ist von sich aus nicht zur Anklageerhebung berechtigt) usw. Aus bekanntgewordenen Korruptionsfällen etwa bei den großen Autoherstellern Opel und VW wissen wir, daß im Beschaffungswesen (Zulieferer, Bau- und Geräteausstattung, Ersatzteile, Objektbetreuung, Lizenzen, Vertretungen, Subunternehmen) ohne Schmiergelder in Millionenhöhe »nichts läuft«. Auch hier bestehen Korruptionsgeflechte, die Dutzende von beteiligten Personen umfassen und jahrzehntelang zusammenhalten.

3. Korruption führt zu Wohlfahrtsverlust

Die Behauptung, Korruption sichere Arbeitsplätze, ist aus mehreren Gründen falsch. Dies betrifft die Verhältnisse im In- und Ausland.

Erstens wird durch systemische Korruption der Markt ausgeschaltet. Die Zahl der Konkurrenten verringert sich. Es werden (Teil-) Monopole und Kartelle errichtet und verfestigt. Auf diese Weise erhalten nicht nur die immer wieder gleichen Unternehmen die Aufträge; sie sichern sich auf diese Weise auch Preise, die immer höher über dem Marktpreis liegen. Dadurch erfolgt bei Verbrauchern und Staatshaushalten ein »Wohlfahrtsverlust«: Korruption in der Vergangenheit = weniger Mittel für neue Käufe/Aufträge in der Zukunft = weniger Arbeitsplätze. Systemische Korruption trägt so zur Preisüberhöhung und Staatsverschuldung bei. Zahlreiche Entwicklungsländer wurden nach einigen Jahrzehnten der Teilnahme an diesem System praktisch zahlungsunfähig. Man schätzt, daß ein Drittel der Staatsverschuldung der Entwicklungsländer durch korruptiv überhöhte Aufträge verursacht ist. Inzwischen wirkt sich dieser Mechanismus auch in den entwickelten Industrieländern aus. Straßen, Brükken, öffentliche Gebäude, Computer- und Telekommunikationssysteme wurden über Jahre hinweg zu teuer bezahlt, jetzt ist die Kaufkraft des Staates erschöpft.

Zweitens würde jeder Auftrag auch ohne Korruption vergeben, allerdings wahrscheinlich an einen jeweils anderen Konkurrenten. Die Behauptung »Korruption sichert Aufträge und Arbeitsplätze« gilt nur aus der bornierten Sicht des Unternehmens, das bereits im Geschäft ist und auch die Folgeaufträge erhält. Die Zahl der gesicherten Arbeitsplätze würde dieselbe bleiben, wenn ein anderes Unternehmen den Auftrag bekäme. Volkswirtschaftlich gesehen ist die Behauptung folglich falsch.

Drittens ist die Behauptung auch deshalb falsch, weil die Korruptionsgelder in der Regel nicht in den volkswirtschaftlichen Kreislauf zurückfließen. Korruption nährt seit Jahrzehnten nationale und internationale Schattenwirtschaften (Tarnfirmen, professionelle Vermittler, Geldwaschanlagen, Wiederanlage in Immobilien etc.). Was Diktatoren wie Marcos, Mobutu und saudische Prinzen mit Nummernkonten und Tarnfirmen in der Schweiz begonnen haben, setzen heute Chefärzte, Manager und städtische Angestellte fort. Das Angebot der Finanz- und Steueroasen für Geldwäsche und Wiederanlage ist sehr breit und auch für kleine Schmiergeldempfänger zugänglich.

Viertens wird im korruptiv blockierten Markt die Entstehung und Verbreitung neuer und billigerer Produkte verhindert. Die reduzierte Konkurrenz verhindert den Eintritt neuer, kreativer, innovativer Unternehmen. Es werden also durch den Wohlfahrtsverlust nicht nur alte Arbeitsplätze abgebaut, sondern es wird auch die Entstehung neuer Arbeitsplätze verhindert.

Fünftens kennt die Konkurrenz der Korrupteure nicht nur Gewinner, sondern auch Verlierer: Für den Auftrag des Hochgeschwindigkeitszuges in Südkorea z.B. zahlte Siemens 50 Millionen Dollar Schmiergeld, der Auftrag ging an die französische Konkurrenz (Alsthom/TGV, 60 Millionen Dollar Schmiergeld). Die 50 Millionen Dollar waren also verloren.

Sechstens begünstigt die national bornierte Rechtsprechung der Industrieländer die Korruption im Ausland und benachteiligt die jeweiligen einheimischen Konkurrenten, führt also zur Verlagerung von Arbeitsplätzen ins Ausland.

4. Korruption und knappe öffentliche Mittel

Die in wirtschaftlich und demokratisch »guten Zeiten« praktizierte Korruption zeigt ihre schädlichen Folgen vor allem in »schlechten Zeiten«. Bei der zunehmenden Verschuldung der Staatshaushalte intensiviert sich die Konkurrenz der Monopol-Korrupteure um die knappen öffentlichen Mittel. Dies ist in den »Entwicklungsländern« schon länger der Fall. Die Schmiergeldanteile steigen ebenso wie die Zusatzprofite. Staatsverschuldung und (Teil-)Verarmung beschleunigen sich. Die Zahl der Marktteilnehmer sinkt noch weiter (im schlimmsten Fall bleiben ein Monopol je Branche und ein Diktator übrig), die Preise sind dauerhaft überhöht, die Staatsschulden können nie mehr zurückgezahlt werden, der Rechtsstaat wird ausgehebelt.[5]

»Unser Wirtschaftssystem geht über Leichen.«

Transparent von Nonnen und Mönchen der »Initiative Ordensleute für den Frieden«, die am 23. Mai 1997 vor der Konzernzentrale der Deutschen Bank in Frankfurt a. M. mit einem »Menschenteppich« protestierten.

5 Vgl. die Darstellung dieses Mechanismus im Bereich des Kanalisations- und Klärwerksbaus in: W. Rügemer: Staatsgeheimnis Abwasser, Düsseldorf 1995, S. 139 ff.

Dieter Quermann

Kapitalbeschaffung – Anlage- und Kreditbetrug

1. Beschaffung des Gründungskapitals

Kriminelle Verhaltensweisen bei der Beschaffung von Kapital für die Gründung einer Firma[1] können in folgende Fallgruppen unterteilt werden:

- schwindelhafte Handlungen zum Zweck der Eintragung in das Handelsregister unter Umgehung der Gründungssicherungen. Hierbei werden oft erhebliche Umstände verschwiegen oder falsche Angaben gemacht, z. B. über die Übernahme von Stammeinlagen, die Leistung der Einlagen, die Verwendung eingezahlter Beträge, über Sondervorteile, Gründungsaufwand, Sacheinlagen, Sachübernahmen.
- Schwindel zur Gewinnung von Gesellschaftern, in der Regel durch unrichtige Angaben in Prospekten und Anzeigen. Hierbei wird häufig über Verlustzuweisungen, Gewinnchancen und Risiken getäuscht. Ferner kommt es zur Vorlage gekaufter Referenzen. Angaben zu Steuervorteilen sind unrichtig; die Leistung der Einlagen wird vorgetäuscht. Desweiteren fehlen Angaben zum Wert von Sacheinlagen, oder sie sind unrichtig.
- Schwindel zur Erlangung von Warenkrediten.
- Schwindel zur Erlangung von sonstigen Krediten, insbesondere von Darlehen. In diesem Zusammenhang kommt es häufig zur Bildung von Scheinkapital durch Überbewertung von Immobilien oder anderen Gegenständen der Gesellschaft. Dieses Scheinkapital dient dann bei Banken oder Darlehensgebern zur Erlangung von Krediten.
- Aushöhlung des Gesellschaftsvermögens durch überhöhte Kosten und andere Aufwendungen, z. B. hohe Gehälter von Geschäftsführern oder ungerechtfertigte Zahlung von Entgelten an Berater. Typisch ist die Gründung einer Vielzahl von Tochtergesellschaften in der Form von Verwaltungs-, Beratungs-, Baubetreuungs-, Vertriebs-, Finanzierungsvermittlungsgesellschaften usw., die dafür sorgen, daß möglichst

1 Chr. Müller-Gugenberger (Hg.): Wirtschaftsstrafrecht, 2. Auflage, Münster 2. Aufl. 1992.

viel Provisionen und Gebühren anfallen und diese schließlich von den Initiatoren vereinnahmt werden. Auch überhöhte Zahlungen an von den Gründern beherrschte Handels-, Produktions- oder Reparaturfirmen mindern das Gesellschaftsvermögen. Diese Handlungsweisen können nach § 266 StGB strafbar sein. Beim Zusammenbruch ausgehöhlter Unternehmen kommt es dann oft noch zu Manipulationen bei der angeblichen Sanierung der Gesellschaft.

2. Grauer Kapitalmarkt und Anlagebetrug

Neben den traditionellen Anlageformen wie Aktien, Obligationen, Investmentanteilen gibt es eine große Anzahl Anlagemöglichkeiten[2] mit erheblichem Risiko für die Anleger, betrogen zu werden. Der Branchen-Informationsdienst »gerlach-report«[3] resümiert: »Die deutsche Finanzdienstleistungsbranche hält traumhafte Bedingungen für Täuscher, Betrüger und Ganoven bereit. Die seriösen Branchenmitglieder hingegen müssen mit dem massiven Mißtrauen der Anleger, einer häufig geradezu hinterlistigen Haftungsverschiebungspraxis von Produktanbietern und mit einer teilweise unverständigen Justiz kämpfen, die, anstatt sich um die Ganoven zu kümmern, lieber seriöse Finanzdienstleister und Anlegerschützer wettbewerbs- und presserechtlich drangsaliert. Was ist das für ein Land, dessen Politiker sich offensichtlich auf die Seite der Ganoven und Abzocker schlagen?«

Wir stehen einem ständig wachsenden Boom des Finanzbetruges gegenüber.[4] Die bestehenden Gesetze zur Kontrolle des »Grauen Kapitalmarktes« sind nicht geeignet, den potentiellen Anleger vor strafrechtlich relevanten Schäden zu schützen. Ordnungs- und Strafverfolgungsbehörden haben mangels gesetzlicher Voraussetzungen faktisch keine Möglichkeiten, präventiv tätig zu werden. Fehlende Kontrollmechanismen, Liberalisierung der Märkte und des grenzüberschreitenden Geldverkehrs sowie nicht oder schwer handhabbare Straf-

2 (Waren-)Termingeschäfte, Penny-Stocks, Anleihen und Junk Bonds, Investmentfonds, Geschlossene Immobilienfonds, Time-Sharing, Bankgarantiegeschäfte, Beteiligungssparpläne usw.

3 gerlach-report vom 20.9.96.

4 Manfred Glienig: Der internationale Finanzbetrug. Vorgetäuschte Bankgeschäfte: Organisierte Betrüger verursachen Milliardenschäden. Dr. Glienig ist Leiter der kriminalpolizeilichen Abteilung der Bundespolizeidirektion Salzburg. Das Buch, das einen Überblick über diverse Erscheinungsformen des Finanzbetruges liefert, kann beim Verband österreichischer Banken bezogen werden.

normen in Verbindung mit den durch Formvorschriften belasteten Regelungen internationaler Rechtshilfe haben zur Folge, daß retrospektiv Einzelheiten nur mit großem Zeitaufwand ermittelt werden können. Personalmangel auf seiten der Ermittlungsbehörden und der Gerichte lassen den zeitnahen Abschluß der Verfahren durch schuldangemessene Urteile immer seltener zu. Stringente Ausschöpfung des Strafrahmens zum Zweck der Generalprävention unterbleibt, das ermutigt die Marktteilnehmer zur relativ risikolosen Fortsetzung ihres Handelns. In einer Veröffentlichung wird ein Mitarbeiter der Börsenaufsicht in diesem Zusammenhang mit dem Satz zitiert: »Es ist, als ob man mit einem Hammer auf Quecksilber schlägt.«

Die Bemühungen der Gerichte, in zivilrechtlichen Schadenersatzprozessen anlegerfreundliche Urteile zu fällen, dürfen nicht verkannt werden, führen aber über eine Einzelfallgerechtigkeit hinaus noch nicht erkennbar zu einer Abschreckung und/oder Marktbereinigung, zumal titulierte Ansprüche mangels Masse nicht oder selten realisiert werden. Viele Geschädigte begnügen sich mit einer außergerichtlich auf dem Vergleichsweg erzielten Einigung (Teilrückzahlungen pp.).

Anlageberater, Initiatoren und Vermittlungsgesellschaften versuchen sich durch Allgemeine Geschäftsbedingungen, Prospekte sowie Trennung von Vertragspartner und Vermittler/Berater vor Rechtsverfolgung zu schützen. Die Methoden werden ständig verfeinert. So haben Vertragspartner häufig ihr Domizil im Ausland; in Deutschland bzw. in der Beratung und im Vertrieb treten sogenannte »Agenten« der jeweiligen Auslandsgesellschaft auf, und es wird die Anwendung ausländischen Rechts vereinbart. Zu diesen Geschäftsmethoden gehören auch: eine überbetonte und dem äußeren Anschein nach ausreichende Risikoaufklärung durch Prospekte und Geschäftsbedingungen; Verweis von Beschwerdeführern an ein Schiedsgericht; Gegenlesen mündlicher Aufträge und Tonbandaufzeichnungen zum Zweck einer für den Vermittler/Berater günstigen Beweisführung, womit nur der (durch Täuschung erlangte) Auftrag bewiesen wird, nicht die Akquisitionsmethode.

Neben massiver, zumeist telefonischer Beeinflussung wird der Geschädigte nicht selten auch offen eingeschüchtert: Sperrt der soeben telefonisch überredete Kunde nach Überdenken seiner Zusage seinen weisungsgemäß abgesandten Scheck, so wird von besonders aggressiven Vermittlern/Beratern sogleich Klage erhoben. Bei fehlendem Nachschuß (Termingeschäfte) wird der Gesamtverlust angedroht, um zu weiteren Einzahlungen zu nötigen. Gedroht wird daneben mit einem Prozeß »durch alle Instanzen«, Information des Geschäftspartners, der Ehefrau oder der Finanzbehörden; und in Einzelfällen sind auch schon tätliche Übergriffe angedroht worden.

Kundenakquisition und Geschäftsabwicklung werden ständig angepaßt, wobei sich folgende Tendenzen feststellen lassen: Initiatoren, Emittenten und Vermittler erschweren bzw. unterbinden den straf- und zivilrechlichen Zugriff. Das bedeutet in erster Linie, daß das haftende Eigenkapital und sonstiges Vermögen begrenzt bleiben, verschleiert oder durch Verschiebung dem Zugriff entzogen werden; außerdem werden handels- und gesellschaftsrechtliche Konstruktionen geschaffen, die die individuelle Verantwortlichkeit grenzüberschreitend minimieren. All das soll rechtlichen Zugriff, Ermittlungsmaßnahmen, Strafverfolgung, Aufsichtsmaßnahmen (z. B. Ordnungsbehörden, BAKred, BAWe, SEC, CFTC, Eidgenössische Bankenkommission) abwehren und Verfolgungsmaßnahmen leerlaufen lassen.

Es ist nicht zu verkennen, daß der Graue Kapitalmarkt mit seinen phantasievoll gestalteten Finanzkonstruktionen und ständig neuen undurchsichtigen Anlageofferten im Rahmen des Europäischen Binnenmarktes und durch die Öffnung der Ostgrenzen größer, durch Datenverarbeitung, Globalisierung, Internationalisierung beweglicher und, einem Trend der Kriminalität folgend, schadensträchtiger geworden ist. Die Zeitschrift »Capital« schätzt die Entwicklung der Anlegerschäden[5] folgendermaßen (Milliarden DM):

	1990	*1996*
Terminhandel	1,5	3,0
Penny Stocks	0,5	1,0
Bankgarantien	0,0	10,0
Beteiligungssparpläne	1,0	10,0
Unseriöse Immobiliengeschäfte	6,0	12,0
Sonstige	1,0	4,0
Gesamtschaden in Mrd. DM	*10,0*	*40,0*

Fazit des »gerlach-report«:[6] »Die 40 Milliarden sind eher vorsichtig geschätzt. Wie schön ließe sich damit der Bundeshaushalt sanieren? Aber nicht Waigel bekommt das Geld, sondern eine zunehmende

5 gerlach-report vom 27.9.96. – Überlegungen zur Schadensschätzung siehe dort.
6 Ebd.

Zahl von üblen Ganoven, die sich mehr und mehr auch mafios organisieren. Die Justiz schaut da gerne weg, und die Politiker schauen gerne hin, solange sie von dort die eine oder andere Unterstützung zu erwarten haben. *Unsere Prognose: Der Schaden, den die Ganoven am Anlagemarkt angerichtet haben, wird in wenigen Jahren die Höhe des Bundeshaushaltes erreichen, und damit hätten wir dann endgültig sizilianische Verhältnisse.«*

3. Kreditbetrug

Eine der häufigsten Betrugsarten im Wirtschaftsleben, so stellten schon Zirpins/Tersteegen [7] 1963 fest, ist der Kreditbetrug. [8]

Der *Begriff* »Kreditbetrug« hat *mehrfache Bedeutung.* Zum einen versteht man darunter den *Kreditbetrug im weiteren Sinne gem. § 263 StGB* zum Nachteil einer Bank oder eines sonstigen Gläubigers bei der Gewährung eines Geld-, Waren- oder Leistungskredites (hier kommt es zu einem Vermögensschaden), zum andern den selbständigen Tatbestand des *§ 265 b StGB Kreditbetrug im engeren Sinne.* Die Vorschrift des § 265 b StGB mit der amtlichen Überschrift »Kreditbetrug« ist als abstraktes Gefährdungsdelikt (der Eintritt eines Schadens ist hier nicht erforderlich) ausgestaltet, das für einen begrenzten Bereich (Unternehmenskredite) im Vorfeld des Betruges gem. § 263 StGB liegt und mit der Vorlage der falschen Unterlagen oder Angaben vollendet ist. Nach Ansicht von Nack[9] ist die Norm ein Mißerfolg des Gesetzgebers. Sie hat den Nachweis nicht erleichtert, im Gegenteil, sie hat nur neue Beweisprobleme gebracht, insbesondere dort, wo sie Legaldefinitionen geschaffen hat. Weil hier nicht der Raum für eine strafrechtliche Betrachtung gegeben ist, möchte ich nur erwähnen, daß die Nachweisschwierigkeiten beim (Kredit-)Betrug immens und für den Laien nicht immer nachvollziehbar sind.

Das *Volumen der Kredite* an »Nichtbanken«[10] betrug laut Auskunft der Landeszentralbank[11] in Düsseldorf 1995 ca. *3,9 Billionen DM.* Nimmt man einmal an, nur zehn Prozent des 1995 kreditierten Be-

---

7 Zirpins/Tersteegen: Wirtschaftskriminalität, Lübeck 1963, S. 446 ff.

8 Müller-Gugenberger, a. a. O., S. 904 ff.

9 A. Nack, in: Müller-Gugenberger, a. a. O., S. 913, TZ 65.

10 Kurz-, mittel- und langfristige Kredite an inländische Nichtbanken, wie z. B. Haushalte, Unternehmen und Privatpersonen.

11 Monatsbericht der Deutschen Bundesbank.

trages seien betrügerisch erlangt, hätten wir immerhin einen *strafrechtlich relevanten Schaden von 390 Milliarden DM.*

Die *Polizeiliche Kriminalstatistik*[12] registrierte *1995* für die Bundesrepublik 597 Fälle (1994: 636) des Kreditbetruges nach § 265 b StGB und 6 344 Fälle (1994: 4 704) nach § 263 StGB mit einem Schaden von ca. 338 Millionen DM (1994: ca. 822 Millionen).

Diese Zahlen sind aufgrund der immens hohen Dunkelfeldes (sehr stark eingeschränkte Anzeigebereitschaft der Kreditinstitute, die Schäden gewinn- und damit steuerreduzierend wertberichtigen) nicht wirklich aussagefähig.

Hinzuzurechnen sind der *Warenkredit- oder Lieferantenbetrug*[13] in den vielfältigsten Formen. Ein Beschuldigter hatte sich einmal zur Rechtslage auf einem Zettel notiert: »Betrug = Rechnungen nicht bezahlen«. Damit war die laienhafte Umschreibung des Lieferantenbetruges, besser *Warenkreditbetruges*, gemeint: Ein Kunde bestellt Waren, obwohl die Bezahlung des Kaufpreises infolge seiner schlechten wirtschaftlichen Situation gefährdet ist. Der Lieferantenbetrug wird im Wirtschaftsleben häufig zugleich mit Konkursdelikten begangen, aber ist davon nicht abhängig. Die *Polizeiliche Kriminalstatistik*[14] registrierte *1995* für die Bundesrepublik 109 475 Fälle des Waren- und Warenkreditbetruges (1994: 90 496) mit einem Schaden von ca. 486 Millionen DM (1994: ca. 446 Millionen).

Kriminalpolitisch interessant ist darüber hinaus die *Kriminalität durch Bankmitarbeiter bei der Kreditvergabe.*[15]

Die Risiken im Bankgeschäft[16] haben in den letzten Jahren im Gefolge konjunktureller und struktureller Wandlungen zugenommen.[17] Die Gefährdung des Rückzahlungs- und Verzinsungsanspruches der Bank, das Ausfallrisiko, ist größer geworden. So mehren sich auch die Ermittlungsverfahren gegen Bankleiter wegen Untreue nach § 266 StGB bei der Kreditvergabe, obwohl Gallandi[18] in den von ihm ge-

---

12 Quelle: Bundeskriminalamt.

13 Nack, in: Müller-Gugenberger, a. a. O., S. 852 ff.

14 Quelle: Bundeskriminalamt.

15 D. Quermann: »Kriminalität durch Bankmitarbeiter bei der Kreditvergabe«, Referat im Rahmen einer Fortbildungsveranstaltung der LPS Brandenburg, Mai 1992.

16 Belegt z. B. an den Fällen Schneider und Balsam.

17 Vgl. auch Nack: Untreue im Bankbereich durch Vergabe von Großkrediten, in: NJW 1980, Heft 30, S. 1599 ff.

18 Gallandi: Straftaten von Bankverantwortlichen, in: wistra 1989, Heft 4, S. 125 ff.

schilderten Fällen die Zurückhaltung der Ermittlungsbehörden bei Fällen dieser Art (zu Recht) beklagt und sarkastisch resümiert:
- Banken begehen keine Straftaten, sondern sind höchstens Opfer von solchen;
- Das Vertrauen der Öffentlichkeit in Banken muß auf jeden Fall erhalten bleiben;
- Wer Kredite will, ist selber schuld.

Die Ermittlungsprobleme sind allerdings auch hier nicht zu unterschätzen. Trotz der erfreulichen Tendenz der Rechtsprechung zu mehr Rechtsklarheit gibt es nach wie vor eine gewisse Rechtsunsicherheit. Namentlich bei sogenannten Risikogeschäften faßt Nack[19] zusammen: »Ist ein Risikogeschäft Gegenstand einer Anklage, so wird die Anklage selbst zum Risikogeschäft.« Denn nicht jedes schlechte oder unglückliche Management erfüllt den Tatbestand der Untreue. Die Grenze zum strafbaren Handeln ist fließend.

4. Fazit

»Wer Steuern hinterzieht oder Subventionen (und Kredite) erschleicht, mag sein privates Vermögen vermehren. Er verkürzt aber damit zugleich die sozialstaatlichen Ansprüche seiner Mitbürger, deren Erfüllung erst durch die Steuern ermöglicht wird, nämlich etwa das Bürgerrecht auf Bildung. So simpel dieser Zusammenhang auch erscheinen mag, breite Kreise der Bevölkerung haben ihn bisher nicht oder nicht deutlich genug registriert, geschweige denn verinnerlicht. Gelänge es, hier einen Wandel zu schaffen und ein entwickeltes soziales Bewußtsein zu bilden, so wäre im Kampf gegen die Wirtschaftskriminalität eine Schlacht gewonnen und die Bahn für Änderungen bereitet, die am Maßstab aufgeklärter Rationalität orientiert sind.«[20]

»Jede Gesellschaft hat die Kriminalität, die sie glaubt, sich leisten zu können.«[21]

19 Nack, in: Müller-Gugenberger, a. a. O.
20 R. Wassermann: Was tun? – Die Verbrechen in der Wirtschaft, Karlsruhe 1972.
21 Herbert Schnoor, langjähriger nordrhein-westfälischer Innenminister.

Rainer Roth

Legale Wirtschaftsverbrechen

Legale Verbrechen – dieser Begriff scheint ein Widerspruch in sich zu sein.

Wenn eine Handlung gegen das Strafrecht verstößt, also ein Verbrechen ist, wie kann sie dann legal sein?

Wenn eine Handlung nicht gegen ein Gesetz verstößt, also legal ist, wie kann sie dennoch ein Verbrechen sein?

Kartelle

Einige Beispiele für viele: Die zehn führenden Anbieter von Starkstromkabeln, darunter Siemens, Alcatel und ABB über Jahre bundesweit die Preise abgesprochen zu haben.[1] In ihrem Umsatzvolumen von 1,5 Milliarden DM könnten die üblichen 20–30 Prozent Preisaufschlag stecken. Ein Teil davon floß als überhöhte Zahlung für Staatsaufträge in ihre Taschen.

Dreißig Unternehmen, die Fahrbahnen markieren, haben sich schon vor Jahrzehnten zusammengeschlossen, um die Staatsfinanzen gemeinschaftlich mit überhöhten Preisen zu plündern. Der Gesamtschaden soll allein in den letzten zehn Jahren hunderte Millionen DM betragen haben.[2] Bisher wurde von der Beute nur 25 Millionen DM in Form von Bußgeldern zurückverlangt.[3]

Von Zement bis zu Feuerwehrschläuchen: Kartelle sind üblich.

Der chronische Raubüberfall auf die Staatskassen durch Privatunternehmen und ihre Kartelle ist bis jetzt für die Unternehmen in der Regel nur eine Ordnungswidrigkeit, kein Verbrechen, obwohl er einen Schaden in vielfacher Milliardenhöhe anrichtet. Sachinvestitionen (95,5 Milliarden DM) und laufender Sachaufwand des Staates (158 Milliarden DM) betrugen im Jahre 1995 zusammen etwa 250 Milliar-

1 Frankfurter Rundschau, 21.9.1996 und 15.5.1997.
2 Frankfurter Rundschau, 22.12.1995.
3 Wirtschaftswoche, 17.10.1996.

den DM.[4] Diese Summe enthält viele Milliarden, die in Form von Lieferungen zu überhöhten Preisen gestohlen wurden.

Wenn ein Unternehmen aufgrund vorsätzlich falscher Angaben überhöhte staatliche Zahlungen bekommt, dann ist das legal, obwohl es ein Verbrechen ist.

Wenn aber ein Sozialhilfebezieher aufgrund vorsätzlich falscher Angaben überhöhte staatliche Zahlungen bekommt, dann ist das illegal und gilt als Verbrechen, auch wenn es in der Regel keines ist.

Öffentliche Verschwendung

Nach neuesten Schätzungen des Bundes der Steuerzahler verschwenden die leitenden Politik-Manager jährlich 60–70 Milliarden DM für Prunk und Protz, Luxus, Fehlplanungen und überteuerte Bauten.[5]

Es ist meist legal, Steuergelder für die eigene Bereicherung und/oder die von Privatunternehmen zu verschleudern, obwohl es eigentlich ein Verbrechen ist, die Staatsfinanzen zu ruinieren.

Abschreibungsobjekte

Jeder kennt den gnadenlosen steuerbegünstigten Bau von leerstehenden Büro- und Gewerberuinen, von nutzlosen Schiffen usw. In Frankfurt a.M. stehen z.Zt. 800000 m^2 Bürofläche leer. Das entspricht dem Bürovolumen von 13 (!) Frankfurter Messetürmen. Der Messeturm ist immerhin das höchste Bürogebäude Europas. Es fehlt nur noch die steuerbegünstigte Ölbohrung im Weltraum. Die Ausplünderung der Staatskassen für die Bereicherung als Selbstzweck ist legal, aber ebenfalls im Grunde ein Verbrechen gegenüber gesellschaftlichen Bedürfnissen.

Legale Verbrechen – der scheinbare Widerspruch löst sich also in einen ökonomischen Widerspruch auf.

In dem Maße, in dem private Profitinteressen und deren Grundbedürfnisse Vorrang vor gesellschaftlichen Interessen haben, können sie gesetzliche Formen annehmen, selbst wenn sie kriminell sind. Denn Gesetze drücken nicht an und für sich Allgemeininteressen aus.

Umgekehrt: Gesellschaftliche Interessen z.B. an Befriedigung von Grundbedürfnissen von Menschen können als Verbrechen behandelt

4 Monatsberichte der Deutschen Bundesbank, 9/1996, S. 53*.
5 Frankfurter Rundschau, 2./3.10.96.

oder außerhalb der Gesetze gestellt werden, obwohl sie an und für sich nicht dem Allgemeininteresse widersprechen.

Die bestehende Gesetzeslage kann kein alleiniger Maßstab für die Kennzeichnung einer Handlung als Verbrechen sein, da sich in ihr Allgemeininteressen nur äußerst unvollkommen, vermischt mit und oft dominiert von Privatinteressen, darstellen.

Nur vom Standpunkt der breiten Mehrheit der Bevölkerung können solche Praktiken Verbrechen sein.

Es ist deswegen auch nicht falsch, Handlungen als Verbrechen zu bezeichnen, die heute keine sind. Mit dem Begriff »Verbrechen« werden rechtliche und zugleich ökonomische Verhältnisse vorweggenommen, die noch nicht bestehen.

These 1: Das Kapital hat die Staatsfinanzen durch legale und illegale Steuerhinterziehung ruiniert

In jahrelanger Kleinarbeit hat das Kapital die Staatsfinanzen ruiniert. Das geschah im wesentlichen ordnungsgemäß, nicht ordnungswidrig, legal, nicht illegal.

Die Wirkung von legaler und illegaler Steuerhinterziehung ist dieselbe: eine Staatsverschuldung von über 2000 Milliarden DM, die nie mehr rückzahlbar ist und die den Lebensstandard der breiten Masse auf Dauer immer mehr mindert.

Die Nettoneuverschuldung des Staates (Bund, Länder und Gemeinden) im Jahre 1995 betrug 90,7 Milliarden DM.[6] Sie wäre völlig überflüssig gewesen, wenn die Gewinnsteuern (also Körperschaftssteuer, Gewerbesteuer und veranlagte Einkommenssteuer) 1995 noch denselben Anteil am Gesamtsteueraufkommen gehabt hätten wie 1980, wenn ihr Anteil also noch 23,6 Prozent[7] betragen hätte und nicht auf 9,6 Prozent gefallen wäre.[8] Dann wären 114 Milliarden DM mehr in die Staatskassen geflossen (statt 78 Milliarden DM = 9,6 Prozent vom Steueraufkommen wären es 192 Milliarden DM = 23,6 Prozent vom Gesamtsteueraufkommen gewesen).

6 Statistisches Taschenbuch 1996, Tab. 1.27.

7 Der Steuerskandal, isw-wirtschafts- und grafikdienst, Juni 1996, Nr. 3, S. 3.

8 Monatsberichte der Deutschen Bundesbank, September 1996, S. 55*, S. 54*: Gesamtsteueraufkommen 1995 814,2 Milliarden DM; veranlagte Einkommensteuer, Körperschaftssteuer und Gewerbesteuer zusammen 78 Milliarden DM.

Mehr noch: Heute zahlt das Kapital als ganzes faktisch keine Steuern mehr.

Nach Angaben des DIW führten die Unternehmen 1994 in Deutschland 91 Milliarden DM Gewinnsteuern ab und erhielten 132 Milliarden DM an »Transfers zur Förderung unternehmerischer Aktivitäten«, sprich direkte Profitsubventionen in Form von Investitionszuschüssen usw.[9] Das Kapital als Ganzes zahlt nur Gewinnsteuern, um sie in Form von Subventionen zurückzubekommen und in seinen eigenen Reihen umzuverteilen. Es läßt sich vom Staat, d. h. von den Steuern der arbeitenden Menschen unterhalten.

Im Gegensatz zur Feudalaristokratie des Mittelalters zahlt das Kapital aber wenigstens formell noch Steuern.

Indem Siemens z. B. doppelt soviel Subventionen kassiert, wie es Steuern zahlt,[10] hat das Unternehmen objektiv denselben Status wie ein Sozialhilfebezieher. »Ihr lebt ja nur auf unsere Kosten«, dieser Titel einer Talkshow von Bärbel Schäfer über Sozialhilfe paßt besser auf das Steuergebaren des Kapitals.

Auch die Restgröße an Steuern, die es noch zahlt, will es gegen Null drücken. Dieses Bestreben ist vorhanden, solange irgendein Konzern in Deutschland im internationalen Wettbewerb der Profitraten schlechter abschneidet als ein beliebiger internationaler Konkurrent. Das aber ist immer der Fall.

Der Druck auf Steuerminderung vergrößert sich auch, je kraftloser die ökonomische Entwicklung, je größer also der Druck auf die Profite ist.

Das Interesse an Steuersenkungen setzt sich durch – unabhängig von Regierungen und auch unabhängig von der Gesetzeslage.

Seine Formel ist: legal – illegal – scheißegal – Kapital.

Privatinteressen werden als Allgemeininteressen ausgegeben

Die Staatsfinanzen werden natürlich nicht ruiniert, ohne das als ökonomische Notwendigkeit zu verkaufen.

> »Wir brauchen Arbeitsplätze. d. h. wir brauchen Investitionen in Deutschland, das heißt wir brauchen eine verbesserte Basis für die Ergebnisplanung von Investoren, das heißt wir brauchen erstens niedrigere Arbeitskosten und zweitens niedrigere Steuern und Ab-

9 DIW, Wochenbericht 36/1996, S. 605.
10 zitty, 15/1996, S. 18.

gaben. Jetzt ist die Reduzierung der öffentlichen Aufgaben dringlich – sie ist Voraussetzung für die Senkung der exorbitanten Steuerlast [...] Steuersenkungen sind eine Grundvoraussetzung für mehr Wirtschaftswachstum. Jedes Prozent Wirtschaftswachstum entlastet die öffentlichen Haushalte um mindestens zwölf Milliarden DM. [...] Kritik und Ablehnung von Steuern heißt auch Verzicht auf staatliche Leistungen, von Personalausgaben über Subventionen und Sozialausgaben.«[11]

Alles zum Wohle der Arbeitsplätze und damit der Arbeitslosen, heißt die herzzerreißende Formel, die aus der Tränendrüsenabteilung eines Filmstudios stammen könnte.[12]

Gewinnsteuersenkungen erscheinen als Dienst am Ganzen, das sich zum Wohle aller – verständlicherweise – auch gegen die bestehende Gesetzeslage durchsetzt. Indirekt wird auch der Steuerkriminalität und legalen Verbrechen, soweit sie die »Ergebnisplanung« verbessern, der Heiligenschein des gesellschaftlichen Interesses umgehängt.

Deshalb noch einmal die nüchterne Wahrheit:

Investitionen sinken absolut und relativ

Die bisherigen Senkungen der Gewinnsteuern hatten keinerlei Einfluß auf die Höhe der Investitionen.

1970 investierte das Produzierende Gewerbe in Preisen von 1991 im früheren Bundesgebiet 86,8 Milliarden DM in Ausrüstungen, 1994 nicht mehr, sondern weniger: 80,4 Milliarden DM. Die Bauinvestitionen summierten sich 1960 auf 29,81 Milliarden DM und 1994 auf 27,7 Milliarden DM.[13]

Die Ausrüstungsinvestitionen des Produzierenden Gewerbes bewegen sich also real auf dem Niveau der 70er Jahre, die Bauinvestitionen auf dem Niveau der 60er Jahre.

Konsum statt Investitionen

Was durch Gewinnsteuersenkungen den Unternehmen mehr verbleibt, wird immer mehr für die private Lebensführung und für

11 Ulrich Cartellieri, Vorstandsmitglied der Deutschen Bank: Zur Wirtschaftslage, Pressekonferenz der Deutschen Bank vom 28.3.1996, S. 5–6

12 Vgl. auch Wolfgang Schäuble (CDU/CSU) über die Steuerreform: »An erster Stelle steht die Schaffung von Arbeitsplätzen«, in: Spiegel, 37/ 1996, S. 52.

13 Sachverständigenrat der Bundesregierung, Jahresgutachten 1995/6, Stuttgart 1995, S. 395.

die private Vermögensbildung entnommen. In den 80er Jahren wurden den Unternehmen durchschnittlich 345 Milliarden DM jährlich für privaten Konsum entnommen, in den 90er Jahren durchschnittlich 582 Milliarden DM.[14]

Finanzanlagen statt Sachanlagen

Die Senkung der Gewinnsteuern hat die Bildung eines riesigen Kapitalüberschusses gefördert. In den letzten 15 Jahren wurde mit Abstand mehr Kapital in die Geldvermögensanlage gesteckt als in die Neubildung von Sachanlagevermögen. Von 1980 bis 1995 betrugen die Nettoinvestitionen (Bruttoinvestitionen minus Abschreibungen), also das neu gebildete Sachanlagevermögen 1039 Milliarden DM. Im gleichen Zeitraum bildeten die Produktionsunternehmen aber 1560 Milliarden DM an Geldvermögen.[15]

Bis 1980 war die Geldvermögensbildung noch erheblich geringer gewesen als die Sachvermögensbildung.

Heute gilt die Formel: »Die Gewinne von heute sind die Finanzanlagen von morgen und die Arbeitsplätze von Vermögensberatern und Golftrainern für übermorgen.«

Investitionen werden voll aus Abschreibungen und Subventionen finanziert

Die Bruttoinvestitionen der Produktionsunternehmen in Sachanlagen wurden 1995 zu fast 100 Prozent aus Abschreibungen und staatlichen Zuschüssen finanziert (zu 81,4 Prozent aus Abschreibungen, d. h. aus zum Ersatz verbrauchten Sachkapitals zurückgelegten Gewinnen, und zu 16,8 Prozent aus nicht-entnommenen Gewinnen bzw. staatlichen Zuschüssen). Man braucht also gar keine Gewinnsteuersenkungen, um zu investieren.

»Exorbitante Steuerlast«

Der reale Steuersatz eines Arbeiters mit einem zu versteuernden Bruttoeinkommen von 3350 DM im Monat beträgt 19,77 Prozent,[16] der reale Steuersatz (das Verhältnis der gezahlten direkten Steuern zum Bruttogewinn) der Kapitalgesellschaften (Aktiengesellschaften

14 Statistisches Taschenbuch 1996, Tab. 11.

15 Sachverständigenrat 1995/6, a. a. O., S. 410 f.; Monatsberichte der Deutschen Bundesbank, 5/1996, S. 44 und S. 46.

16 DIW-Monatsberichte, 35/1996, S. 590.

und GmbHs) dagegen 11,2 Prozent.[17] Die »exorbitante«, d.h. gewaltige Steuerlast der Kapitalgesellschaften liegt weit unter den Steuersätzen von Facharbeitern.

Die Steuerlast ist in Wahrheit für die arbeitende Bevölkerung unerträglich, nicht für die Märchenerzähler des Kapitals (Märchenerzählen ist im übrigen völlig legal).

Die Steuersenkungen für das Kapital sind also indirekte Profitsubventionen. Profitsubventionen deshalb, weil sie nur eine einzige erkennbare Folge haben, nämlich die Profitmasse der Unternehmen zu vermehren.

Da das private Interesse an maximalen Profitraten Vorrang genießt, ist es weder ein Verbrechen noch illegal, die Staatsfinanzen zu ruinieren. Es ist nur die bewußtlose Auswirkung der ökonomischen Interessen des Kapitals. Von daher ist es auch sinnvoll, diesen Prozeß nicht in erster Linie mit moralischen oder rechtlichen Kategorien zu analysieren, sondern mit ökonomischen.

These 2: Mit Staatskriminalität werden Profitsubventionen refinanziert

Die legale und illegale Steuerhinterziehung durch das Kapital treibt zugleich auch Formen der Staatskriminalität hervor.

Der Staat – aufgrund von akutem Geldmangel – übertritt seinerseits Gesetze, um sich Einnahmen zu verschaffen oder Ausgaben zu vermeiden. Dabei handelt er auch auf der Grundlage von Gesetzen, die selbst wieder ungesetzlich sind, wenn sie am obersten Gesetz, dem Grundgesetz, gemessen werden.

Der Begriff Wirtschaftskriminalität ist zu eng, weil nicht nur »die Wirtschaft«, sondern auch »der Staat« aus wirtschaftlichen Gründen Gesetze übertritt.

Besteuerung des Existenzminimums – Verfassungsbruch

Die Urteile des Bundesverfassungsgerichts binden Regierungen und Verwaltungen und stehen Gesetzen gleich (§ 31 Bundesverfassungsgerichtsgesetz). Das Bundesverfassungsgericht hat schon 1990 entschieden:

---

17 Der Steuerskandal, isw, a. a. O., S. 9.

»Aus den [...] Verfassungsnormen [Art. 11 GG i.V. mit dem Sozialstaatsgrundsatz des Art. 20 I GG, d. Verf.], zusätzlich aber auch aus Art. 6 I GG, folgt [...], daß bei der Besteuerung einer Familie das Existenzminimum sämtlicher Familienmitglieder steuerfrei bleiben muß«.[18] »Entscheidende Bedeutung für die Bemessung des Existenzminimums [...] kommt den Leistungen der Sozialhilfe zu, die gerade dieses Existenzminimum gewährleisten sollen«.[19]

Dennoch besteuert der Staat bis heute das Existenzminimum auf der Grundlage eines Gesetzes. Das ist illegale Legalität oder legale Illegalität.

Bis Ende 1995 wurden monatlich nur 468 DM für einen Erwachsenen bzw. 342 DM für ein Kind als steuerfreies Existenzminimum betrachtet. Notwendige Haushaltsausgaben für Miete, Heizung, Kleidung und Hausrat wurden besteuert.

Der monatliche Raubüberfall der Finanzämter auf die Löhne und Gehälter brachte jährlich bis zu 50 Milliarden DM ein.

Ab 1996 werden 1 008 DM monatlich nicht besteuert.

Mit diesem Betrag hat auch heute nahezu jeder alleinstehende Erwerbstätige Anspruch auf laufende Sozialhilfe. Er liegt unter dem Existenzminimum.

Bei einem durchschnittlichen Regelsatz von 530 DM, einmaligen Beihilfen von 15 Prozent des Regelsatzes, d. h. 80 DM, einem Freibetrag für Erwerbstätige in Höhe von 50 Prozent des Regelsatzes, d. h. 265 DM, bleiben für Miete und Heizung noch 133 DM übrig. Das reicht nicht mal für ein Wohnklo. Zumal bei der Sozialhilfeberechnung vom Nettoeinkommen noch berufsbedingte Aufwendungen wie Fahrtkosten usw. abgezogen werden müssen.

Die Bundesregierung besteuert faktisch den größten Teil der notwendigen Ausgaben für durchschnittliche Unterkunfts- und Heizungskosten.

Zudem stellt sie das Existenzminimum von Erwerbstätigen mit dem von Arbeitslosen gleich. Sie gesteht Erwerbstätigen keinen Mehraufwand für Erwerbstätigkeit als Bestandteil des Existenzminimums zu.

Das mißachtet ein weiteres Urteil des Bundesverfassungsgerichts:

»Zum sozialhilferechtlichen Mindestbedarf zählt [...] auch [... der]

18 Beschluß vom 29.5.1990, in: Neue Juristische Wochenschrift, 1990, Heft 45, S. 2871.

19 Ebd., S. 2873.

Mehrbedarf für Erwerbstätige, der den mit der Erwerbstätigkeit verbundenen Aufwand abdecken, aber auch den Willen zur Selbsthilfe fördern soll«.[20]

Der höhere Mindestbedarf für Erwerbstätigkeit verschwindet auch dadurch nicht, daß er jetzt die Form eines Freibetrags hat, der vom Einkommen abgezogen wird, statt beim Bedarf hinzugerechnet zu werden.

Allein durch diese Manipulation werden die lohnsteuerpflichtigen Arbeiter und Angestellten in Deutschland jährlich um etwa 18 Milliarden DM beraubt. Ein legales Verbrechen, wenn man so will.

(Annahme: 22 Millionen steuerzahlende Lohnsteuerpflichtige; 3180 DM jährlich nicht anerkannter Mehrbedarf/Freibetrag für Erwerbstätigkeit pro Lohnsteuerpflichtigem; das macht 69,7 Milliarden DM zu versteuernde Einkommen mehr. Bei einem Eingangssteuersatz von 25,9 Prozent ergibt das 18 Milliarden DM.)

Würden alle Posten der Herunterrechnung des Existenzminimums korrigiert, müßte der Grundfreibetrag von 12095 DM auf mindestens 18000 DM angehoben werden.[21] Unter diesen Voraussetzungen beträgt der jährliche Steuerraub schon mehr als 34 Milliarden DM.

Das steuerfreie Existenzminimum eines Kindes, der Kinderfreibetrag, wurde zum 1.1.1996 auf 522 DM angehoben.

Der durchschnittliche Regelsatz eines Kindes beträgt aber schon 363 DM plus 19 Prozent für einmalige Beihilfen, also 69 DM. Bleiben 90 DM für Miete und Heizung. Schon für 1994 kamen die Fachreferenten des Bundes und der Länder zu dem Ergebnis, daß 628 DM monatlicher Mindestbedarf nicht versteuert werden dürfte oder 7536 DM jährlich.[22]

Auch mit der Anhebung des Kinderfreibetrages also »wird noch immer kein verfassungsmäßiger Zustand erreicht«, so Joachim Lang, einer der bekanntesten deutschen Steuerexperten.[23] Familien zahlen auf einen Teil der notwendigen Lebenshaltungskosten ihrer Kinder

---

20 BVerfG vom 25.9.1992, in: Nachrichtendienst des Deutschen Vereins, NDV, 12/1992, S. 414.

21 Berechnung: KLARtext e.V. vom 10.7.1995.

22 Bericht der Arbeitsgruppe der Sozialhilfe- und Familienreferenten, Februar 1995, nach: Stimme der Familie, Juli 1995, S. 3.

23 Spiegel, 25/1995, S. 42.

weiterhin Steuern. Kindergartenbeiträge z.B. werden voll besteuert. Unterhalt an getrennt lebende Kinder wird ebenfalls voll versteuert.

Bei der Wahl zwischen Verfassungstreue und Milliarden illegaler Mehreinnahmen entscheidet sich die Bundesregierung für die Milliarden. Im Gegensatz zum normalen Taschendiebstahl stehen darauf keinerlei Strafen, denn der staatlich organisierte Diebstahl beruht auf einem Gesetz.

Sofern Lohnabhängige im Rahmen ihrer bescheidenen Möglichkeiten Steuern hinterziehen, holen sie sich objektiv nur einen Bruchteil von dem zurück, was man ihnen gestohlen hat. Sie allerdings handeln dann illegal und übertreten Gesetze.

Die notwendigen Lebenshaltungskosten von Arbeitskräften, Familien und Kindern werden illegal besteuert. Die notwendigen Lebenshaltungskosten von Maschinen, Kraftfahrzeugen, Bürogebäuden, Schreibtischen usw., also die des Kapitals in Form von Sachanlagen, werden nicht besteuert.

Für Sachkapital gelten sogar noch Sonderabschreibungen, denen gar keine realen »Lebenshaltungskosten« entsprechen. Spitzenleistungen werden hier mit Verlustzuweisungen bis zu 125 Prozent erbracht.

Das Kapital steht steuerlich im Mittelpunkt, nicht der Mensch. Das ist die ökonomische Basis der verfassungswidrigen Besteuerung des Existenzminimums.

These 3: Armut wird als eigentliches Wirtschaftsverbrechen behandelt

> »Wer die Erwirtschaftung von Einkommen und Vermögen verschweigt und hierdurch Sozialhilfe in unberechtigter Höhe beansprucht und erhält, wird bei Bekanntwerden in jedem Falle wegen des Verdachts auf Sozialhilfebetrug bei der Staatsanwaltschaft angezeigt. Betrug wird gemäß § 263 Strafgesetzbuch mit Freiheitsstrafe bis zu fünf Jahren oder mit Geldstrafe bestraft.«

Diesen »Hinweis« müssen SozialhilfebezieherInnen in Frankfurt bei Antragstellung unterschreiben. Endlich haben wir die wirklichen Wirtschaftsverbrecher gefunden. Ihnen muß man wegen jeder Mark und in jedem Fall mit Gefängnis drohen.

Bei genauerem Hinsehen stellt man jedoch fest, daß es die Armut selbst ist, die zum Verbrechen erklärt wird.

Wer arbeitslos wird und unglücklicherweise zum Sozialamt gehen muß, stellt plötzlich fest, daß der sogenannte Sozialstaat einen großen

Teil seines bisherigen Lebensstandards außerhalb des Gesetzes stellt. Dazu gehören z. B. Auto, Reisen, Urlaub, Lebensversicherung, Telefon, Fernseher, Videorecorder, CD-Player usw. und auch die direkte Teilnahme am gesellschaftlichen Leben wie Bewirtung von Freunden oder Auswärtsessen. All das gehört für die Sozialhilfe nicht zum »notwendigen Lebensunterhalt«.

Die Sozialhilfe ist auf das Bedürfnisniveau der 50–60er Jahre ausgelegt.

Ratenzahlungen – für viele Arbeiter ein normaler Ausgabenposten im Budget – werden zum Privatproblem ebenso wie Unterhaltszahlungen an Kinder oder Tilgungsleistungen bei Wohneigentum.

Eigenvorsorge für die Zukunft durch Sparvermögen über 2500 DM o.ä. steht plötzlich unter Strafandrohung. Menschliche Beziehungen stehen unter dem Verdacht des Mißbrauchs wegen möglicher Zuwendungen.

Die gesamte, bisher legale Existenz, wenn sie weitergeführt wird, kann zur Quelle strafrechtlicher Vergehen werden. Nur zehn Prozent der SozialhilfebezieherInnen kamen am Ende der 80er Jahre unter äußerster Sparsamkeit bis zum Ende des Monats aus.[24] Heute sind es noch weniger.

Wenn es aber für viele nicht möglich ist, ein Minimum an Lebensbedürfnissen zu befriedigen, ohne Gesetze zu übertreten, dann werden faktisch die Lebensverhältnisse von Armen selbst für kriminell erklärt.

Aus diesem Grund wird auch das Wort »Sozialhilfe« ständig mit »Mißbrauch« in Verbindung gebracht. Der Bezug von Sozialhilfe selbst wird schon als »Mißbrauch« betrachtet. Der regierungsnahe Burda-Verlag sprach das offen aus, als er 1995 in seiner Zeitschrift »focus« alle Sozialleistungsbezieher zu »Sozialschmarotzern« erklärte, die ein »süßes Leben« führen.

Die Aggressivität gegen Sozialleistungsbezieher entlastet die kriminellen Kapitalschmarotzer. »Clevere Anleger bringen ihr Geld [...] bar, persönlich und per Auto ins Steuerparadies.« Das schrieb »focus« ebenfalls.[25] Die Steuerausfälle durch Steuerkriminalität möchte »focus« gerne durch Sozialleistungskürzungen refinanzieren.

Schwarzarbeit von Sozialhilfebeziehern ebenso wie von Lohnab-

---

24 R. Roth: Über den Monat am Ende des Geldes, Frankfurt a. M. 1992.

25 focus, 7/1993.

hängigen ist im großen und ganzen eine Form der Selbsthilfe, mit der man ein Existenzminimum erreichen will, das der sogenannte Sozialstaat nicht zugesteht.[26]

Umgekehrt ermöglicht Selbsthilfe in Form von Schwarzarbeit Kürzungen der Sozialhilfe.

Der Zwang, Gesetze zu übertreten, nimmt zu, wenn es aufgrund von legalen und illegalen Senkungen des Armutsniveaus immer weniger möglich ist, innerhalb der Gesetze zu leben.

Bundestag und Bundesrat senken seit Jahren real die Regelsätze. Kommunen und Landkreise kürzen bei Kleidung und Hausrat. Im Main-Kinzig-Kreis wird inzwischen geprüft, welche Gegenstände in der Wohnung vorhanden sind, und in Frankfurt fragt man nach Schmuck.

Das alles ist legal.

Dazu kommt der chronische Rechtsbruch durch Sozialämter. Wäre dieser strafbar, könnte man einen bedeutenden Teil der Sozialämter schließen.[27]

Es ist nicht strafbar, Freibeträge für Erwerbstätige, Mehrbedarfszuschläge oder einmalige Beihilfen zu unterschlagen, Arbeitseinkommen nicht zu bereinigen oder Armen Sozialhilfe mit der Begründung zu verweigern, sie seien Selbständige oder sie hätten Besuch durch einen Freund gehabt.

Betrug durch das Sozialamt wird belohnt, weil rechtswidrig verweigerte Beträge nicht zurückgezahlt werden müssen. Sozialhilfe deckt aus Prinzip nur den gegenwärtigen Bedarf, nicht den vergangenen. Das ist das Wesen des Bedarfsdeckungsprinzips.

»Wirtschaftsverbrechen« von Armen können zu Gefängnisstrafen führen. Wegen ein paar Tausend Mark kann man zu Haft verurteilt werden, während die Hinterziehung von Milliarden durch Unternehmen und Staat im wesentlichen straffrei bleibt.

Überzahlte Beträge müssen von SozialhilfebezieherInnen voll zurückgezahlt werden; kriminelle Extraprofite der Unternehmen oder illegale Extrasteuer-Einnahmen des Staates dagegen nicht oder nur zu einem Bruchteil.

Das ist eben der Unterschied zwischen legalen und illegalen Ver-

---

26 Vgl. Ag TuWas: Schwarzarbeit. Mißbrauch oder Mittel zum Überleben, Frankfurt a. M. 1995.

27 vgl. dazu R. Roth: Der wahre Mißbrauch, Klarstellungen zum Thema »Sozialkriminalität«, in: sozial extra, Juni 1994, S.12–14.

brechen. Mit unbeugsamer Strenge gegenüber der Armut werden Profitsubventionen für das Kapital refinanziert.

These 4: Die »große Steuerreform« beschleunigt die legale Steuerhinterziehung der Reichen und legalisiert Steuerkriminalität

> »Die Deutschen sind ein Volk von Steuervermeidungsstrategen geworden. Anstatt das Sozialprodukt zu steigern, perfektionieren wir die Steuervermeidung« (Ulrich Cartellieri, Vorstandsmitglied der Deutschen Bank).[28]

Mit »den Deutschen« meint er wohl seine eigene Schicht, denn die meisten Deutschen können Steuerzahlungen gar nicht oder kaum vermeiden, schon gar nicht strategisch.

Mit der großen Steuerreform wird die Steuervermeidung des Kapitals weiter perfektioniert und rationalisiert.

Steuerhinterziehung und Steuerkriminalität werden belohnt. CDU-Finanzexperte Gunnar Uldall: »Das wichtigste ist aber: Der Anreiz für Steuerhinterziehung wird mit den Steuersätzen stark fallen.«[29]

Steuerhinterziehung wird dadurch »bekämpft«, daß die Besteuerung legal in die Richtung des Niveaus heruntergefahren wird, das durch Steuerhinterziehung schon erreicht wurde.

Die Spitzensteuersätze sollen um ein Viertel bis ein Drittel auf 35 Prozent gesenkt werden. Die Einkommenserhöhung z. B. eines Millionenverdieners soll nach Uldall (CDU) monatlich 19 425 DM betragen, nach den Grünen 10 280 DM.[30]

Wie wird die steuerliche Bereicherung der Reichen finanziert? Auf keinen Fall durch die Streichung ihrer Steuerprivilegien im gleichen Umfang. BDI-Präsident Henkel erklärte zwar: »Wären die Sätze der Einkommenssteuer hierzulande so niedrig wie im Ausland [...], würde sich hierzulande wohl niemand [über die höhere Besteuerung von Dienstwagen] beschweren«.[31] Steuerprivilegien werden zum Faustpfand, um die Steuersätze möglichst weit nach unten zu drücken. Aber gleichzeitig will man sie retten.

28 U. Cartellieri , a. a. O., S. 6.
29 Wirtschaftswoche, 10.10.96, S. 28.
30 DIW, Wochenbericht, 35/96, S. 590.
31 Wirtschaftswoche, 18.4.1996, S. 22.

Der halblegale Sozialstaat der Reichen

Die Interessenverbände des Kapitals kämpfen entschlossen gegen die Abschaffung ihrer Steuervergünstigungen.

Betrachten wir als Beispiel das steuerfinanzierte Luxusleben auf Staatskosten.

»Freiberufler und Selbständige haben nach wie vor die Möglichkeit – zwar illegal, aber kaum kontrollierbar –, private Aufwendungen steuermindernd in den betrieblichen Bereich zu verlagern«[32] Natürlich nicht nur sie, sondern auch die Manager der Banken und Konzerne.

»Die Deklaration des privaten Essens, der privaten Reise, des Privat-PKW, der privaten Haushaltshilfe als Betriebsausgaben ist an der Tagesordnung,« so Bundesminister Norbert Blüm.[33] Er muß es ja wissen.

Bewirtungskosten

> »Viele Manager laden sich reihum ins Restaurant ein – auch wenn die Geschäftsbeziehung eher lose ist.«[34]

In der Schwarzwaldstube zu Baiersbronn[35] kann man sich also nach wie vor mit einem Businessmenü für 195 DM (ohne Getränke) gegenseitig bewirten und das zu 80 Prozent als Betriebsausgabe absetzen. Man muß nur alle Speisen und Getränke zur Freude der Finanzbeamten einzeln auflisten. Von der Abschaffung der Absetzbarkeit von Bewirtungskosten hört man nichts.

Geschäftswagen

Bei Geschäftswagen wurde die Besteuerung der privaten Nutzung ab 1.1.1996 geändert. Ab einem Listenpreis von 52000 DM führt das zu höheren Steuern, so daß sich der Kauf von 100000 DM-Nobelkarossen auf Staatskosten »unterm Strich nicht mehr so schön rechnet«.[36]

Luxuswagenhersteller und -fahrer laufen einschließlich ihrer Landesregierungen in Stuttgart, München und Hannover und anderer Verbündeter Sturm gegen diese Änderungen.

---

32 Wirtschaftswoche, 19.9.1996, S. 159.
33 Frankfurter Rundschau, 22.6.1993.
34 Wirtschaftswoche, 28.3.1996, S. 137.
35 Capital, 3/1995, S. 227.
36 ADAC-Mitteilungen, Februar 1996, S. 63.

Reisen

Nach wie vor haben zwei Drittel der Top-Manager und die Hälfte des mittleren Managements bei Übernachtungen und Reisekosten keine betriebsinternen Höchstgrenzen zu beachten,[37] erst recht natürlich keine steuerlichen Höchstgrenzen. First-Class-Flüge und 2000 DM pro Tag für eine Übernachtung sind bei aller internen Beschneidung von Reisekosten durch die Unternehmen nach wie vor steuerlich absetzbar.

KLARtext e.V. schätzte die Steuerhinterziehung durch die Luxussubventionierung von Bewirtungskosten, Geschäftswagen und Geschäftsreisen schon für 1993 auf über 20 Milliarden DM.[38]

Am besten rechnet es sich also, Steuerprivilegien beizubehalten, wofür z.B. die Automobilindustrie energisch kämpft, und gleichzeitig die Steuersätze zu senken, wofür die Automobilindustrie ebenfalls energisch kämpft.

Sollten ein paar kleinere Steuerprivilegien geopfert werden, dann dient das der Rationalisierung der legalen Steuerhinterziehung. Was man nämlich vorher über Quittungen und Belege mühselig beantragen mußte, soll jetzt gewissermaßen pauschal als Gewinn oder Einkommen belassen werden.

Wer zahlt also die Steuerausfälle für die Reichen?

Arbeitern mit einem zu versteuernden Jahreseinkommen von bis zu 40000 DM sollen durch die Steuerreform ab 1998/99 monatlich 100 bis 200 DM mehr zugestanden werden,[39] weil der Eingangssteuersatz auf unter 20 Prozent »gesenkt« werden soll. Bis Ende 1995 betrug er aber schon 19 Prozent. Die teilweise Rücknahme einer Steuererhöhung wird als Steuersenkung vermarktet. Wahrhaft eine »große Steuerreform«.

Gleichzeitig sollen aber notwendige Kosten für die Verausgabung von Arbeitskraft wieder besteuert werden z.B. die Kosten der Fahrt zum Betrieb oder der Mehraufwand bei Nachtschicht.[40] Die werden zu Steuervergünstigungen umgefälscht.

---

37 Wirtschaftswoche, 25.4.1996, S. 141.

38 KLARtext: Die Absahner – sie genießen – wir zahlen, Frankfurt a.M. November 1993, S. 41.

39 DIW, Wochenbericht, 35/1996, S. 590.

40 Wirtschaftswoche, 19.9.1996, S. 159.

Selbst die »Wirtschaftswoche« stellte fest, daß »Arbeitnehmer [...] von den geplanten Streichungen besonders betroffen« sind.[41]

Das DIW kommt nach einer Analyse aller Modelle zu dem Schluß: »Für den Durchschnittsverdiener ist die Steuerersparnis nur wenig mehr »wert«, als es seinen bisherigen Freibeträgen (Werbungskosten, Vorsorgepauschalen u. ä.) entspricht«,[42] wenn diese gestrichen werden.

Die Bundesregierung plant, mit einer Erhöhung der Mehrwertsteuer[43] und der Besteuerung von Arbeitslosengeldern, Renten und Krankengeldern[44] die verbleibenden Milliardenlöcher zu stopfen.

Arbeiter, Angestellte, Arbeitslose, SozialhilfebezieherInnen und RentnerInnen dürfen also Profitsubventionen und die Erhöhung des Lebensstandards der Reichen mitbezahlen. Wenn das Geld noch nicht reicht, wird es durch höhere Staatsverschuldung beschafft.

Die Steuersenkungen Ronald Reagans Anfang der 80er Jahre, die Vorbild der »großen Steuerform« sind, verdoppelten und verdreifachten die Haushaltsdefizite der USA. Und zwar von ursprünglich etwa 70 Milliarden Dollar im Jahre 1980 auf über 200 Milliarden Dollar und nach Rücknahme einiger Steuersenkungen auf 150 Milliarden Dollar Ende der 80er Jahre.[45] Walter Wittmann urteilt: »Die US-Defizite stammen weniger von den Militärausgaben als vielmehr von den massiven Steuersenkungen unter Präsident R. Reagan«.[46] Die Nachwirkungen sind bis heute zu spüren.

Steuererhöhungen für die breite Masse und Steuersenkungen für die Reichen, das ist die große Steuerreform.

Uldall prophezeit »einen gewaltigen Schwung, den deutliche niedrigere Steuersätze in der Wirtschaft auslösen« würden.[47]

In den letzten 15 Jahren wurden schon unzählige Milliarden an indirekten steuerlichen Profitsubventionen ausgeschüttet. Wir sahen aber nur einen »gewaltigen Schwung« in der Profitmasse einerseits und einen bei Arbeitslosen und Staatsschulden andererseits.

Wir sahen gleichzeitig einen gewaltigen Abschwung der Investiti-

41 Ebd.
42 DIW, Wochenbericht, 35/ 1996,S. 587.
43 Frankfurter Rundschau, 7.10.1996.
44 Frankfurter Rundschau, 8.10.1996.
45 H. E. Figgie/G. J. Swanson: Bankrott '95, Frankfurt a. M. 1994, S. 80 f.
46 W. Wittmann: Das globale Desaster, München 1995, S. 57.
47 Wirtschaftswoche, 10.10.96, S. 28.

onstätigkeit und eine immer schwunglosere wirtschaftliche Entwicklung. Das Kapital will mit der großen Steuerreform im ökonomischen Niedergang wenigstens seine Profitraten und den Lebensstandard seines Klientels auf Kosten der Gesellschaft retten. Es geht in erster Linie um die Steigerung seiner Besitzstände, um die Befriedigung der uferlosen Anspruchshaltung, die seiner Natur entspringt.

Hoffentlich erzeugt das unter den arbeitenden Menschen ebenfalls einen »gewaltigen Schwung«, für ihre eigenen Interessen ebenso einzutreten wie das Kapital für seine.

Eine große Steuerreform im Interesse der breiten Mehrheit könnte so aussehen:

- Erhöhung des Grundfreibetrags auf 18000 DM. Keine Steuer auf das Sozialhilfeexistenzminimum von Erwerbstätigen.
- Keine Besteuerung des Existenzminimums von Kindern! Deutliche Erhöhung des Kinderfreibetrags.
- Senkung des Eingangssteuersatzes weit unter das frühere Niveau.

Das kann finanziert werden u.a. durch

- Subventionsabbau, d.h. die Rücknahme aller Profitratensubventionen, und
- vollständige Streichung aller Steuerprivilegien für das Kapital und die Reichen.

Schlußfolgerungen

Es hat keinen großen Sinn, im Namen einer für alle geltenden Gerechtigkeit gegen diese Verhältnisse anzugehen. Das Kapital weist jede Beschneidung und Infragestellung seiner Existenzweise als ungerecht, unmoralisch und letztlich auch als kriminell zurück. Welche Gerechtigkeit dann siegt, hängt allein von den Kräfteverhältnissen ab.
Von denen hängt es auch ab, ob Unternehmen weiterhin straffrei bleiben, die die Staatsfinanzen mit Kartellen ausplündern, ob es weiterhin straffrei bleibt, Steuerzahler und Sozialleistungsbezieher staatlicherseits zu betrügen und öffentliche Mittel für private Sonderinteressen von Unternehmen und Bürokraten zu vergeuden.

Es geht darum, Grundbedürfnisse der Menschen zu verteidigen, die vom System der sich selbst befriedigenden Kapitalverwertung immer offener mißachtet werden. Die Befriedigung von Grundbedürfnissen der Menschen muß legal sein. Es ist widersinnig, die Befriedigung von Grundbedürfnissen in die Illegalität zu drängen.

Deswegen brauchen wir neben einer erheblichen Ausdehnung der Steuerfreiheit von Arbeitseinkommen auch z. B. *statt Sozialhilfe eine Grundsicherung*, die deutlich über dem bisherigen Sozialhilfeniveau liegen muß.

Das Kapital möchte illegale Wirtschaftsverbrechen durch den Anreiz höherer legaler Profite überflüssig machen.

Auf die Idee, Verstöße gegen Sozialgesetze durch Erhöhung der Leistungen und durch Erleichterung des Leistungsbezugs überflüssig zu machen, kommt das Kapital nicht. Genauso wenig darauf, Steuerhinterziehung der unteren Schichten durch Anhebung der Löhne zu bekämpfen. Darauf müssen wir schon selber kommen.

Die Welt steht auf dem Kopf. Stellen wir sie auf die Füße.

»Die deutsche Industrie ist überhaupt nicht daran interessiert, die soziale Marktwirtschaft in Frage zu stellen. Sie macht sich nur große Sorgen darüber, daß die Fundamente der sozialen Marktwirtschaft durch zuviel Sozialismus in Frage gestellt werden.« – Zuviel Sozialismus? – »Ja.« – Wir haben seit 15 Jahren eine Regierung in Bonn, die mit Sozialismus nun wirklich nichts zu tun hat. – »Damit meine ich den übermächtigen Einfluß, den die Sozialpolitiker quer durch die Parteien gehabt haben. Damit muß Schluß sein.«

Hans-Olaf Henkel, Präsident des Bundesverbandes der Deutschen Industrie, im Interview der »Frankfurter Rundschau« (8.7.1996).

Fred Schmid

Steuer-Kriminalität

Vor einigen Jahren kam ein gewisser Robert Vogel zum Hamburger Wohnungsamt und stellte Antrag auf eine Sozialwohnung. Da aus seinem Steuerbescheid hervorging, daß er so gut wie kein Einkommen bezieht, bekam er den Berechtigungsschein ohne weiteres.

Was jedoch Robert Vogel von anderen Antragstellern unterschied: Er ist selbst einer der größten Grundeigentümer Deutschlands, verfügt über rund 300 000 Quadratmeter Wohn- und Bürofläche, sein Vermögen wird auf rund 1,4 Milliarden Mark geschätzt. Vogel selbst in einem »Zeit«-Interview[1] über seine Antragstellung:

> »Mein Steuerbescheid schloß wegen der nichtalterungsbedingten Abschreibungen auf Gebäude, die wir ja vornehmen dürfen, mit einem Einkommen von null Mark ab. Der freundliche Beamte im Einwohneramt nahm ihn damals entgegen, las ihn und murmelte so etwas wie: ›Da sind Sie ja ein Härtefall‹. Innerhalb weniger Minuten bekam ich den Schein, der mich zum Bezug einer Sozialwohnung berechtigte. Ich wollte damit nur demonstrieren, wie mit dem Gesetz umgegangen wird.«

Was ich mit diesem Beispiel demonstrieren möchte: Es ist eigentlich müßig, zwischen Steuerlegalität und Steuerkriminalität zu unterscheiden. Die Grenzen zwischen legaler und illegaler Steuerhinterziehung verschwimmen immer mehr. Das ganze Steuersystem, basierend auf der Steuergesetzgebung, ist inzwischen mehr oder weniger kriminell. Und ein Krimi dazu.

Die Sache mit dem Milliardär Vogel ist keine einzelne Sumpfblüte im Steuerdschungel. »Die Hälfte der 4 500 Hamburger Millionäre zahlt keine Einkommensteuer«, wußte etwa zur selben Zeit Hamburgs Erster Bürgermeister Hennig Voscherau zu berichten.

In keinem anderen Land gibt es so viele Möglichkeiten für reiche Privatleute wie für Unternehmen, sich ganz legal von der Steuerlast

1 Die Zeit vom 23.8.1996.

zu befreien, wie im deutschen Steuerrecht. Überabschreibungen, Sonderabschreibungen, Rückstellungen, Verlustvortrag und -rücktrag, Freibeträge usw. machen es zum Papiertiger. Für Unternehmer und reiche Selbständige bleibt aber der Vorzug, daß sie über die hohen Steuersätze lamentieren können. Franz Klein, Präsident des Bundesfinanzhofes, bekennt: »Die Reichen können Gelder und Grundvermögen immer so handhaben, daß sie einer Besteuerung entgehen.«[2]

»Steuern zahlen nur noch die Dummen«, meint der Steuerrechtler Klaus Tipke.[3] Und diese Dummen – zuvörderst die Lohnsteuerzahler – werden von Bundesfinanzminister Theo Waigel immer mehr abkassiert. Sie haben nicht die Möglichkeit der Steuer-»Gestaltung«, wie das so schön heißt. Ihnen wird die Steuer monatlich vom Lohn oder Gehalt abgezogen (sog. Quellen-Abzugsverfahren). Die Folge ist, daß die Normalbürger unter einer nie dagewesenen Steuer- und Abgabenlast stöhnen. Während die Gewinn- und Unternehmereinkommen immer mehr entlastet werden, steigt die durchschnittliche Belastung der Arbeitnehmereinkommen ins Unerträgliche.

Diese Ungleichbehandlung ist von der Bonner Koalition durchaus gewollt, wird von ihr auch noch als politischer Erfolg gefeiert. So der CDU/CSU-Fraktionsvorsitzende Wolfgang Schäuble in seinem Buch »Der Zukunft zugewandt«: »Wir haben, zum großen Ärger aller linken Ideologen, die Besteuerung von Unternehmen innerhalb der vergangenen fünf Jahre um elf Prozentpunkte gesenkt, was dazu geführt hat, daß die Ertragsteuern von Unternehmen sich heute auf dem niedrigsten Stand seit Bestehen der Bundesrepublik befinden.«[4]

So wurden im Zuge von zwei Unternehmersteuerreformen die Spitzensteuersätze bei der Körperschaftssteuer zweimal gesenkt: von 56 Prozent auf jetzt 45 Prozent. Allein das sogenannte Standortsicherungsgesetz führte zu einer steuerlichen Nettoentlastung bei den Unternehmen von 14 Milliarden Mark. In einer dritten Steuerreform soll jetzt der Spitzensteuersatz bei der Einkommensteuer radikal gesenkt, die Vermögenssteuer und Gewerbekapitalsteuer abgeschafft und die Gewerbeertragssteuer gesenkt werden. Ich komme noch darauf.

Neben dieser neoliberalen Umverteilungspolitik gibt es weiterhin die zahlreichen legalen und illegalen Möglichkeiten, den Gewinn

2 Die Zeit vom 17.6.94.
3 Zit. nach: Der Spiegel vom 18.3.1996.
4 Wolfgand Schäuble: Und der Zukunft zugewandt, Berlin 1994, S. 128 f.

kleinzurechnen und damit die Steuer zu verkürzen. »Es wird getrickst und hinterzogen wie seit langem nicht mehr«,[5] schimpft der Geschäftsführer der Deutschen Steuergewerkschaft, Paul Courth.

Und schließlich ermöglicht die zunehmende Globalisierung der Ökonomien eine Steuerverkürzung der Reichen und Konzerne in neuen Dimensionen. Darauf soll näher eingegangen werden.

Nehmen wir die Steuerskandale, die Mitte der 90er Jahre ruchbar wurden: das Abwandern Hunderter Milliarden von Mark allein nach Luxemburg auf der Flucht vor der Zinsabschlagssteuer. Als Fluchthelfer taten sich dabei die Banken hervor, allen voran die Großbanken, wie Durchsuchungen bei der Dresdner Bank, der Commerzbank und der West-LB zu bestätigen scheinen. Eine solche Beihilfe zur Steuerhinterziehung ist wegen der zunehmenden Internationalisierung der Großbanken heute kein Problem mehr. In einem Netz von Filialen rund um den Globus kann man schon Gelder von einem Bankkonto hierzulande verschwinden und bei der Filiale im Ausland wieder auftauchen lassen. »Die ganze Bank ist ein konspiratives Netz«, meinte vor kurzem ein leitender Angestellter einer Frankfurter Großbank.[6] Gedeckt wird diese Konspiration durch das Bankgeheimnis, das Waigel in Gesetzesrang erhob. Allein die deutschen Banken unterhalten im Ministaat Luxemburg 70 Filialen. Was jetzt herauskommt oder noch herauskommen wird, ist nicht einmal die Spitze des Geldberges.

Allein im Jahr der Einführung der Zinsabschlagssteuer sind etwa 300 Milliarden Mark nach Luxemburg abgeflossen. Wenn da jetzt die Steuerfahnder ein bißchen Wirbel machen, dann ist das in ein paar Jahren vorbei. Die Banken werden immer besser verstehen, Spuren zu verwischen und sich nicht erwischen zu lassen. Ihre Werbeprospekte waren anfänglich etwas zu eindeutig formuliert gewesen: »Reisen bildet – z.B. Kapital« (Deutsche Bank) oder: »Viele Mittel und Wege führen nach Luxemburg« (Dresdner Bank) oder »Suchen Sie einen zweiten Wohnsitz für Ihr Geld« (Commerzbank).

Professor Wilhelm Hankel, früher Chef der Hessischen Landesbank, meint: »Die Globalisierung der Finanzmärkte hat ein Ausmaß erreicht, das den Versuch, strenge nationale Kontrollen einzuführen und die deutschen Banken unter Sonderrecht zu stellen, wie den

---

5 Zit. nach: Forbes, 6/1994.

6 Zit. nach: Der Spiegel vom 9.9.1996.

Kampf des Don Quichotte gegen Windmühlenflügel aussehen läßt.«[7] Ich teile diese Auffassung nicht ganz, aber ich will damit auf das Problem aufmerksam machen, das sich hier anbahnt.

Dazu kommt die internationale Mobilität bestimmter Geldbürger. Der kapitalkräftige Weltenbürger von heute läßt sich mit seinem Geld dort nieder, wo es für ihn steuerlich am günstigsten ist.

Zum Beispiel Friedrich Karl Flick. Der ehemalige Großindustrielle und heutige Rentner und Rentier sitzt auf einem Geldberg von sechs Milliarden Mark. Und da Geldvermögen sich »selbst alimentiert«, wie uns das vor kurzem die Bundesbank klar machte, wollte er nach Einführung der Zinsabschlagssteuer nicht um die Früchte seines sich selbst versorgenden Geldes betrogen werden. Er suchte aber nicht wie andere einen »zweiten Wohnsitz für sein Geld«, sondern verlegte seinen eigenen Hauptwohnsitz von Düsseldorf in sein Jagdschloß »Rottenmann« in der Steiermark. Mit der Folge, daß er die Früchte seines Vermögens nun dank der wesentlich niedrigeren österreichischen Kapitalertragssteuer üppiger genießen kann. Ob das jetzt wirklich sein Haupt-Wohnsitz ist, mag zweifelhaft erscheinen. Er muß nur dem Finanzamt gegenüber überzeugend klarstellen, daß in dem Jagdschloß jetzt der »Mittelpunkt seiner Lebensinteressen« liegt. Das dürfte aber in diesem Fall nicht schwerfallen. Was soll ein pensionierter Milliardär schon viel anderes machen, als auf die Jagd zu gehen. Experten haben ausgerechnet, daß Flick durch seinen Wohnsitzwechsel jährlich ca. 100 Millionen Mark spart. Josef Bugiel von der bayerischen Finanzgewerkschaft kommentierte den Fall so: »Jetzt müssen die Lohnsteuerzahler mehr hinblättern.«

Etwas schwerer hat es offensichtlich Fernseh-Animatorin Margarete Schreinemakers mit dem Nachweis, daß der Mittelpunkt ihrer Lebensinteressen in Belgien ist. Keine Probleme hat dagegen Franz Beckenbauer, der jetzt als der Kaiser von Kitzbühel gilt. Auch von Michael Stich sind keine Probleme mit seinem Tiroler Wohnsitz bekannt. Etwas tapsiger stellten sich anscheinend die Kicker vom 1. FC Köln an, die mit einer Hausgemeinschaft im belgischen Eupen Steuern sparen wollten, bis das Finanzamt dahinter kam, daß sie zu oft bei ihren Freundinnen in Köln übernachtet hatten.

Insgesamt ergeben sich jedenfalls durch die Internationalisierung des Geschäftslebens im Jet-Set-Stil zusätzliche Möglichkeiten der

7 Zit. nach: Die Woche vom 13.9.1996.

Steuerverkürzung. Joachim Lang, einer der bekanntesten Steuerjuristen Deutschlands, meint: »Wer sich international bewegen kann, hat ganz andere Möglichkeiten, Steuern zu vermeiden, als ein Arbeiter an der Werkbank.« Ein Bandarbeiter bei Mercedes in Sindelfingen tut sich schwer, plausibel zu machen, daß er seinen ersten Wohnsitz in Österreich hat. Früher war es so, daß die Armen auswandern mußten; heute gehen die Reichen außer Landes. Und der Fiskus vergreift sich um so mehr an denen, die hierbleiben müssen.

Was Menschen, also natürlichen Personen, recht ist, ist für juristische Personen, z. B. Kapitalgesellschaften, noch billiger. Früher konnten Kapitaleigner mit ihrem Geschäft der Besteuerung hierzulande in der Regel nur entgehen, wenn sie eine Briefkastenfirma in einem Land wie Liechtenstein gründeten. Aber dieser Weg taugte fast ausschließlich für kleine Firmen, die Schreibtischgeschäfte abwickelten, z. B. Export-Import oder Lizenzverwertung usw.

Größere Möglichkeiten hatten Reedereien, die ihre Schiffe unter Billigflaggen fahren ließen. Mit der zunehmenden Globalisierung der Produktion, insbesondere der Herausbildung transnationaler Konzerne, segeln heute gewissermaßen ganze Konzerne unter Billigflaggen. International operierende Konzerne lassen ihre Gewinne in den Auslandsfilialen anfallen, wo sie vom Fiskus am wenigsten geschröpft werden; Verluste dagegen werden dort ausgewiesen, wo die höchsten Steuern zu zahlen wären.

Die Multis kommen so der Vorstellung des Philips-Konzernchefs vom idealen Standort schon sehr nahe: »Der ideale Standort wäre, einen Supertanker mit Fertigungsstätten zu bauen, der dort vor Anker geht, wo es gerade am billigsten ist.«[8] Wenn man zu den Möglichkeiten der Steuermanipulation noch die Erpressung von Subventionen bei den einzelnen Staaten nimmt, dann haben die heutigen Multis durchaus die Mobilität und Manövrierfähigkeit von Supertankern, um den günstigsten Liegeplatz - sprich Standort - auszuwählen und auch zu wechseln.

Sichtbarer Ausdruck dieser Entwicklung ist das rückläufige Aufkommen aus der Körperschaftssteuer, also der Gewinnsteuer von Aktiengesellschaften und GmbHs. Diese Steuer verkommt zu einem Erinnerungsposten.

So haben sich die Gewinne bei Kapitalgesellschaften seit 1980 mehr

8 Zit. nach: D. Eich: Standortpoker, in: DGB Bildungswerk.

als verdreifacht, das Aufkommen an Körperschaftssteuer ist von 21,3 Milliarden auf 19,5 Milliarden DM gesunken.

Körperschaftssteuer, aber auch veranlagte Einkommensteuer nehmen allmählich den Charakter einer freiwilligen Spende an.

Die Konzerne führen vor allem im Inland immer weniger an Gewinnsteuern ab. Teilweise nimmt das bizarre Formen an. So erhielt BMW 1994 von den »Platow-Briefen«, einem Informationsdienst für Kapitalanleger, den Titel »Deutscher Meister im Steuersparen« verliehen. Der BMW-Finanzvorstand Volker Doppelfeld hatte das Kunststück fertiggebracht, die Gewinnsteuer des Konzerns kontinuierlich gegen Null zu fahren – gewissermaßen aus Freude am Sparen. 1989 hatte BMW noch 509 Millionen Mark gezahlt, 1992 waren es ganze 32 Millionen, und 1993 bekam der Autokonzern sogar eine Rückzahlung vom Finanzamt in gleicher Höhe; d. h. bezogen auf zwei Jahre hat BMW gar nichts bezahlt, gleichzeitig aber fleißig Gewinn gemacht. Nach Rechnung des »Platow-Wirtschaftsdienstes« hat der BMW-Konzern mit Hilfe seiner Auslandstöchter von 1989 bis 1993 insgesamt eine Milliarde Mark an Steuern vermieden.

Für 1995 dürfte der deutsche Steuerspar-Meistertitel an Siemens gegangen sein. Nachdem der Anteil der Gewinnsteuern am Gewinn schon seit Jahren abgenommen hatte, bekam der Konzern 1995 sogar eine Gutschrift von 60 Millionen Mark. Und das bei einem Gewinnsprung von 26 Prozent auf 2,6 Milliarden DM. Siemens liefert im Inland kaum noch etwas an den Fiskus ab, bekommt aber vom Staat noch hunderte Millionen Mark an direkten Forschungs- und Entwicklungs-Subventionen geschenkt. Gar nicht gerechnet die milliardenschweren Staatsaufträge oder die vom Staat geschaffene Infrastruktur für Forschung und Wissenschaft.

Ähnliches ist von der Hoechst AG zu berichten: Auch Deutschlands größter Chemieriese zahlte 1993 Gewinnsteuern nur im Ausland und bekam vom deutschen Fiskus noch 38 Millionen Mark zurück. Dazu Forschungs- und Entwicklungsgelder in Millionenhöhe.

Auch die 1,2 Milliarden Mark Ertragssteuern, die Daimler-Benz 1994 noch abführte, fielen nach Angaben des Geschäftsberichtes »im wesentlichen« in ausländischen Konzerngesellschaften an. Daimler-Benz macht aus seinem Steuer-Sparmodell gar keinen Hehl. Bei einer Berlin-Exkursion des Deutschen Bundestages im April 1996 verkündete Konzernboß Jürgen Schrempp in angeheiterter Laune: Bis zur Jahrtausendwende werde sein Konzern keinen Pfennig Ertragssteuern zahlen. »Von uns kriegt Ihr nichts mehr«, prahlte er beim Abendessen. »Der Spiegel« notierte: »Peinlich berührt schauten die Abgeordneten auf ihre Teller. Am Tag zuvor war das Bonner Sparpaket verkündet worden, das Rentnern, Kranken und Arbeitslosen neue Lasten aufbürdet. Schrempp gab trotzdem keine Ruhe: ›Stimmt doch, oder?‹ dröhnte er quer durch den Saal zu seinem Finanzvorstand Manfred Gentz. Der erklärte den Abgeordneten artig, welche Gewinne der Konzern im Ausland versteuert und welche er mit Investitionen in Ostdeutschland verrechnet.«[9]

Es stimmt schon, was der Wirtschaftskriminologe Professor Hans See in einem »Zeit«-Interview einmal feststellte: »Nach allem, was wir wissen, muß davon ausgegangen werden, daß zumindest internationale Konzerne immer schon einen Teil ihrer Gewinne durch Gesetzesbruch erwirtschaftet haben.«[10]

Gleiches gilt übrigens auch für die Großbanken. So erklärte der Präsident des Sparkassen- und Giroverbandes, Horst Köhler, Ende September 1996 in einem Pressegespräch anläßlich der Jahresversammlung von Internationalem Währungsfonds und Weltbank in Washington:

> »Im Zusammenhang mit der Steuerreform muß sich zumindest der Finanzminister auch den Kopf zerbrechen, wie die notwendigen Steuereinnahmen für unabweisbare, politisch gewollte staatliche Leistungen strukturell zu sichern sind. Der renommierte Ökonom Vito Tanzi vom IWF stellte erst vor kurzem klar, daß international operierende Konzerne die Entstehung ihrer Gewinne über interne Gestaltungsmaßnahmen regional lenken. Was dies im Ergebnis bedeuten kann, veranschaulichte die Deutsche Bundesbank im Monatsbericht August 1996 für den Bereich der Kreditwirtschaft. Nach Angaben der Bundesbank haben sich die Steuerzahlungen der Großbanken seit 1992 halbiert und betrugen bei etwa gleichem Bilanzvolumen nur etwa 10 Prozent der Steuerzahlungen der Sparkassen. In konkreten Zahlen bedeutet das: Die Großbanken zahlten 1992 noch 2 Milliarden an Gewinnsteuern – 1995 nur noch 0,8 Milliarden DM. Die Sparkassen führten demgegenüber 1992 6,5 Milliarden Mark an Gewinnsteuern ab und 1995 sogar 8,1 Milliarden. Wie gesagt bei etwa gleich großem Bilanz- und Geschäftsvo-

---

9 Der Spiegel vom 24.6.1996

10 Die Zeit vom 30.9.1994.

lumen! In seinem Vortrag wies Tanzi auch darauf hin, daß einige Staaten in ihrer Steuerpolitik darauf abstellen, einen möglichst großen Teil der weltweit verfügbaren Steuerbemessungsgrundlage, d.h. der Gewinne, auf sich zu ziehen.«[11] – Soweit Köhler.

Finanzminister Waigel hat sich sehr wohl den Kopf zerbrochen, wie das sein ehemaliger Staatssekretär Köhler von ihm forderte – allerdings den Kopf des Kapitals. Zentraler Punkt in dem von der Steuerreform-Kommission unter der Leitung Waigels erarbeiteten Konzepts ist die radikale Absenkung des Spitzensteuersatzes bei der Einkommenssteuer (und des Körperschaftssteuer-Satzes) mit dem Argument, dadurch Kapital und Investitionen anzulocken, Arbeitsplätze zu schaffen.

Die Bundesregierung will sich genau auf das von Tanzi beschriebene gegenseitige Abwerben von Investoren einlassen. Begründet wird das immer damit, daß der Standort Deutschland wegen seiner angeblich zu hohen Steuersätze für ausländisches Kapital nicht attraktiv genug sei. Dabei hat das Ifo-Institut erst vor kurzem in einer Studie nachgewiesen,[12] daß – anders als immer behauptet – Deutschland im internationalen Vergleich kein Hochsteuerland ist. Denn die vergleichsweise höheren Einkommen- und Körperschaftssteuersätze werden durch günstigere Abschreibungsmöglichkeiten und andere Steuerprivilegien kompensiert.

Folge dieses Standort-Wettlaufs aber ist, daß neben den Löhnen auch die Gewinn- und Kapitalsteuern immer mehr nach unten gedumpt werden. Und zwar vorrangig im Rahmen der EU.

Wie EU-Finanzkommissar Mario Minti vorrechnet, sank zwischen 1980 und 1993 der Anteil der Unternehmersteuern in der EU um ein Zehntel, der Anteil der Lohnsteuer nahm um ein Fünftel zu.[13]

In Deutschland ist der Steuerverfall bei den Gewinn- und Kapitalsteuern noch beträchtlicher, wie wir vom Münchner Institut für Sozial-ökologische Wirtschaftsforschung e.V. (isw) nachweisen konnten.[14] Möglicherweise hängt das damit zusammen, daß hier besonders viele Konzerne international verflochten sind und sich immer mehr EU-Steueroasen herausgebildet haben.

Der Vorteil von EU-Steueroasen besteht darin, daß die versteuer-

11 Redemanuskript, S. 4 f.
12 Zit. nach: Süddeutsche Zeitung vom 16.8.1996.
13 Vgl. Die Woche vom 6.9.1996.
14 Vgl. isw-Wirtschafts- und Grafikdienst, Nr. 3: »Der Steuer-Skandal«.

ten Nettogewinne problemlos nach Hause zurücküberwiesen werden können – insbesondere aufgrund der Doppelbesteuerungsabkommen.

Mit der Europäischen Währungsunion wird sich diese europaweite Steuervermeidung der Kapitaleigner noch beschleunigen. Denn dann entfallen Wechselkursrisiko und Überweisungsspesen. Jeder Prozentpunkt Steuervorteil in einem Mitgliedsland der Europäischen Währungsunion kommt dann voll dem Gewinne transferierenden Konzern zugute. Das multinationale Kapital wird es noch leichter haben, die einzelnen Regierungen gegeneinander auszuspielen. Schon jetzt plant die niederländische Regierung, Gewinne internationaler Kapitalanlagegesellschaften nur noch mit effektiv sieben Prozent Körperschaftssteuer zu belasten. Und Luxemburg ist gerade dabei, seinen Finanzplatz als Standort für deutsche Banken wieder attraktiver zu machen. Premierminister Jean-Claude Juncker in einem »Spiegel«-Interview: »Ich stimme in der Analyse mit den Banken überein, daß wir durch die Steuersenkungen an anderen Finanzplätzen etwas ins Hintertreffen geraten sind. Wir haben immer sehr flexibel auf die Wünsche gerade der deutschen Kreditwirtschaft reagiert, besonders in für sie kritischen Momenten. [...] Die Regierung ist seit vier Monaten dabei, die Steuergesetze so umzugestalten, daß Luxemburg als Standort wieder attraktiver wird.«[15]

Dem ist nichts mehr hinzufügen.

»Ich bin überzeugt davon, daß es bald an der Zeit ist, auch bei uns die Systemdebatte auf höchster und vor allem kompetentester Stelle anzustoßen.«

Hans-Olaf Henkel, Präsident des Bundesverbandes der Deutschen Industrie (»Die Woche« vom 11.7.1997).

15 Der Spiegel vom 29.4.1996.

Rolf Knecht

Gewerkschaftsskandale als Demokratieproblem

Wer den Bericht der »Kommission zur Untersuchung der Immobiliengeschäfte der IG Metall« liest, stößt auf Erinnerungslücken stets da, wo es um Hintergründe und Umstände geht und wo es für beteiligte Personen problematisch werden könnte, wenn diese Lücken geschlossen würden. Daß die Kommission eine »Plausibilitätslücke« von 92 Millionen Mark feststellt, daß der zurückgetretene Kassierer Werner Schreiber den Untersuchern »das Leben in jeder Weise schwer gemacht« hat und daß der frühere IG-Metall-Vorsitzende Franz Steinkühler »bis zuletzt Tatbestände in Abrede stellt, die schlechterdings nicht in Abrede zu stellen sind«, erinnert fatal an andere Skandale und macht es dem Beobachter der wirtschaftskriminellen Verhältnisse sehr schwer, die These vom »unprofessionellen Verhalten« zu glauben.

In Frankfurt ist schon manches dubiose Immobiliengeschäft aufgedeckt worden. Also muß sich eine hier ansässige Organisation, die zweckgebundene Gelder ihrer Mitglieder verwaltet, ihre Partner nicht nach deren »Ortskenntnissen«, wie jetzt argumentiert wird, sondern nach deren Seriosität aussuchen. Es wirkt unglaubhaft, wenn die Kommission die Beteiligten der IG Metall als leichtfertig und fahrlässig entschuldigt. Schließlich stand man mit Rechtsanwalt Scharmann, seinem Bruder Marc und dem Architekten Kind, die das »schadenstiftende Komplott« geschmiedet haben, in »fast familiär-freundschaftlicher Art« im »distanzlosen Dienstverhältnis«. Marc Scharmann kassierte gewaltige Maklerprovision, war aber nie als Makler tätig. Vielmehr war er Medizinstudent in Gießen.

Die IG Metall und ihr Vermögensverwalter Krawinkel gerieten in Streit um Mietüberzahlungen. Krawinkel zahlte 3,5 Millionen Mark, obwohl für die Gewerkschaft zehn Millionen zu erzielen gewesen wären. Das lukrativere Geschäft scheiterte am Widerstand Steinkühlers. Da drängt sich die Frage auf, warum er sich so verhalten und auf diese Weise Mitgliederbeiträge verschleudert hat. Um so verdächtiger wirkt es, daß er bei der Aufklärung des Millionendings nicht bereit war, den Mund aufzumachen, und sich weigerte, mit der Untersuchungskommission zu kooperieren.

Die bisherigen Erfahrungen mit aufgeklärten Betrügereien legen den dringenden Verdacht nahe, daß es bei den bis jetzt erkennbaren Ungereimtheiten in der Kassenführung der IG Metall um mehr geht als um Fehler, die aus Unerfahrenheit im Immobiliengeschäft begangen wurden.

Noch ist diese Sache nicht geklärt, kommt es zum Kauf einer denkmalgeschützten Rothschild-Villa in Frankfurt. Sie wird für etliche Millionen renoviert, angeblich zwecks Wohnraumbeschaffung, und dann an eine gewerkschaftseigene Gesellschaft weiterverkauft. Der Pressesprecher der IGM, Jörg Barczynski, verkündet bei diesem Deal: »Für uns geht die Sache gerade so Null auf.« Auch hier wieder die Frage: Wie werden diese Ausgaben bei Kassenrevisionen begründet? Und welche »ortskundigen« Fachkräfte haben hier für welche Provisionen gedealt?

Wenn die Mitgliedschaft hoffte, ein hochgestellter Richter werde die Affäre sauber aufklären, so erlag sie einem gefährlichen Irrtum. Hat man wieder aus »Unerfahrenheit« einem Nimmersatt Unsummen von Mitgliedsgeldern, immerhin 1,34 Millionen, als Provision bezahlt? Erklärungen dafür finden alle, die an diesem Deal beteiligt waren. Aber der Geruch, hier habe es sich wieder um unsaubere Gefälligkeiten gehandelt, ist geblieben. Wurde versucht, eine schlimme Affäre mit einer schlimmeren zu beenden? So wächst der Argwohn.

Natürlich ist keine Organisation vor Skandalen geschützt. Aber nach dem Zusammenbruch des gewerkschaftseigenen Wohnungs- und Städtebauunternehmens Neue Heimat und den Betrügereien des früheren IGM-Hauptkassierers Norbert Fischer hätte ein kultivierter und verantwortungsbewußter Vorstand mit allen vorhandenen Kontrollgremien gerade im finanziellen Bereich mit größtmöglicher Sorgfalt und Vorsicht arbeiten müssen. Wenn jedoch Steinkühler auch noch nach seinem durch den Vorwurf von Insidergeschäften verursachten Rücktritt im Jahre 1993 mit der IG Metall einen Vertrag hatte, scheint es mit dem Versuch, endlich den Stall auszumisten, nicht weit her gewesen zu sein. Von Interesse für die Mitglieder und die Öffentlichkeit wäre zum Beispiel der Inhalt dieses Vertrages. Niemand scheint ihn zu kennen.

Ist die Kriminalität der Wirtschaft schon eine Gefahr für die Demokratie, so ist es um so schlimmer, wenn auch demokratische Organisationen von dieser Krankheit befallen sind. Die Gewerkschafter, die diesem Treiben ratlos und verlegen gegenüberstehen, sollten nicht aus falsch verstandener Solidarität zu allem schweigen. Mit dem Rücktritt des Kassierers und der Trennung von einem Justitiar kann es hier nicht getan sein. Bei so umfangreichen Geschäften haben mehr Personen mitgewirkt, müssen also Bescheid gewußt haben. Einige werden die Entscheidungen getroffen, andere durch Verschließen der Augen oder Wegsehen das eigentlich in einer Gewerkschaft Unmögliche möglich gemacht haben.

Seit der Wende im Jahre 1989 nennt man Personengruppen, die sich gegenseitig stützen und schützen, um unsaubere Geschäfte abzuwickeln, Seilschaften. Solange deren Treiben nicht rechtlich und moralisch geklärt und sauber aufgearbeitet wird, kann es auch nicht zur Herausbildung von Maßstäben für eine kritische demokratische Öffentlichkeit kommen. Ohne diese aber versinken Gesellschaften im Sumpf, was immer sie sich auch für ein Etikett aufkleben. Damit die Gewerkschaften ihre schwindende Kraft zurückgewinnen, müssen die Mitglieder die solidarische Kraft und den Mut aufbringen, den Sumpf in der in der eigenen Organisation trockenzulegen. Dann können sie es auch wagen, der übrigen Wirtschaftskriminalität und der Korruption guten Gewissens entgegenzutreten. Denn die Gewerkschaften werden weiterhin gebraucht. Angesichts der neuen Globalstrategien des Kapitals notwendiger denn je.

II. Kapital-Verbrechen

Herbert Schui

Eigentum und Diebstahl – Über Kapitalbildung

I.

Eigentum ist nicht eine juristische, sondern eine ökonomische Angelegenheit. Deswegen ist es sicherlich etwas problematisch, dem ökonomischen Begriff des Eigentums den juristischen des Diebstahls gegenüberzustellen. Hieraus folgt, daß Proudhons Satz, wonach Eigentum Diebstahl ist, um eine Beschreibung der Rechtsvorstellung zu ergänzen ist, die dem Verständnis von Diebstahl zugrunde liegt.

Wenn man über Wirtschaftskriminalität redet, drängt sich allemal die Frage auf, welche Methoden der Bereicherung, der Kapitalbildung eigentlich kriminell, welche legitim sind, wie die Einstellungen sich im Laufe der Geschichte verändert haben und warum Kriminalität nachträglich legitimiert worden ist.

Für das Verständnis des Eigentums und seiner Bildung ist (wenn man von der juristischen Seite der Sache absieht) ein Moment wesentlich, nämlich die Aneignung des Eigentums im gesellschaftlichen Prozeß der Produktion, die gleichzeitig die Relation zwischen Menschen bestimmt: Eigentum drückt die Beziehung der Menschen zueinander bei der Aneignung im Prozeß der Produktion aus.[1] Deswegen sind die Eigentumsverhältnisse nicht von den Produktionsverhältnissen zu trennen. Weil sich die Produktionsverhältnisse ihr formales Recht schaffen (allein um funktionsfähig zu sein, benötigen sie gesetzliche Normierung – von allerlei Legitimierungsvorkehrungen ganz abgesehen), entscheiden diese letztlich darüber, was bei der Eigentumsbil-

1 H. Wagner: Eigentum, in: Europäische Enzyklopädie zu Philosophie und Wissenschaften, hg. v. H. J. Sandkühler, Hamburg 1990, Bd. 1, S. 633.

dung als unrechtmäßig angesehen wird. Damit ist die Frage aufgeworfen, wie – systematisch (d.h. von Glücksfällen abgesehen) – die bedeutenden Vermögen entstanden sind und wie Privateigentum von der jeweils vorherrschenden Theorie legitimiert wurde.

Einige wesentliche Einsichten in die Funktion und Rechtfertigung des privaten Eigentums wurden von der Scholastik vermittelt. Die Eigentumsverhältnisse sind hiernach eine rein praktische Angelegenheit. Öffentliches Eigentum, so vermuten die scholastischen Doktoren, gebe Anlaß zu unnötigen Streitereien wegen seiner Nutzung. Überdies werde mit den privaten Dingen mit mehr Sorgfalt umgegangen.[2] Sie sahen aber keine theoretischen oder moralischen Grundsätze, die es einer Gesellschaft verbieten könnten, sich aus ebenso praktischen Erwägungen andere Eigentumsverhältnisse zuzulegen.[3] Weil der Scholastik jeder religiöse Impetus zur Mystifizierung des Privateigentums fehlte (das unterscheidet sie von der neoliberalen Theorie der »property rights« eines Demsets oder Alchian), stellte sie für den Prozeß der Aneignung des Eigentums und der Relation zwischen den Menschen (also für den Umgang mit dem Eigentum) recht strikte Regeln auf. Die bedeutendsten sind das Zinsverbot und die Forderung nach dem gerechten Preis. Faktisch handelt es sich um Vorschriften zur Einkommensverteilung und damit um ethisch begründete Eingriffe in die Eigentumsverhältnisse: Bestimmte Verfahren der Eigentumsbeschaffung sind untersagt. Interessant sind diese Regeln besonders deswegen, weil sie bei strikter Befolgung die Bildung von realen Produktionsmitteln teils verhindert, teils in andere Bahnen gelenkt hätten. Denn wenn den Geldverleihern das Handwerk gelegt worden wäre und die Produzenten, vor allem aber die Kaufleute sich nicht durch überhöhte Preise hätten bereichern dürfen, so wäre es ja kaum möglich gewesen, individuelle Geldvermögen anzuhäufen, die dann, in Produktionsanlagen umgewandelt, die Anfänge der Industrialisierung – ergänzt durch die Wirtschaftspolitik des absolutistischen Staates – begründet hätten. Wenn jeder sich – wie die Scholastik forderte – mit einem standesgemäßen Lebensunterhalt zufrieden geben muß, so verstreut sich jeder Produktivitätsgewinn im verästelten Konsumschema der jeweiligen Stände, die Sparquote ist bei nur kleineren persönlichen jährlichen Rücklagen gering, und überdies gibt es

2 J.A. Schumpeter: History of Economic Analysis, New York 1959, S. 92.
3 Ebd., S. 96.

keinen Geldverleiher (keine Bank), der in dem Ausmaß die Nachfrage nach Kapitalgütern finanzieren könnte, in dem Produktionsmöglichkeiten durch Sparen nicht für die Konsumgüterproduktion genutzt werden.[4] Akkumulation wäre dann, wenn überhaupt, nur vielen kleinen Produzenten in bescheidenem Umfang möglich. Indem in der tatsächlichen Entwicklung diese Verbote nie oder zumindest zunehmend nicht befolgt wurden, wurde die Konsumtion der Vielen geschmälert, so daß sich wenige, große individuelle Vermögen bilden konnten. Der Kapitalismus ist durch diese (im Sinne der Scholastik) unmoralische, ja kriminelle Tat entstanden. Aber er hat dann die materielle Grundlage für mehr allgemeinen Wohlstand geschaffen – womit allerdings nicht behauptet ist, daß sich Industrialisierung nicht nach anderen Regeln vollziehen könnte.

II.

Historisch läßt sich sicherlich die Kapitalbildung zu einem Teil durch »ungerechte« Preise erklären – so besonders die Geldkapitalbildung der Kaufmannschaft. Allerdings ist der Begriff des »ungerechten« Preises eine sehr abstrakte und auch euphemistische Kennzeichnung der wirklichen Abläufe. Überdies läßt sich der geschichtliche Prozeß, der der kapitalistischen Akkumulation voranging und sie begleitet hat, keineswegs einfach preis- oder werttheoretisch erfassen. Da spielt, wie Marx sehr eindringlich in seiner »ursprünglichen Akkumulation« für England schildert, der Raub von Boden und die Vertreibung der Bauern eine entscheidende Rolle,[5] wobei das formale Recht hierzu allenfalls nachträglich geschaffen wurde.

Aber nicht nur hier werden die Ressourcen für die Akkumulation anders zusammengebracht als durch den Kauf billiger Arbeit, die mehr erzeugt, als sie an Lohn erhält. Werner Sombart zählt in seiner

---

4 In der Vorstellung der Wirtschaftswissenschaft bedeutet Sparen, daß ein bestimmter Teil der genutzten Produktionskapazitäten nicht für die Herstellung von Konsumgütern verwendet wird. Wenn der Sparer nicht gleichzeitig Investor ist und damit die ausgesparten Produktionskapazitäten nicht automatisch für die Herstellung von Realkapital beansprucht werden, muß der Kredit dafür sorgen, daß der Investor »Geld« bekommt, damit die Investitionsgüternachfrage die Höhe des Sparens erreicht. Bleibt sie darunter, ergibt sich überschüssiges Sparen mit entsprechend unterausgelasteten Kapazitäten. Banken und Geld verleihen sind daher für die Akkumulation unumgänglich.

5 K. Marx: Das Kapital, Bd. 1, 24. Kapitel: Die ursprüngliche Akkumulation, in: MEW, Bd. 23, S. 741.

Arbeit »Der moderne Kapitalismus« in einem umfangreichen Abschnitt unter anderem folgende Quellen des »bürgerlichen Reichtums« auf: Betrug, Diebstahl, Unterschlagung, Raub, Zwangshandel und Sklavenwirtschaft in den Kolonien (43. bis 46. Kapitel).[6] Es handelt sich hierbei – wie er nachweist – nicht um gelegentliche Ausnahmen, die den Reichtum der einen oder anderen kapitalistischen Familiendynastie begründet hätten, sondern um systematische, für die Vermögensbildung insgesamt bedeutende Verfahren. Zu nennen ist die Unterschlagung durch hohe Verwaltungsbeamte besonders im militärischen Beschaffungswesen. Oder die durch Kaperbriefe staatlich betriebene Seeräuberei (bei der die erfolgreichen Bukaniere durchweg geadelt wurden). Von großer Bedeutung ist ebenfalls der Zwangshandel, wie beispielsweise England ihn in Indien betrieb. Hier wurde der Landbevölkerung, darunter den Webern, eine hohe Steuer abgepreßt. Das Aufkommen der Steuer diente neben anderem dazu, den Webern Stoff abzukaufen, allerdings zu einem niedrigen Preis, der durch die Kolonialverwaltung vorgegeben wurde. Die Weber waren folglich genötigt, mehr zu produzieren, um die Steuer bezahlen zu können. Der Baumwollstoff wurde dann in England zum ortsüblichen Preis verkauft. Sicherlich nimmt die spanische Eroberung Amerikas in dieser Aufzählung einen bedeutenden Platz ein, wobei die erbeuteten Edelmetalle zum Teil wegen Seeräuberei nicht in spanischem Besitz blieben, zu einem anderen großen Teil der Wirtschaftsförderung Flanderns, der Niederlande und Englands dienten. Dies, weil das habsburgische Spanien Rüstungsgüter importierte und auch der gestiegene zivile Luxusbedarf nicht aus heimischer Produktion gedeckt wurde.[7]

Nachdem der Seeweg nach Indien und Indonesien entdeckt und damit der arabische Zwischenhandel ausgeschaltet war, konnten mit dem Handel der dortigen Produkte enorme Reichtümer verdient

---

6 W. Sombart: Der moderne Kapitalismus, 1. Auflage 1902, hier zitiert nach dem unveränderten Abdruck der 2. Auflage 1916, München 1987, S. 581–716. Sombart gehört 1902 noch zu den Kathedersozialisten; er ist zu dieser Zeit noch nicht, wie in der Weimarer Republik, sozial-konservativer Wegbereiter des deutschen Faschismus – eine Position, von der er sich 1938 mit seiner Schrift »Vom Menschen« wieder etwas distanziert.

7 Offensichtlich betrieb Spanien, anders als die Niederlande oder England, eine Wirtschaftsentwicklungspolitik. Das Ergebnis dieses Nachfrageschubes aus Spanien waren Preiserhöhungen in ganz Europa, was das Vermögen der Kaufleute beträchtlich erhöht hat.

werden. Wenn die unterschiedlichen Quellen repräsentativ sind, so betrug die Nettorendite nach allen Abgaben an den Staat usw. auf das vorgeschossene Kapital in der Regel wohl 25 Prozent, aber auch 200 Prozent waren nicht die seltene Ausnahme.[8] Große Vermögen entstanden auch durch die Sklaverei, die Zwangsarbeit und bestimmte Mischformen hieraus, so die Finanzierung der Auswanderung von europäischen Arbeitskräften durch US-Firmen, wobei diese Arbeiter bei niedrigen Löhnen gezwungen waren, zu hohen Preisen bei unternehmenseigenen Lebensmittelläden einzukaufen und überdies die Kosten für die Überfahrt zurückzuzahlen.

Man sieht, es war mehr als nur die klassische Ausbeutung am Werk, als die europäische Gesellschaft daranging, den Kapitalismus aufzubauen. Und man muß beachten, daß dies nicht nur Anfangssünden des neuen Regiments waren, die später durch zunehmende Zivilisierung der kapitalistischen Parvenüs nicht mehr zu den üblichen Geschäftsusancen gehört hätten. Zu erinnern ist beispielsweise an die Rüstungsindustrie, die ja nicht nur die Aufträge des Staates bei gutem Gewinn erledigt, sondern auch alles darangesetzt, daß der Politik des »Blut und Eisen« der Vorzug gegeben wird. Die Wahlspenden der Ruhrindustrie an die NSDAP sind hierfür eine bekannte Illustration. Wie nach dem Zweiten Weltkrieg große Vermögen entstanden sind und die alten Vermögen den Krieg sehr erfolgreich überdauert haben, läßt sich beispielsweise bei Bernt Engelmann nachlesen.[9]

III.

»In der wirklichen Geschichte spielen [bei der Kapitalbildung] bekanntlich Eroberungen, Unterjochung, Raubmord, kurz Gewalt die große Rolle. In der sanften politischen Ökonomie herrscht von jeher die Idylle. Recht und ›Arbeit‹ waren von jeher die einzigen Bereicherungsmittel [...]« – spottet Karl Marx[10] über ganze Generationen von Wissenschaftlern. Dies gilt besonders für John Locke als bedeutenden Vorläufer der klassischen politischen Ökonomie. Er legitimiert das bürgerliche Eigentum aus dem Eigentum eines jeden Menschen an sich selbst und aus der Arbeit, die der Mensch leistet. Gott habe, so Locke, die Erde allen gegeben, aber jedem das Eigentum an seiner

8 W. Sombart, a. a. O., S. 680 ff.

9 B. Engelmann: Meine Freunde die Geldgiganten. Die Macht am Rhein: Der alte Reichtum. Die Neuen Reichen, München 1968.

10 Karl Marx, a. a. O., S. 742.

Person. Folglich erwirbt er durch *seine* Arbeit privates Eigentum. Die Arbeit scheidet zwischen privatem und allgemeinem Eigentum. Soweit es unmöglich ist, die Arbeitserträge lange zu lagern, und da es eine natürliche Grenze für den Arbeitsaufwand gibt, wird niemand Vermögen anhäufen können. (Das Ergebnis ist dasselbe, wie wenn jeder nach den Regeln der Scholastik nur das verdient, was für eine standesgemäße Lebensführung nötig ist. Nur die Begründung stützt sich nicht mehr auf ein moralisches Prinzip.) Die Dinge ändern sich nach Lockes Auffassung dann, wenn Geld ins System kommt und ein allfälliger Überschuß zwischen Arbeitsergebnis und Verbrauch bequem verwahrt (akkumuliert) werden kann. Allgemeine Bedingung der Vermögensbildung ist folglich für ihn die Existenz von Geld; der individuelle Reichtum ergibt sich aus dem Ausmaß und der Ergiebigkeit der persönlichen Arbeit auf der einen und dem persönlichen Verbrauch auf der anderen Seite. Alles andere Vermögen, so wie es effektiv in der Geschichte angehäuft wurde, ist nicht legitimiert.

Es ließe sich nun diskutieren, wie Lockes Überlegung bei den Klassikern in der Arbeitswertlehre weiterverarbeitet wird. Denn wie kann schließlich miteinander vereinbart werden, daß (auch im Sinne von Locke) einzig Arbeit Werte schafft, aber in einer Klassengesellschaft, deren Existenz schließlich von allen Klassikern anerkannt wird, sich die Arbeit nur einen Teil ihres Produktes aneignen kann? Für Locke war dies noch keine Frage; für ihn galt: »Das Gras, das mein Pferd gefressen, der Torf, den mein Knecht gestochen, [...] werden ohne Anweisung und Zustimmung von irgend jemandem mein *Eigentum.*«[11]

Um den Torf stechenden Knecht kümmert sich dann Marx. Er nennt die Aneignung des Torfs durch den Herrn des Knechtes Ausbeutung und den Umstand, daß die Knechte die Arbeit insgesamt weder organisieren noch über die Verwendung des Arbeitsergebnisses entscheiden, Entfremdung. Für die nicht-marxistische Philosophie des 19. Jahrhunderts dagegen scheint das eine unbequeme Frage zu sein. Einige Bemerkungen von Schopenhauer können dies illustrieren. Er schreibt: »Denn Eigentum, welches ohne Unrecht dem Menschen nicht genommen wird, kann [...] nur dasjenige sein, welches durch seine Kräfte bearbeitet ist, durch Entziehung dessen man daher die Kräfte seines Leibes dem in diesem objektivierten Willen entzieht, um

11 J. Locke: Zwei Abhandlungen über die Regierung, hg. u. eingel. von Walter Euchner, Frankfurt a. M. 1977, hier: S. 217.

sie dem in einem anderen Leibe objektivierten Willen dienen zu lassen. [...] Hieraus folgt, daß sich alles echte, d. h. moralische Eigentumsrecht ursprünglich einzig und allein auf Bearbeitung gründet [...]«[12] Bei derselben Gelegenheit wendet sich Schopenhauer gegen Kant: Nur Kants Senilität könne erklären, daß dieser das Eigentumsrecht aus der »ersten Besitzergreifung« herleite.[13] Allerdings scheint Schopenhauer mit den politischen Schlüssen, die aus seiner Aussage gezogen werden könnten, nicht recht zufrieden zu sein, weil er seinen Satz damit einschränkt, daß *ursprünglich* die Bearbeitung das moralische Eigentumsrecht begründet habe. An anderer Stelle schreibt er: »Aber wie weit liegt nicht in den meisten Fällen unser bürgerlicher Besitz von jener Urquelle des natürlichen Eigentumsrechtes ab.« Und folglich: »Es bedarf schon bedeutender Bildung, um bei allem solchen Besitz das ethische Recht zu erkennen und es demnach aus rein moralischem Antriebe zu erhalten«.[14]

Die Wirtschaftswissenschaft hat bei der Frage der Legitimierung des Eigentums sich weniger auf »bedeutende Bildung« verlassen wollen; sie hat mit der ganzen Frage grundsätzlich aufgeräumt. Denn im Sinne der Neoklassik schafft nicht Arbeit allein Wert, sondern Arbeit *und* Kapital. Damit kann der Gewinn als Lohn für Kapital (und Grundlage für Vermögensbildung) aus denselben Grundsätzen heraus gerechtfertigt werden wie der Lohn für die Arbeit.

Hierbei wendet die Neoklassik folgenden Kunstgriff an: Wird eine gegebene Anzahl von Arbeitern mit mehr Kapital ausgerüstet, so steigt die Produktion wegen gestiegener Produktivität.[15] Wie aber konnte sich dieses Kapital bilden? Offensichtlich dadurch, daß gespart wurde, daß also bestimmte Menschen darauf verzichteten, ihr Einkommen restlos zu konsumieren.

---

12 A. Schopenhauer: Die Welt als Wille und Vorstellung, in: Sämtliche Werke (hg. v. Frhr. von Löhneysen), Frankfurt a. M. 1960, S. 461.

13 Ebd. Hier wäre sicherlich darauf einzugehen, ob Kants »erste Besitzergreifung« auch die Aneignung des Mehrwertes legitimieren könnte. Weiter wäre der Unterschied zwischen Lockes »Recht am eigenen Körper« und Schopenhauers »objektiviertem Willen« als jeweiligem Hinderungsgrund für Eigentumsaneignung zu erörtern.

14 A. Schopenhauer: Über die Grundlage der Moral, in: Sämtliche Werke, a. a. O., S. 719.

15 Im Sinne Böhm-Bawerks handelt es sich hier um die »Mehrergiebigkeit längerer Produktionsumwege«, die den Zins erklärt (Agiotheorie). Es werden erst Kapitalgüter und dann Konsumgüter produziert.

Herrscht vollständige Konkurrenz (ein Ideal des Neoliberalismus), so finanziert das betreffende Unternehmen die Investitionen nicht aus eigenen Mitteln. Denn hier sind die Preise so hoch wie die Durchschnittskosten je Stück. Da bei der Produktion neben Arbeit Realkapital verwendet und folglich dem Sparer ein Zins gezahlt wird, weil er dieses Kapital zur Verfügung gestellt hat, bestehen die Kosten und damit der Preis aus Lohn und Zins. Der Profit (im Sinn von Marx der Mehrwert als Ergebnis von Ausbeutung) besteht dann einzig in Zinszahlungen an die Sparer, um deren Enthaltsamkeit von der Konsumtion zu belohnen. [16] Solche Abstinenz kann nicht Ausbeutung sein. Damit ist die Vermögensbildung vom Omen der Unmoral befreit. Vermögen ist der Ausdruck einer sittlichen, kargen Lebensführung. [17] Abstinenz trägt ebenso zur Produktion bei wie Arbeit; beides verursacht Leid. Deswegen ist die Produktion an *alle* Leidtragenden zu verteilen, an die Arbeitenden als Entgelt für Arbeitsleid, an die Sparer als Kompensation für das Leid der Abstinenz.

Vermögensbildung ist nun (eine höhere Produktivität der Arbeit durch mehr Realkapital vorausgesetzt) einzig die Angelegenheit einer »fleißigen, intellektuellen und vor allem sparsamen Elite«, die sich wohltuend abhebt von den »faulenzenden, ihr alles und mehr verjubelnden Lumpen«.[18]

Zu klären ist noch die Frage, wie es sich mit dem Gewinn bei nicht vollständiger Konkurrenz verhalten soll. Soweit auch er der Kapitalbildung dient, kann er halbwegs mit dem Askese-Argument legitimiert werden. Aber an sich müßte das so gebildete Vermögen demjenigen gehören, der den überhöhten Preis (also mehr als den Preis der vollständigen Konkurrenz) hat zahlen müssen. Ein Teil der Rechtfertigung eines solchen Zustandes liefert die neoklassische subjektive Wertlehre selbst, denn der Käufer hat den Preis freiwillig gezahlt. Die Sache war ihm das wert. Diese Rechtfertigung aber hat ihre logischen Tücken. Denn wie kam dieser überhöhte Preis zustande? Doch nur durch eine entsprechende Nutzenschätzung des Käufers, eine persön-

16 Unter diesem Aspekt erklärt sich der Zins aus N. W. Seniors Abstinenztheorie. Für Abstinenz aber könnte kein Zins gezahlt werden, wenn nicht der Produktionsumweg i. S. Böhm-Bawerks zu höherer Produktivität führte. Agio- und Abstinenztheorie sind logischerweise untereinander verknüpft.

17 Man sieht, daß sich hier Calvinismus, Webers protestantische Ehtik und die neoklassische Zins- und Profittheorie recht gut miteinander vereinen.

18 K. Marx, a.a O., S. 741.

liche Einstellung, die ja fraglos (in einem übertragenen Sinn) Eigentum des Käufers ist. Hier wird die Rechtfertigungslehre der Neoklassik unlogisch. Thomas von Aquino trifft exakt diesen Punkt, wenn er in seiner Summe der Theologie 700 Jahre vor der Neoklassik schreibt: »Ist dagegen einem mit dem Ding des anderen, das er bekommen hat, viel geholfen, der Verkäufer aber nicht geschädigt, wenn er ohne das Ding ist, so darf dieser es sich nicht überzahlen lassen. Denn die Nützlichkeit, die dem anderen zuwächst, entstammt nicht dem Verkäufer, sondern der Lage des Käufers. Keiner aber darf dem anderen verkaufen, was nicht sein ist, mag er ihm auch den Schaden verkaufen können, den er leidet.«[19]

Bislang war die Rede davon, daß die Kapitalbildung damit zu tun hat, anderen etwas vorzuenthalten oder wegzunehmen durch Ausbeutung, Betrug, Raub usw. – jedenfalls handelte es sich immer um einen bereits existierenden Wert. Reformen oder auch radikale Veränderungen der Eigentumsverhältnisse scheinen unter diesem Gesichtspunkt das existierende Vermögen und das, was gerade produziert wird und zur Verteilung ansteht, anders aufteilen zu wollen. In einem modernen, entwickelten Kapitalismus allerdings ist die Sache um einiges komplizierter. Ändern sich hier die Eigentumsverhältnisse in bezug auf die Berechtigung, eine bestimmte Menge der laufenden Produktion zu entnehmen, werden also die Rechte der Arbeiter, des Staates, der Kapitalisten anders verteilt, so hat dies einen Einfluß auf die Höhe der laufenden Produktion. Zwei politische Positionen mit jeweils ausführlicher theoretischer Begründung stehen sich feindlich gegenüber: Die Kapitalseite behauptet, neuerlich gestützt auf den überall sich ausbreitenden Neoliberalismus, daß das durch äußere Regeln nicht eingeschränkte Marktergebnis in jedem Fall legitimiert sei, denn nur der freie Markt und Wettbewerb (besonders auf dem Arbeitsmarkt) könne die Weiterentwicklung, wenigstens aber den Erhalt der überlegenen kapitalistischen Zivilisation sicherstellen. Jeder Angriff auf marktgerechte Aneignungsrechte ist ein Angriff auf die Menschheit überhaupt.[20] Die Gegenposition lautet: Freier Markt und

19 Th. v. Aquino: Summe der Theologie, zusammengefaßt, eingel. und erläutert von J. Bernhart, 3. Bd.: Der Mensch und das Heil, 77. Untersuchung, 1. Artikel, Stuttgart o. J., S. 344 f.

20 Wie schlimm das alles ist, hat D. Barbier in einem Leitartikel auf den Punkt gebracht: »Es gehört offenbar zu den Vertracktheiten der Evolution, daß die menschliche Spezies sich dem Wettbewerb verdankt, aber kein Organ für seine spontane

nicht politisch geregelter Wettbewerb[1] senken die Masseneinkommen (Arbeits- und Sozialeinkommen) und damit den Massenkonsum (hierin eingeschlossen öffentliche Leistungen wie kostenlose Schule oder billige Wohnungen). Da die Kapitalisten bei gedrosseltem Konsum ihren Bedarf an Realkapital nicht steigern, wird die Produktion bei wachsender Arbeitslosigkeit eingeschränkt. Die Aneignungsrechte sind hier zwar zugunsten der Kapitalseite verteilt, aber diese verbesserte Position führt für sie nicht zu mehr Reichtum, weil eben diese Ausformung der Eigentumsrechte verhindert, daß der Reichtum produziert wird.[21] Dieses Recht begründet daher einzig mehr gesellschaftliche Macht, nicht aber einen Einkommenszuwachs für diese. Sind die Aneignungsrechte dagegen zugunsten der Arbeiterschaft oder eines Wohlfahrtsstaates verteilt, so werden mehr Konsumgüter hergestellt: Die Produktion steigt. Diese Verteilung der Rechte schmälert nicht das Einkommen (den Profit) der Kapitalisten, aber ihre gesellschaftliche Macht. Das Vertrackte an der Sache ist: Die Kapitalisten setzen gegen Arbeiterschaft und Wohlfahrtsstaat Eigentumsrechte durch, die sie zwar formal berechtigen, sich mehr anzueignen, aber indem dieses Recht materiell geltend gemacht wird, wird das nicht produziert, an dem das Recht geltend gemacht wird.

Dann ist nicht mehr darüber zu raisonnieren, ob ein bestimmtes Eigentum auf Diebstahl gegründet ist. Entscheidend ist vielmehr, daß die Durchsetzung eines uneingeschränkten kapitalistischen Eigentums- bzw. Aneignungsrechtes die Kapitalisten nicht reicher, aber die Masse der Bevölkerung ärmer macht. Diese Einsicht zu vermitteln, wäre Aufgabe der Gewerkschaften und der Linksparteien. So könnte es möglich werden, durch politische Veränderungen der Eigentumsrechte (konkret: höhere Löhne, Gewinnsteuern, höhere Sozialabgaben aus Gewinn) den Trend zunehmender Verarmung umzukehren.

Wertschätzung entwickelt hat.« D. Barbier: »Bourdieu und die Idee Tietmeyer«, in: Frankfurter Allgemeine Zeitung vom 5.11.1996

21 Ein verbessertes Aneignungsrecht für die Kapitalisten bringt diesen nur dann mehr Einkommen, wenn sie ihre Nachfrage steigern – wenn schon nicht nach Investitionsgütern, so doch wenigstens nach Konsumgütern. Günstig wirken ebenfalls Haushaltsdefizite und Handelsbilanzüberschüsse. In all diesen Fällen gibt es mehr Ausgaben, mehr Nachfrage und Produktion, so daß mehr Einkommen entsteht, was dann als Gewinn angeeignet werden kann. Mit einer Verteilung der Eigentumsrechte zugunsten der Kapitalisten allerdings sind diese Ausgaben noch nicht beschlossen: Die Rechte haben die Ausgaben nicht zur Folge.

Reinhard Kühnl

Politische und militärische Kapitalsicherung – Wirtschaft, Staat und Menschenrechte

I.

Als die Französische Revolution 1789 die Erklärung der Menschen- und Bürgerrechte beschloß, war damit eine Botschaft verkündet mit weltweiten Wirkungen bis zum heutigen Tag: Für alle Menschen sollten diese Rechte gelten, universal, unabhängig von sozialer Herkunft, Rasse und Geschlecht.

Die großen Emanzipationsbewegungen der letzten 200 Jahre – die Arbeiterbewegung, die antikolonialen Bewegungen, die Frauenbewegung – konnten sich darauf berufen und die Realisierung dieser großen Versprechungen verlangen.

Die Gegenbewegungen, die tradierte Vorrechte zu bewahren suchten, wiesen das Prinzip energisch zurück, das dieser Botschaft zugrunde lag: das Prinzip der Gleichheit. Gottgewollt und/oder naturgegeben sei die Ungleichheit: zwischen den Menschen, zwischen den Klassen, zwischen den Völkern, zwischen den Rassen, zwischen den Geschlechtern. Ungleich seien sie, da ungleichwertig.

In der Tat ist dies die zentrale Konfliktlinie zwischen links und rechts, die die ideologische und politische Auseinandersetzung bis heute bestimmt und so lange bestimmen wird, wie es Vorrechte und Diskriminierung gibt. Es ist deshalb kein Zufall, daß beginnend mit der konservativen Gegenrevolution seit dem Ende des 18. Jahrhunderts bis hin zur konsequentesten Ausprägung der politischen Rechten, dem Faschismus, als die zentrale politische Aufgabe deklariert wurde, das Jahr 1789 aus der Geschichte wieder auszulöschen.

II.

Die Forderung nach allgemeinen Menschenrechten und nach rechtlicher Gleichheit war getragen gewesen zum einen von der Philosophie der Aufklärung, die »im Namen der Menschheit« sprach, und zum anderen von dem Verlangen des Bürgertums nach freier wirtschaftlicher Betätigung, Vertragsfreiheit aller Wirtschaftssubjekte und Berechenbarkeit staatlichen Handelns. So war schon in der Deklaration der Menschen- und Bürgerrechte ein Widerspruch angelegt, der in der Folge eine mächtige Sprengkraft entwickeln sollte. Dieser Widerspruch strukturierte die politischen Konfliktlinien in doppelter Weise.

1. Sollte das Prinzip der Gleichheit beschränkt bleiben auf die rechtliche Gleichheit, auf die Gleichheit vor dem Gesetz? Oder sollte es ausgeweitet werden auf die politische Gleichheit im Sinne der gleichen Partizipation aller bei der Formulierung des Staatswillens? Oder sollte es sogar ausgeweitet werden zur sozialen Gleichheit? So waren Liberale, bürgerliche Demokraten und Sozialisten klar voneinander geschieden.

2. Da die bürgerliche Revolution ihrer Substanz nach eben eine *bürgerliche* Revolution war, steht das Recht auf Eigentum und auf dessen freie Entfaltung auf der gleichen Stufe wie die anderen Menschen- und Bürgerrechte. Was aber, wenn die freie Entfaltung des Eigentums der besitzenden Klassen in Widerspruch gerät zu den Menschen- und Bürgerrechten anderer? So verwiesen zur Zeit der Französischen Revolution die Handelskapitalisten darauf, daß sie die Sklaven, die auf ihren Plantagen in der Karibik arbeiteten, rechtmäßig erworben hätten und daß auf der Unantastbarkeit dieses Privateigentums zu bestehen sei. Von der Niederschlagung der Sklavenaufstände zieht sich eine Linie von politischen und militärischen Maßnahmen der entwickelten kapitalistischen Staaten gegenüber Forderungen nach sozialer Gleichheit, erhoben von der Linken im eigenen Land und von den Völkern der Dritten Welt, bis in unsere Tage: eben mit Berufung auf die Menschenrechte, in deren Zentrum nach diesem Verständnis das Recht auf Privateigentum, auf freien Waren- und Kapitalverkehr steht. Daß es im *Zentrum* steht, erweist sich in der Regel dann, wenn Wahlen, die nach den langen Kämpfen des 19. Jahrhunderts seit den Revolutionen 1917/18 in den meisten Staaten auch von den bürgerlichen Kräften akzeptiert sind, die »falschen« Ergebnisse bringen, wie z.B. in Spanien 1936 oder in Chile zu Beginn der 70er Jahre. Dann wird mit militärischen Mitteln klargestellt, welches Menschenrecht das wichtigste ist. Die bürgerlichen Demokratien Großbritannien und Frankreich sahen zu, wie die spanische Republik mit Unterstützung der faschistischen Großmächte Deutschland und Italien vom Militär erwürgt wurde, da das Privateigentum, das durch die Linkskoalition in Gefahr geraten war, nun wieder gesichert erschien.

Und im Fall Chile ließ die großbürgerliche Presse keinen Zweifel daran, daß dieses Land erst nach dem (von den USA mitorganisierten) Militärputsch vom September 1973 wieder als ein freies Land im Sinne des (ökonomischen) Liberalismus zu betrachten war. Denn die höchste aller Freiheiten ist die Wirtschaftsfreiheit.

Es war die innere Entwicklung der bürgerlichen Gesellschaft seit dem 19. Jahrhundert selber, die diese Widersprüche weiter verschärfte. Der Konkurrenzkampf, der ökonomische Motor der kapitalistischen Gesellschaft, hat zur Konsequenz, daß der Stärkere sich durchsetzt und der Schwächere auf der Strecke bleibt. Expandieren oder untergehen – das ist die Alternative für die Kapitalbesitzer. Und in diesem »Kampf ums Dasein« bilden die sozialen und politischen Rechte anderer in der Tat oft ein Hindernis, einen »Standortnachteil«, wie man heute sagen würde.

So hat der Konkurrenzkampf zwischen den kapitalistischen Nationalstaaten um die Verteilung und Beherrschung der Welt seit dem 19. Jahrhundert die oben erwähnten Widersprüche auf die Spitze getrieben. Die energische Durchsetzung von Kapitalinteressen an billigen Arbeitskräften, billigen Rohstoffen, an der Sicherung von Waren- und Kapitalexport konnte auf Menschenrechte in den Kolonialländern Afrikas und Asiens keine Rücksicht nehmen. Und als dieser Kampf um die Verteilung der Welt in den beiden Weltkriegen seinen Höhepunkt erreichte, trieben die herrschenden Klassen auch einige Millionen Menschen der eigenen Völker aufs Schlachtfeld und in den Tod. Zugleich stellte diese Gewaltpolitik Möglichkeiten bereit, dieses System noch zu stabilisieren: durch das Versprechen der herrschenden Klassen an ihre Völker, an der Beute, die Kolonialpolitik und Kriegseroberungen abwerfen würden, teilzuhaben. (Tatsächlich wurden z.B. die Gewerkschaftsführungen in Deutschland mit dieser nationalistischen Ideologie gewonnen, den Ersten Weltkrieg zu unterstützen.)

In der Regel handelt dabei *der Staat* als politisches und militärisches Vollzugsorgan von Kapitalinteressen. In »leichteren« Fällen können aber auch Privatarmeen von Konzernen schon ausreichen, um die gewünschte »Ordnung« herzustellen. So sorgte die American Fruit Company 1954 dafür, daß in Guatemala die Regierung gestürzt und eine Diktatur errichtet wurde.

Daß die kapitalistischen Nationalstaaten in ihren Verfassungen in der Regel die Menschen- und Bürgerrechte garantiert hatten, konnte in solchen Fällen zwar ein wenig peinlich wirken, und die Arbeiterbewegung prangerte den Widerspruch an, aber die Berufung auf diese Rechte konnte gegenüber der »Härte des wirklichen Lebens« nicht viel ausrichten. Erst der mit der Oktoberrevolution beginnende und bis zu dem antikolonialen Befreiungsbewegungen der 70er Jahre andauernde Revolutionszyklus hat die Konstellation modifiziert.

III.

Die ideologische Legitimation der Ungleichheit mußte nicht am Schreibtisch ausgeklügelt werden, sondern wurde von der kapitalistischen Realität selber bereitgestellt. Der kapitalistische Konkurrenzkampf schuf tagtäglich Ungleichheit. Und er bewies – in den Augen der Kapitalbesitzer und ihrer ideologischen Fürsprecher – tagtäglich, daß die Menschen ungleich waren in ihren Fähigkeiten und ihrer Leistung. Als dann (nach 1859) noch einige Brocken der Darwinschen Evolutionslehre durch Philosophen und Soziologen aufgegriffen und als Entwicklungsgesetz der menschlichen Gesellschaft deklariert wurden, war ein Werkzeug gewonnen, um der Lehre von den allgemeinen und gleichen Menschenrechten nun auch »wissenschaftlich« begegnen zu können: Sozialdarwinismus und Rassismus lieferten die Begründungen dafür, daß Menschen und Klassen und Völker und Rassen *von Natur aus* ungleich beschaffen und also auch ungleich zu behandeln waren.

In welchem Maße Menschen- und Bürgerrechte in einer konkreten Gesellschaft geleugnet, verletzt oder abgeschafft wurden, hing im wesentlichen von drei Faktoren ab: Das politische *Kräfteverhältnis* bestimmte den Rahmen dessen, was überhaupt durchsetzbar war. Die politischen *Traditionen* des Landes schufen bestimmte Denkmuster und Weltbilder, bestimmte vorherrschende Mentalitäten bei den Machteliten, so daß eher liberale oder eher autoritäre Lösungen als naheliegend erschienen. (Hier findet die These vom »deutschen Sonderweg« ihre Begründung.) Und Veränderungen der *ökonomischen Lage* konnten bewirken, daß das Kapital parlamentarische und liberale Herrschaftsformen, die es eine Zeit lang akzeptiert hatte, nun als unbrauchbar ablehnte. (So votierten in der Weimarer Republik auch diejenigen Konzerne, denen in der Periode ökonomischer Stabilität 1924–29 der Parlamentarismus annehmbar erschienen war, seit 1930 energisch für die Errichtung einer Diktatur.)

Ganz grob kann eine gemäßigte von einer extremen Variante unterschieden werden.

Die *gemäßigte* wird repräsentiert von den Staaten, die im eigenen Land rechtliche Gleichheit, in gewissem Maß auch politische Partizipation und manchmal auch ein gewisses Maß an sozialen Rechten anerkennen. Sicherung von Kapitalinteressen bedeutet hier erstens, daß die kapitalistische Eigentumsordnung als solche garantiert wird, daß also bei konkreten Bedrohungen dieser Eigentumsordnung der Staat auch sein Gewaltpotential zu ihrer Verteidigung einsetzt. Die militärische Niederwerfung der Revolutionen 1848/49, der Pariser Commune 1871 und der Revolutionen in den Ländern Mittel- und Osteuropas nach 1918 sind hier anschauliche Beispiele. Demokratische Rechte bleiben dabei in der Regel mindestens für einige Zeit auf der Strecke. Und Sicherung von Kapitalinteressen bedeutet zweitens, daß der Staat solche rechtlichen und sozialökonomischen Bedingungen herstellt, die die Erwirtschaftung von Profit und eine entsprechende Verteilung des gesellschaftlichen Reichtums zugunsten der besitzenden Klassen gewährleisten. (Der gegenwärtige Abbau sozialer Leistungen zeigt das sehr anschaulich.)

Dieselben Staaten, die im eigenen Land in Normalperioden Menschen- und Bürgerrechte in einem gewissen Maße respektierten, hielten sich im kolonialen Raum bei der Sicherung ihrer ökonomischen Interessen an solche Einschränkungen nicht. Und auch nach dem Zusammenbruch der Kolonialreiche unterstützten diese kapitalistischen Staaten die Errichtung terroristischer Diktaturen in Lateinamerika, Asien und Afrika. Der amerikanische Sozialwissenschaftler Baran nannte dieses Phänomen »exportierten Faschismus«.[2] In diesen Kontext gehören auch die vielen Militärinterventionen in anderen Ländern, in denen durch veränderte politische Verhältnisse Kapitalanlagen bedroht waren. Die Interventionskriege, die Armeen aus 14 kapitalistischen Ländern 1918–1921 in Rußland geführt haben, waren direkt darauf gerichtet, die britischen, französischen, belgischen, deutschen, US-amerikanischen Kapitalanlagen zu verteidigen und möglichst ganz Rußland in Kolonialraum zu verwandeln (und darüber hinaus natürlich darauf, die Entstehung einer Systemalternative zum Kapitalismus zu verhindern). Von diesen Interventionskriegen zieht sich eine lange Reihe von Militärinterventionen, geführt von den

2 T. A. Baran: Unterdrückung und Fortschritt, Frankfurt a. M. 1966.

großen kapitalistischen Mächten, nach dem Zweiten Weltkrieg besonders von den USA, bis in unsere Zeit – stets mit dem Ziel, die eigenen Kapitalinteressen in anderen, formal souveränen Ländern zu schützen. (Auch der Golfkrieg von 1991 gehört, seinem Hauptinhalt nach, in diesen Zusammenhang.)

Die *extreme* Variante der Negierung von Menschen- und Bürgerrechten zum Zwecke der Sicherung von Kapitalinteressen repräsentiert der Faschismus. Hier wurden im eigenen Land Herrschaftssysteme errichtet, die auch der eigenen Bevölkerung Menschen- und Bürgerrechte gänzlich aberkannten. In Deutschland, Italien, Spanien, Japan usw. wurde per Gesetz der Unternehmer zum »Führer des Betriebes« ernannt, dem »in allen betrieblichen Angelegenheiten« Entscheidungsgewalt gegenüber Arbeitern und Angestellten zukam. Versuche von Gegenwehr wurden auch in den Betrieben durch Einsatz staatlichen Terrors unterbunden. Die stärkeren dieser Staaten, die zu einem eigenständigen Imperialismus in der Lage waren, planten und begannen Eroberungskriege, um die Nachbarvölker zu rechtlosen Arbeitskräften herabzudrücken und sich deren Rohstoffe und Produktionsanlagen ohne jede Hemmung anzueignen. Herrschaftsmethoden, die bis dahin »nur« gegenüber Kolonialvölkern praktiziert worden waren, wurden nun auch gegenüber den »zivilisierten« europäischen Völkern (einschließlich des eigenen Volkes) angewandt.

In beiden Varianten, also auch in dieser extremen Ausprägung von Gewalt, ist der Zusammenhang zu konkreten Kapitalinteressen und zum Grundgesetz der kapitalistischen Ökonomie unverkennbar. Adolf Hitler entwickelte vor den versammelten Kapitalisten bereits im Januar 1932 den Zusammenhang zwischen freiem Unternehmertum, kapitalistischem Konkurrenzkampf, rassistischem Menschenbild und faschistischer Diktatur.[3] Die Unternehmer waren davon sehr angetan. Das Bündnis wurde geschlossen. Und die vom deutschen Kapital dann formulierten Ziele betreffend »Betriebsgemeinschaft« im Innern und Eroberungen durch Krieg nach außen veranschaulichen den Zusammenhang zwischen Theorie und Praxis.

3 Rede Hitlers vor dem Düsseldorfer Industrieclub vom 27.01.1932, in Auszügen abgedruckt in: R. Kühnl: Der deutsche Faschismus in Quellen und Dokumenten, Köln 1987, S. 135–140.

IV.

Bis zum Zweiten Weltkrieg war es der Nationalstaat, der in dieser Weise Kapitalinteressen sicherzustellen suchte. Mit der Gründung der UNO verband sich für viele die Hoffnung, daß nun auch in der internationalen Politik Gewaltbeziehungen durch Rechtsbeziehungen abgelöst werden könnten. Die Macht und die Eigendynamik von Kapitalinteressen hat solchen Hoffnungen jedoch enge Grenzen gesetzt: Einerseits intervenierten die kapitalistischen Staaten nach wie vor in anderen Ländern, und andererseits konnten solche militärischen Interventionen seit dem Zusammenbruch des sozialistischen Staatensystems sogar im Gewande der UNO vollzogen werden. (So besonders beim Golfkrieg 1991, dessen Hauptziel die Sicherung des Zugriffs auf das Erdöl im Nahen Osten war.) Mittlerweile fühlen sich die großen kapitalistischen Mächte so stark, daß sie auf die umständliche und nie so ganz bedingungslose Legitimation durch die UNO verzichten und wieder als Nationalstaaten (oder als Bündnis in Gestalt der NATO) handeln. Die offene Ersetzung der einen durch die andere Strategie vollzog sich im Laufe des Jugoslawienkrieges.

Aus den bisherigen Ausführungen könnte umstandslos die Folgerung gezogen werden, daß der Staat nichts anderes als das Vollzugsorgan des Kapitals, daß die Regierung nur der geschäftsführende Ausschuß des Kapitals sei. Das wäre nun aber eine allzu einfache Schlußfolgerung. Die Richtung, in der hier Einschränkungen vorzunehmen sind, soll im folgenden wenigstens angedeutet werden.

1. Der Staat hat zu gewährleisten, daß die großen Kapitaleinheiten, die ja nicht nur auf dem Weltmarkt, sondern auch untereinander im Konkurrenzkampf stehen, zu einem gewissen Ausgleich ihrer divergierenden Bestrebungen gelangen. (Hier erweist sich der Parlamentarismus als besonders flexibel.) Das kann der Staat aber nur leisten, wenn er gegenüber dem Kapital ein gewisses Maß an Selbständigkeit besitzt.

2. Gegenüber dem Kapital, das unter dem Zwangsgesetz der Konkurrenz auf die kurzfristige Realisierung von Profit konzentriert sein muß, hat der Staat die mittel- und längerfristige Sicherung des Kapitals als System und der Profiterwirtschaftung im Ganzen im Auge zu behalten. Auch dies erfordert ein gewisses Maß an Selbständigkeit gegenüber konkreten Kapitalinteressen. (Daß dies unter dem Druck der Kapitalinteressen freilich immer nur sehr bruchstückhaft gelingt,

lehrt die weiterhin andauernde Zerstörung der natürlichen Grundlagen jeder Produktion.)

3. Zur längerfristigen Sicherung des Systems gehört auch die Integration der arbeitenden Bevölkerung. (Auch in dieser Hinsicht erweist sich der Parlamentarismus mit seinem Angebot einer Pluralität von Parteien und Meinungen, die jederzeit Kritik, Opposition und Alternativen zu gewährleisten scheinen, als besonders flexibel.) Der Staat muß – besonders unter Bedingungen parlamentarisch-demokratischer Herrschaftsformen, die den Organisationen der abhängig Arbeitenden die Entfaltung von politischem Druck ermöglichen – Konzessionen machen, die den kurzfristigen Profitinteressen des Kapitals widersprechen können. Das setzt ebenfalls ein gewisses Maß an Selbständigkeit gegenüber dem Kapital voraus. Die innere Logik des Kapitals hat die Tendenz, »die Springquellen allen Reichtums, die Erde und den Arbeiter«, zu zerstören, wie schon Marx beobachten konnte. Ein Mechanismus, der die längerfristigen und die allgemeinen Interessen der Gesellschaft wahrzunehmen imstande wäre, ist in der Kapitallogik nicht angelegt; er muß durch Gegenkräfte mit Hilfe des Staates erzwungen werden. Eben darauf beruhte die starke und sehr ambivalente Wirkung des Reformismus in den letzten 100 Jahren, der die Destruktivität des Kapitalismus hemmte und zugleich, da er nicht eingebaut war in eine Strategie gesellschaftlicher Transformation, den Kapitalismus als System stabilisierte. (Allerdings lehrt auch hier die Alltagserfahrung, daß die Selbständigkeit des Staates oft eine sehr reduzierte ist, wie z. B. die massenhafte Senkung der Kaufkraft und die Produktion von Verelendung großer Menschenmassen nicht nur weltweit, sondern auch in den entwickelten kapitalistischen Ländern anschaulich macht.)

Daraus ergibt sich aber auch, daß das Maß, in dem der Staat zum Vollzugsorgan von Kapitalinteressen wird, nicht prinzipiell festgelegt, sondern von den konkreten politischen Bedingungen abhängig ist. Schon ein Blick auf die beträchtlichen Unterschiede in der Ausgestaltung sozialstaatlicher Elemente (oder im Verhalten gegenüber den Emanzipationsforderungen der Länder der Dritten Welt) zwischen den skandinavischen Staaten einerseits und den USA andererseits zeigt, welch eine Variationsbreite innerhalb desselben sozialökonomischen Systems Kapitalismus möglich ist.

Eberhard Czichon

Über Bankenmacht und Machtmißbrauch – Ein historisches Beispiel

Die Vorstände der deutschen Großbanken haben immer heftig bestritten, daß sie Macht besitzen und ausüben. Ihre Vorstandssprecher beteuern, sie hätten eben nur Geld. Es zu verdienen, sei nun einmal ihr ganz harmloses Geschäft in der freien Marktwirtschaft. Ganz im Unrecht sind sie damit nicht, die Banker: Es ist das Grundgesetz der freien Marktwirtschaft, am Kapital zu verdienen. »Sharholder value« ist das Modewort für Profitgewinnung.

Gedanken über die Macht

Die Erfahrung lehrt jedoch: Wer Geld hat, hat auch in der Politik das Sagen. Der simple Ratschlag eines Großbankers hat im Kanzlerbungalow oder in Abgeordnetenbüros ein anderes Gewicht als der von teuer bezahlten Staatsbeamten. Was ist also Sachverstand? Wer tüchtig Profite macht, ist vielfach sachverständiger.

Von dem legendären Alt-Bankier Hermann Josef Abs stammt die Feststellung, Geld sei nun einmal für »eine freiheitliche Gesellschaftsordnung abendländischer Tradition von fundamentaler Bedeutung«. Er wußte, was er sagte. Auf den langjährigen Chef des größten deutschen Geldhauses, der Deutschen Bank, hörten Banker und Industrielle ebenso wie Politiker. So genügte einst ein Wort von Abs, und alle Gerüchte über finanzielle Schwierigkeiten bei Krupp waren im November 1963 verflogen, wie damals die Presse berichtete. Über den Finanzmakler Rudolf Münemann wurde der Satz von Abs kolportiert: »Mit Münemann macht man keine Geschäfte«. Prompt war dessen Karriere beendet, und Abs konnte dann unschuldig kommentieren: »Dabei habe ich das gar nicht gesagt«. Ähnlich schicksalhaft erging es anderen von Abs nicht geförderten Unternehmern und Unternehmen wie Oscar Henschel oder Willy Schlieker.

Wegen solcher Macht in der Öffentlichkeit kritisiert zu werden, nahm Abs stets gelassen: »Ja und nein sagen zu können«, entgegnete er diesen Vorwürfen nachdenklich und jovial, »verleiht schon ein gewisses Machtgefühl«. Aber mehr als ein Machtgefühl räumte er nie ein, denn er berief sich immer darauf, daß alles, was gut für die Deutsche Bank ist, eben auch gut sei für die Bundesrepublik. Und in diesem Weltbild ist das Bankhaus bei allen Modernisierungen, die es seit der Abs-Ära vorgenommen hat, stets geblieben. Die Nachfolger von Abs in der Frankfurter Taunusanlage wußten den jeweiligen Bundeskanzler sachkundig zu beraten, und sie alle, über Alfred Herrhausen bis Hilmar Kopper, waren sich, auch wenn sie es tunlichst nicht aussprachen, gewiß bewußt, daß sie mit ihrer »Sachkunde« Einfluß nahmen auf die Entwicklung dieses Landes, daß sie außerparlamentarische Macht ausübten.

Während Theo Weigel bei der Verteilung der Einnahmen des Staatshaushaltes in jedem Jahr ärgerliche Schwierigkeiten mit dem Parlament hat, bestimmen über die Verwendung der Mittel der Deutschen Bank nur deren 13 Vorstandsmitglieder, ohne jede öffentliche Kontrolle, nur ans eigene Konsensprinzip gebunden. Und neben der Deutschen Bank haben in Frankfurt auch die Dresdner Bank und die Commerzbank Kapital in einer Menge konzentriert, woran gemessen der Bundeshaushalt fast zu einer »Kleinbank« wird. Groß-Bankfurt hat eben mehr Geld als das kleine Bonn. Und wer hat mehr Macht?

Mit bankgerechter Verwertung von Geld zu Kapital lassen sich jährlich erkleckliche neue Milliarden Mark als Profit zugewinnen. Das hat gar nichts mit Wirtschaftskriminalität zu tun, es sei denn, die Machtstrukturen werden als nicht demokratisch empfunden. Aber in dieser Beziehung werden die amtlichen Verfassungsschützer, die persönlich gewiß weit weniger Geld als die Frankfurter Banker haben, dennoch eine andere Meinung vertreten.

Nun gibt es aber verschiedene legale Ebenen der Geldgewinnung mit einer Reihe von Regeln, an die sich alle – bei der Ausbeutung soll Chancengleichheit für die Ausbeuter gewahrt bleiben – zu halten haben. Wenn im jährlichen realen Mach-Mit-Wettbewerb um den höchsten Profit auf dem Kapitalmarkt diese Normen des Wettbewerbs-Konsenses verletzt werden, wenn sich nicht alle an die gleichen Methoden der Profitgewinnung halten, gibt es schon Probleme, die man sich gegenseitig als kriminell auf- und vorrechnet, und der Staatsanwalt greift dann auch schon mal korrigierend ein.

Aber nicht darauf möchte ich näher eingehen, sondern auf ein historisches Beispiel, wo im Konsens der Mitbewerber und in Übereinstimmung mit staatlichen Rechtsvorschriften kriminell gehandelt wurde: Ich meine die Arisierung von jüdischem Vermögen. Und ich beziehe mich hierzu auf eine detailliertere Darstellung in meinem Buch über die Deutsche Bank.[1]

Über die Arisierung als ein Fall krimineller Machtausübung

Mit der Übertragung der politischen Macht in Deutschland an Hitler durch maßgebliche Kreise der High-Society im Januar 1933[2] begann auch eine schrittweise Verdrängung jüdischer Unternehmer aus der deutschen Wirtschaft und ihre schrittweise Enteignung. Von ihr wurden – wie Avraham Barkai in seiner Untersuchung feststellt[3] – zunächst die jüdischen Mittelschichten und die jüdischen Arbeiter betroffen. Die ganze Aktion wurde gemeinhin als »Arisierung« bezeichnet. Gegen eine massive Verdrängung oder offene Enteignung der Juden in der deutschen Wirtschaft gab es unter den Herrschenden zunächst ernste Bedenken, nicht nur bei Hjalmar Schacht, dahingehend, daß als Reaktion auf eine solche Politik die internationale Kreditwürdigkeit Deutschlands infrage gestellt oder zumindest belastet werden könnte. Eine Beeinträchtigung der gerade angelaufenen deutschen Aufrüstung wäre eine zwingende Folge gewesen. Deshalb wurde in der Wirtschaft zunächst nur eine »schleichende Arisierung« in der Form von Pogromen toleriert, die man im Ausland auf spontane Volksstimmungen delegieren konnte. Aber schon in der ersten Arisierungsphase, die sich oftmals als ein Bereicherungswettlauf in den Mittelschichten abspielte, fand eine intime Zusammenarbeit von einflußreichen Amtsträgern der Nazipartei mit Verwaltungsinstanzen

1 E. Czichon: Die Bank und die Macht. Hermann Josef Abs, die Deutsche Bank und die Politik, Köln 1995.

2 Vgl. E. Czichon: Wer verhalf Hitler zur Macht? Zum Anteil der deutschen Industrie an der Zerstörung der Weimarer Republik, Köln 1967.

3 A. Barkai: Vom Boykott zur »Entjudung«. Der wirtschaftliche Existenzkampf der Juden im Dritten Reich 1933–1943, Frankfurt a. M. 1988; vgl. auch: J. Ludwig: Boykott – Enteignung, Mord. Die »Entjudung« der deutschen Wirtschaft, Hamburg 1989.

statt. Die Arisierungsanwärter waren entweder Nazis aus den bürgerlichen Mittelschichten, oder es waren »brave Bürger«, Inhaber von Klein- und Mittelbetrieben, die sich nach der Weltwirtschaftskrise schlicht bereichern wollten, und es waren nicht selten die Nachbarn oder Geschäftspartner, mit denen Juden Seite an Seite gelebt und gearbeitet hatten. Dieser ersten Arisierungsphase fielen vor allem Einzelhändler und Mittelständler zum Opfer und wurden, wenn sie nicht rechtzeitig ihre Ausreise freiwillig erkauft hatten, oft arbeitslos. Bis Anfang 1938 waren dann von den 350 000 noch in Deutschland zurückgebliebenen Juden 40 000 arbeitslos, obwohl in der Wirtschaft bereits Mangel an Arbeitskräften herrschte. Von dem 1933 noch auf 12 Milliarden RM geschätzten jüdischen Vermögen, bezogen auf das »Altreich« (ohne Österreich), waren infolge der »schleichenden Arisierung« nahezu 50 Prozent abgewandert. So wurde das jüdische Vermögen in Deutschland für Anfang 1938 auf 6,5 Milliarden RM geschätzt. Darunter befanden sich noch 1,5 Milliarden RM als aktives Kapital, das in Industriebetrieben, in Aktien und Wertpapieren von Banken und Großhandelsfirmen investiert war.[4] Der Rest bezog sich – wenn die Zahlen richtig sind – weiterhin auf Vermögenswerte der jüdischen Mittelschichten, die den ersten Plünderungsansturm überlebt hatten.

Doch der gewaltige Rüstungsboom hatte in Deutschland besonders nach 1936 enorme Mengen an Devisen für den Import wichtiger Rohstoffe zur Waffen- und Munitionsherstellung verbraucht und zugleich eine Industrie geschaffen, die trotz aller Autonomiebestrebungen der Vierjahresplanpolitik devisenabhängig blieb. Nun sollten in einer zweiten Phase die Juden aus der deutschen Wirtschaft restlos ausgeschaltet werden. Ihr Vermögen waren das Ziel der Begierde. Es begann die zweite Phase der Arisierung, die restlose Verdrängung und Enteignung des jüdischen Großkapitals. Sie wurde schlechthin als »Entjudung der deutschen Wirtschaft« bezeichnet.

Bis zum Spätherbst 1937 waren schrittweise alle juristischen Voraussetzungen für die offene Arisierung geschaffen. Das Reichsbürgerrecht war erlassen und die Tätigkeit von Juden in der Wirtschaft regressiven staatlichen Beschränkungen unterworfen. Schließlich wurde überhaupt Juden in Deutschland das Recht verweigert, Kapital zu besitzen und über Wertpapiere zu verfügen. Diese Jurisdiktion zielte

4 A. Barkai: Vom Boykott zur »Entjudung«, a. a. O., S. 122 ff.

darauf ab, die letzten jüdischen Unternehmen und Banken restlos zu liquidieren, die Juden aus Vorständen und Aufsichtsräten anderer Unternehmen auszuschließen und ihr Eigentum an Kapital und Wertpapieren in »arischen« Besitz zu transferieren, die jüdische Großbourgeoisie zu liquidieren. Damit begann zugleich die »Endlösung der Judenfrage«, die physische Vernichtung der deutschen und europäischen Juden.

Doch das Problem für die »arischen« Kapitaleigner und Manager wie für die nazistische Reichsregierung bestand in dieser Situation noch darin, die Enteignung des jüdischen Vermögens so zu organisieren, daß die jüdischen Kapitalien als Devisen in Deutschland für die Rüstung nutzbar blieben und gleichzeitig die deutsche Kreditwürdigkeit im Ausland nicht gefährdet, der innerdeutsche Kapitalmarkt nicht belastet, die militärische Aufrüstung nicht gestört wurde. Das bedeutete, in der nun eingeleiteten zweiten Arisierungsphase jedes öffentliche Pogrom zu unterlassen und die Enteignung so zu organisieren, daß sie wenigstens einen Anstrich von Rechtsstaatlichkeit aufwies. Einen solchen Deal konnten der Nazistaat und die interessierten »arischen Unternehmer« nicht ohne die aktive Mithilfe der deutschen Großbanken aushandeln. Die Arisierung mußte eine privatwirtschaftliche Form annehmen, die vor der internationalen Öffentlichkeit nicht nach staatlicher Willkür oder Vermögenskonfiskation aussah.

Um dieses Ziel zu erreichen, wurde Anfang 1938 damit begonnen, erst einmal alle jüdischen Betriebe über die Industrie- und Handelskammern sowie über die Finanzämter zu erfassen. Im Ergebnis dieser Aktion war erkennbar, daß am 1.4.1938 von den ca. 50 000 jüdischen mittelständischen Unternehmen von 1933 rund 9 000, davon 3 637 in Berlin, die »schleichende Arisierung« der ersten Phase überlebt hatten und insgesamt noch über 39 000 jüdische Betriebe bestanden.[5] Dieses Vermögen bildete unbestreitbar eine lohnenswerte Devisenreserve für die Nazi-Rüstung und verhieß zugleich Extraprofite für die Konzerne und Banken der »arischen« Finanzoligarchie.

Daher traten ab 1938 auch andere Arisierungsanwärter auf als in den ersten Jahren nach 1933. Jetzt waren es vor allem »ehrbare« Industrielle und Bankiers, befrackte Direktoren mit schwarzen Limousinen. Die neue Stufe der Arisierung nahm zunehmend legalistische Züge an und war scheinbar sogar von »ordentlichen« Verhandlungen

---

5 Ebd.

und wohlformulierten »zivilisierten« Übereinkommen begleitet. Problematisch blieb dabei jedoch die Bereitschaft der jüdischen Unternehmer zum Verkauf ihrer Vermögenswerte. Wenn dieses Ziel aber (mit welchen Methoden auch immer) erreicht war, entstand ein weiteres Problem: Wie waren die jüdischen Vermögenswerte, die Eigentumsanteile, Aktien, Depositen und auch Cash-Konten, »billigst«, also unter Kurswert, und dennoch »rechtlich« zu erwerben?

Diese Form der Übertragung »nichtarischen« Eigentums in »arisches« vollzog sich in den folgenden Monaten tatsächlich weniger spektakulär, weitaus diskreter als in der ersten Phase, zumeist auch unter Ausschluß der Öffentlichkeit. Das geschah sowohl mit Methoden des physischen wie psychischen »Drucks«, also mit terroristischen Mitteln, als auch durch »freundschaftlich-treuherzige« Abkommen mit »arischen« Teilhabern. Im Ergebnis von Erpressung und vielen anderen schmerzvollen Erfahrungen mit »arischer« Geschäftsmoral erlitten die deutschen Juden im allgemeinen und die vermögenden deutschen Juden im besonderen in diesem Jahr systematische Ausplünderung.

Dafür wurde vom Februar bis zum November 1938 der legaljuristische Rahmen schrittweise ausgebaut. Er begann mit verstärkten Steuerauflagen, dann wurde die Anmeldung des gesamten jüdischen Vermögens verordnet und schließlich im Sommer 1938 mit der 3. Verordnung zum Reichsbürgergesetz die Möglichkeit geschaffen, jeden Juden legal zu denunzieren, der in einem Unternehmen leitend tätig war oder über Eigentumstitel an Kapital oder über Wertpapiere verfügte. Damit erhielten »arische« Kapitaleigner die Möglichkeit, sich über jüdische Besitztitel und ihren Wert zu informieren, um sie mit den üblichen Methoden arisch-kapitalistischer Wolfsmoral zu »erwerben«.[6]

Als »Arisierung der deutschen Wirtschaft« werden – im folgenden von mir in Übereinstimmung mit verschiedenen Historikern und Juristen – alle Handlungen verstanden, die zur offenen und direkten Verdrängung der Juden, zu ihrer »Herausnahme aus der deutschen Wirtschaft« (Reinhard Heydrich) führten und mit der Übernahme ihres Eigentums durch »arische« Eigner verbunden waren. Sie bleiben

---

6 Ebd., S. 128 ff.; dazu Ph. Burrin: Hitler und die Juden. Die Entscheidung für den Völkermord, Frankfurt a. M. 1993; und D. J. Goldhagen: Hitlers willige Vollstrekker. Ganz gewöhnliche Deutsche und der Holocaust, Berlin 1996, S. 115 ff.; K. Drobisch/R. Goguel u. a.: Juden unterm Hakenkreuz, Berlin 1973, S. 59 ff.

auch dann Arisierungen, wenn sich die bedrängten jüdischen Besitzer von Kapitaleigentum unter den gegebenen Umständen (durch Nötigung) zu dessen Verkauf »freiwillig« bereit fanden. Doch welche Form die Übertragung jüdischen Eigentums zugunsten »arischer Hände« auch immer annahm, sie war und blieb eine kriminelle Ausplünderung und Verfolgung der Juden, die der Internationale Militärgerichtshof in Nürnberg in seinem Urteil vom 30.9. und 1.10.1946 als »Vorgang organisierter und planmäßiger Unmenschlichkeit größten Stils« qualifizierte.[7] Dabei sind unter Arisierungshandlungen auch alle Geschäftsabschlüsse und Kündigungen von Arbeitsrechtsverhältnissen zu verstehen, die aus rassistischen oder/und religiösen Gründen erfolgten. Im geltenden bundesdeutschen Recht jedoch ist die persönliche Verantwortung und rechtliche Wertung solcher Geschäftsabschlüsse immer noch umstritten ...

Einen führenden Anteil an dieser zweiten Phase der Arisierung des jüdischen Vermögens gewannen die deutschen Großbanken. Wo es um Kapitalien ging, war der Sachverstand der Banker gefragt. Ohne sie wäre die geräuschlose zweite Phase der Arisierung und deren wenigstens zeitweilige internationale Absicherung nicht möglich gewesen.

Der Vorstand der Deutschen Bank versandte beispielsweise am 14.1.1938 das Rundschreiben S 5/38 an die Kopfstellen[8] mit der Aufforderung:

> »[...] bitten wir Sie, uns eine weitere Aufstellung Ihrer nichtarischen debitorischen und kreditorischen Kundschaft, und zwar derjenigen, die für die Arisierung in Frage kommt, zu übermitteln. Hierbei interessiert uns im einzelnen, wieweit der Arisierungsprozeß des betreffenden Unternehmens gediehen ist und wieweit Sie selbst hierbei mitwirken. Der Zweck dieser Aufstellung soll für uns sein, hier im Hause zu überlegen, ob wir Sie in Anbetracht der täglich bei uns eingehenden zahlreichen Anfragen und der hierbei entstehenden Übersicht bei Ihren Bemühungen unterstützen können [...]«

Von Vertretern der Deutschen Bank wurde behauptet, daß sich das Geldhaus mit diesem Rundschreiben überhaupt nicht am trüben Geschäft des »Losklopfens« jüdischer Kapitalwerte beteiligen wollte,

7 Das Urteil von Nürnberg, München 1946, S. 87 f.
8 E. Czichon: Die Bank, a. a. O., S. 174 ff.

auch nicht mit einem eigenen Konzept. Die Bank-Anwälte stellten dieses Rundschreiben als ein Angebot dar, jüdischen Kunden beim Verkauf ihrer Vermögenswerte zu helfen.[9] Diese »Hilfe« für die Überführung jüdischen Eigentums in »arische Hände« wurde in einer Evidenzstelle des Bankvorstandes koordiniert, die ein Gerhard Elkmann als Assistent des damaligen Sprechers des Bankvorstandes, Karl Kimmich, leitete. Seine Behauptung, daß diese Evidenzstelle erst auf Anregung der jüdischen Kundschaft und nach einer Beratung im Bankvorstand gebildet worden sei, dürfte hinsichtlich der Anregung der jüdischen Kundschaft strittig sein, zumal dafür nur die eigene Aussage steht. Weiter beteuerte Elkmann, daß diese von ihm geleitete Einrichtung die Aufgabe hatte, die jüdischen Unternehmer, die aus rassischen Gründen unter den politischen wie persönlichen Druck des nationalsozialistischen Staates gerieten, vor den Folgen des Druckes zu schützen und ihnen zu helfen, für sie »das Beste« unter den nun einmal gegebenen miserablen Umständen herauszuholen und ihnen dabei eine »korrekte Behandlung« zu sichern ...

Der Direktor der Deutschen Bank, Ehrhardt Schmidt, konnte sich im April 1946 daran erinnern, daß das zitierte Rundschreiben vom Bankvorstand deshalb verfaßt worden sei, weil Arisierungen allgemein üblich gewesen seien. Vor allem die Dresdner Bank habe schöne Gewinne aus derartigen Geschäften erzielt. Der Vorstand sei deshalb der Ansicht gewesen, daß aus diesem Grunde »auch die Deutsche Bank in ihrem eigenen Interesse alle auftretenden Möglichkeiten wahrnehmen« müsse. In dieser Aussage wäre eine Antwort auf die Frage zu finden, für wen »das Beste« herausgeholt werden sollte. Diese Meinung von Bankdirektor Schmidt steht nicht im Widerspruch zur Meinung von Assistent Elkmann, daß der Sinn des Rundschreibens gerade darin lag, »eine Verbindungsbrücke sowohl zur jüdischen Kundschaft als auch zu potentiellen Interessenten zu schlagen«. Und Elkmanns Argument, daß die Bank nur auf Wunsch der jüdischen Kundschaft selbst aktiv geworden sei, kommt auch der Ansicht des Reichsfinanzministers Graf Schwerin von Krosigk nahe, daß es für beide Seiten am besten sei, wenn sich die jüdischen Opfer ihre »Ariseure« selbst aussuchen könnten. Dem möchte ich keinen Kommentar hinzufügen. Aber wenn nun die weitere Formulierung in dem angeführten Rundschreiben des Vorstandes der Deutschen Bank:

9 Ebd., Eidesstattliche Erklärung von Gerhard Elkmann vom 10.9.1970.

»In diesem Zusammenhang würden uns auch diejenigen nichtarischen maßgeblichen Firmen Ihres Filialbezirks interessieren, die nicht zu Ihrem Kundenkreis gehören, die aber ebenfalls für eine Arisierung in Frage kommen, seien es nun Privatfirmen oder Aktiengesellschaften - bei letzteren legen wir Wert darauf, in welchen Händen sich evtl. größere Aktienpakete befinden –, so daß wir auch hier in die Lage versetzt werden, bei einem evtl. Übergang unsere Dienste anzubieten«,

den Verdacht aufkommen läßt, daß die Vermittlung und Durchführung von Eigentumsübertragungen von »nichtarischem« in »arischen« Besitz eben nicht nur auf »Wunsch der jüdischen Kundschaft durchgeführt werden sollte«, so bleibt das - meiner Meinung nach - eine ziemlich treffende Interpretation dieser Art von »legalen« Bankgeschäften.

Übrigens war dem genannten Rundschreiben des Bankvorstandes als Anlage ein Rundschreiben der Reichswirtschaftskammer vom 7.1.1938 beigegeben, in dem vorbehaltlich einer gesetzlichen Regelung, also dieser schon vorgreifend, mithin hilfsweise, definiert wurde, was unter einem »jüdischen Unternehmen« zu verstehen sei. Die entsprechende gesetzliche Regelung wurde erst am 14.6.1938 erlassen.[10]

Im OMGUS-Report über die Deutsche Bank, der 1946/1947 von der Financial Investigation Section, der Finanzabteilung der amerikanischen Militärregierung in Deutschland, zusammengestellt wurde und 1985 veröffentlicht werden konnte,[11] wird argumentiert, daß es für den Bankvorstand mehrere Gründe gab, sich aktiv am »Arisierungsprogramm« zu beteiligen: einmal als Loyalitätsdemonstration gegenüber der Nazipartei, um damit politischen Vorteil zu erlangen, zum zweiten, um mit diesen Geschäften zusätzliche Gewinne zu erwirtschaften, und drittens, um der Bank damit Kundeneinlagen zu sichern, die sie bei einer Ablehnung dieser Tätigkeit verloren hätte.[12] Diese Argumentation kann durchaus zutreffend sein, und sie schlösse sogar eine »Hilfestellung für die jüdischen Kunden« nicht aus, wenn diese sich mit einer Bitte an die Bank wenden würden, wie Gerhard Elkmann den ausschließlichen Sinn des Rundschreibens in-

---

10 Ph. Burrin: Hitler und die Juden, a. a. O., S. 45 ff.; dazu K. Drobisch/R.Goguel: Juden unterm Hakenkreuz, a. a. O., S. 164 ff.

11 OMGUS: Ermittlungen gegen die Deutsche Bank - 1946/1947 –, Nördlingen 1985.

12 Ebd., S. 165 ff.

terpretierte. Hermann Kaiser, einer der Direktoren der Hauptniederlassung Berlin, erklärte 1946 in seiner Aussage vor den Beamten der Financial Investigation Section:[13]

> »Jetzt erinnere ich mich daran, daß Dr. Kimmich mehr als der übrige Vorstand an dieser Art von Geschäften interessiert war, um Provision zu erhalten. Er fragte wiederholt die Filialleiter, in welchem Umfang die Filialen an Transaktionen zur Arisierung teilgenommen und welchen Gewinn sie dabei gemacht hatten.«

Warum sollten wir einem solchen Zeugen widersprechen, zumal viele der vorliegenden Dokumente so zu lesen sind, daß sie diese Aussage bestätigen könnten? Auffallend ist auch, daß Gerhard Elkmann in seiner Eidesstattlichen Erklärung zwar die Absicht und Zielstellung seiner Evidenzstelle darlegte, aber vorsichtshalber keine eidesstattliche Aussage darüber machte, wie sie in der Praxis arbeitete.

Offensichtlich war ihm auch entfallen, welche Vorschläge in der Deutschen Bank selbst zur »Neuregelung der Arisierungsfrage« erarbeitet worden waren. Diese von Mitarbeitern ausgearbeiteten Vorstellungen waren freilich nicht auf eine Hilfestellung für die jüdischen Kunden, sondern eher auf eine Komplizenschaft mit den arisierungssuchenden Kunden orientiert. Es ist zwar nicht nachzuvollziehen, welche Wirkungen sie hatten. Erkennbar aber ist ihre Geisteshaltung, und sie entspricht jener Mentalität, die auch Daniel Jonah Goldhagen in seinem Buch »Hitlers willige Vollstrecker« charakterisiert. So ist beispielsweise ein Brief des Deutschbankers Hermann J. Abs erhalten geblieben,[14] in dem er einem hilfsbereiten Arier, Otto Rücker-Embden, der bereit war, einem jüdischen Kapitaleigner die Firma abzukaufen, die freundliche Auskunft erteilte, die Leitung des ihm von der Deutschen Bank angebotenen arisierungswürdigen Unternehmens gelte als gut,

> »[...] jedoch hat das Unternehmen eine Reihe von nicht-arischen Angestellten, von denen man sich noch trennen müßte.«

Aber verweilen wir bei den eigenen Arisierungskonzepten der Deutschen Bank. Sie entsprachen einer solchen Geisteshaltung.

Der erste Vorschlag ist offensichtlich am 8.8.1938 von dem Prokuristen Dr. Johannes Rosentreter ausgearbeitet worden,[15] während der

---

13 Ebd., S. 167.
14 E. Czichon, Die Bank, a. a. O., S. 194.
15 Ebd., S. 205 f.

zweite Entwurf, er datiert vom 1.9.1938, nach der Paraphe ein Exposé von Gerhard Elkmann selbst sein könnte. Die dritte Überlegung »zur Neuregelung der Arisierungsfrage« legte schließlich am 1.11.1938 Assessor Walter Pohle vor. »Das Ziel der Arisierungsaktion muß sein«, schrieb Rosentreter, »das jüdische Element mehr und mehr aus dem Geschäftsleben zu verdrängen, jedoch so, daß die Unternehmen erhalten bleiben und an Stelle der Juden als Unternehmer in fortschreitendem Maße Arier gesetzt werden.« Dabei trat Rosentreter dafür ein, »den ausgeschalteten Juden« die Möglichkeit zur Auswanderung zu geben und alle Arisierungsmaßnahmen durch Gesetz zu regeln, um die eigenen Grundsätze gegenüber dem Eigentum nicht zu verletzen. Auf der Grundlage gesetzlicher Regelungen sollte dann die »Freiheit privater Vereinbarungen« erhalten bleiben und nur für den Fall ein Enteignungsverfahren möglich und vorgesehen sein, wo die »jüdischen Eigentümer nicht geneigt« sind, ihr Eigentum zu veräußern. Weiterhin regte der Prokurist der Zentrale der Deutschen Bank an, die Festsetzung des Übernahmepreises »soweit als möglich einem Übereinkommen der Parteien zu überlassen«, gesetzlich nur Abzüge zu Lasten des Verkäufers zu regeln und daraus einen zentralen Fonds zu bilden, aus dem Kredite an »arische« Käufer vermittelt werden könnten. Eine besondere Idee Rosentreters war es noch, einen Transfer des Verkaufserlöses bei einer Auswanderung der ausgeschalteten Juden in Form von Ablösungsobligationen zu ermöglichen, die so gestaltet werden sollten, daß sie im Ausland nur für die Bezahlung zusätzlicher Exporte deutscher Waren verwendet werden könnten, um zum einen den »jüdischen Boykott deutscher Waren zu durchlöchern« und zum anderen deutschen Export zu fördern. Gleichzeitig könnte damit, so argumentierte der Mitarbeiter von Hermann J. Abs, der Vorwurf im Ausland entkräftet werden, daß jüdische Unternehmen in Deutschland enteignet würden, ohne daß dafür bezahlt werde.

In dem Papier, als dessen Urheber ich Gerhard Elkmann identifiziere,[16] wird der Gedanke zur Schaffung einer Arisierungsholding aufgegriffen, den auch Vertreter der Dresdner Bank favorisierten. Trotz der bestehenden grundsätzlichen Bedenken im Vorstand der Deutschen Bank gegen eine solche Holding, wirbt Elkmann für sie als Möglichkeit, den Arisierungsprozeß in einer Regional- oder Branchenregelung zu beschleunigen. Dabei verweist der Verfasser auf die

16 Ebd., S. 206.

Erich-Koch-Stiftung in Königsberg und die Saarpfälzische Vermögensverwaltung GmbH in Neustadt a. d. Weinstraße, die als Auffang-Gesellschaften infrage kämen. Sie sollten den jüdischen Besitz zu 40 bis 50 Prozent des Vermögenswertes übernehmen und mit besonders gestempelten Schatzanweisungen des Reiches bezahlen. Die Abstempelung sollte zudem die Schatzanweisung als Auswanderer-Sperrmark kenntlich machen.

Auch die dritte Diskussionsvariante, von Assessor Walther Pohle,[17] geht von der »freien Vereinbarung« beider Seiten als Regel aus, will aber ebenfalls auf ein Enteignungsverfahren nicht verzichten, wenn »die jüdischen Eigentümer ihren Betrieb nicht veräußern wollen.« Insgesamt unterscheidet sich dieser Vorschlag von dem Rosentreters nur dadurch, daß er die Anwendung der Obligationen erweitert, nämlich ihren Einsatz als Reisezahlungsmittel in Deutschland zuläßt und die Bildung einer jüdischen Auswanderungsbank anregt.

Nicht eruiert werden konnte, ob diese Entwürfe jeweils eine Auftragsarbeit waren oder eine Initiative ihrer Autoren. Da sie aber im Generalsekretariat der Bank gesammelt wurden und sich auch keine kritischen Hinweise zu ihnen auffinden ließen, entlastet diese bankinterne Diskussion zur Neuregelung der Arisierungsfrage den Bankvorstand nicht von dem Vorwurf, aktiv an der Arisierung jüdischen Eigentums teilgenommen zu haben. Sie stützt aus meiner Sicht mitnichten die Auffassung, die an der Arisierung beteiligten Vorstandsmitglieder der Deutschen Bank hätten in Not geratenen Juden aus rein humanitären Absichten helfen wollen.

Der Berliner Rechtsanwalt Prof. Dr. Friedrich Karl Kaul hat in einem Rechtsstreit mit der Deutschen Bank im Dezember 1971[18] folgende Thesen zu ihrer Arisierungspraxis vertreten:[19]

»Die Deutsche Bank und Herr Abs haben gemeinschaftlich und auch jede für sich handelnd

1. ihre Beteiligung an dem ›Arisierung‹ genannten Raub jüdischen

---

17 Ebd.

18 Gegen mein 1970 veröffentlichtes Buch »Der Bankier und die Macht. Hermann Josef Abs in der deutschen Politik (Köln)« klagte der Vorstand der Deutschen Bank und Hermann Josef Abs beim Landgericht in Stuttgart.

19 F. K. Kaul: Zwischenplädoyer im Prozeß gegen die Deutsche Bank und den Bankier Hermann Josef Abs, vorgetragen am 9.12.1971 vor der 17. Zivilkammer des Landgerichts Stuttgart, S. 13 ff.; vgl.: E. Czichon: Die Bank, a. a. O., S. 207.

Vermögens als einen normalen Zweig der von ihnen betriebenen Bankgeschäfte angesehen,

2. sich dementsprechend mit großer Intensität und Initiative unter möglichster Ausschaltung aller Konkurrenz, wie der Dresdner Bank, um ihre Teilnahme an dem ›Arisierung‹ genannten Raubzug bemüht.

3. Die Beteiligung der Kläger an dem ›Arisierung‹ genannten Raub jüdischer Vermögenswerte erfolgte einmal in Form der direkten Aneignung dieser Werte durch die Kläger; zum anderen vermittelten die Kläger dritten Arisierungsgewinnlern weitere Raubobjekte, wodurch sowohl in der ersten als auch in der zweiten Form der Betätigung eine wesentliche Ausweitung des Geschäftskreises der Klägerin zu 1 erfolgte.

4. Die Kläger haben bei der Verwirklichung dieses Raubes ausschließlich ihre eigenen Profit- und wirtschaftlichen Machtinteressen im Auge gehabt.

5. Durch ihre Intensität bei der Teilnahme an dem ›Arisierung‹ genannten Raubzug haben sie zu früher Zeit die reale Entrechtung der Juden, noch bevor diese formalrechtlich normiert war, vorgenommen.

6. Durch ihre diesbezüglichen Verhaltensweisen haben die Kläger weit über die materiellen Verluste hinaus an der praktischen Vernichtung der Existenz jüdischer Menschen in Deutschland hervorragenden Anteil.«

Der bereits zitierte OMGUS-Report über die Deutsche Bank hat im November 1946 diese von Rechtsanwalt Prof. Dr. Friedrich Karl Kaul als »Raub jüdischen Vermögens« bewerteten Eigentumstransformationen so beschrieben:[20]

»Die ›Arisierungstätigkeit‹ der Bank bestand aus Erwerbungen auf eigene Rechnung, der Finanzierung von Transaktionen ihrer Kunden, der Auswahl und Abschätzung von Objekten für die ›Arisierung‹ sowie der Suche von Partnern, die an deren Erwerbung interessiert waren.«

Aus dem internen Schriftwechsel des Vorstandes der Deutschen Bank ergibt sich, daß leitende Beamte, Direktoren wie Vorstandsmitglieder, für diese Geschäfte des Geldhauses ungezwungen den Terminus »Arisierung« benutzten.

---

20 F. K. Kaul: Zwischenplädoyer, a. a. O., S. 10.

Jüdische Konten und Depositen wurden jederzeit gern in Zahlung genommen, besonders dann, wenn sie als »marode« bewertet werden konnten, dann zahlte man eben den Niedrigpreis des fallenden Kurses. Nun hätte selbst ein Unter-Wert-Verkauf für viele Juden eine reale Hilfe sein können, wenn ihnen das Geld tatsächlich ausgehändigt worden wäre. Oftmals – oder überhaupt – ging jedoch selbst das wenige Geld, das ihnen zustand, noch auf Reichsmark-Sperrkonten, die ebenfalls von der Deutschen Bank – gegen Provision, versteht sich – geführt wurden.

Mit der angeblichen Hilfstätigkeit für die Juden machte die Deutsche Bank so gute Geschäfte, daß sie den »leider nur allzu menschlichen Neid der Konkurrenz« erregte, wie Vorstandsmitglied Johannes Kiehl an Philipp F. Reemtsma schrieb. Diese Konkurrenz war der zweite deutsche Finanztrust, die Dresdner Bank.

Nach ihrem Zusammenbruch in der Weltwirtschaftskrise war die Dresdner Bank in den ersten Jahren der faschistischen Herrschaft neu formiert worden. Ihre Vorstandsmitglieder traten schon, dem Zeichen der Zeit folgend, in SA-Uniformen auf, was nun aber auf einen bestimmten Kundenkreis eher furchtgebietend denn vertrauensbildend wirkte.

Carl Götz vom Vorstand der Dresdner Bank suchte offenbar einen Ausweg, um der Deutschen Bank ihren Vorteil abzujagen. Er versuchte es im Direktangriff. Er wolle der Deutschen Bank den Vorschlag unterbreiten, referierte er in einer Unterredung mit Karl Kimmich, ein Aktien-Konsortium der Großbanken für die globale Übernahme »nichtarischer« Werte aufzuziehen, wobei doch schöne Gewinne für alle erzielt werden könnten. Er wußte ferner zu berichten, daß für ein solches Unternehmen das »Reich« bereit sei, mit Schatzanweisungen zu helfen und für die Retter jüdischen Vermögens auch einen Garantiefonds zu bilden.[21] Karl Kimmich blieb »zurückhaltend«. Offenbar hatte er verstanden, daß ein Arisierungskonsortium im Ausland Mißtrauen erzeugen könnte. Das wäre für die Sicherung eines deutschen Auslandskredits und für das Auslandsgeschäft der Deutschen Bank nicht günstig gewesen, zumal das blühende Geschäft mit der Aufrüstung doch noch auf solche Kredite im Ausland angewiesen war. Ein koordiniertes Engagement zur gemeinsamen Übertragung »nichtarischen« in »arisches« Eigentum war zudem nur

21 E. Czichon: Die Bank, a. a. O., S. 194 ff.

geeignet, den Arisierungsprofit der Großbanken anders zu verteilen. Diese Umverteilung wäre dann zu Lasten der Deutschen Bank gegangen. Daher lag für sie keine Notwendigkeit vor, mit der Konkurrenz gemeinsam zu arisieren.

Wie realistisch Karl Kimmich die Situation bewertete, zeigte das Verhalten der ausländischen Börsen als Reaktion darauf, wie jüdisches Kapital in Deutschland »unter Druck« geriet und von deutschen Händen hilfreich übernommen wurde. Die Wertpapiere »arischer« Unternehmen sanken auf dem internationalen Markt im Kurs. Das störte empfindlich die Weltmarktposition der deutschen Finanzoligarchie, ihre Kreditwürdigkeit und damit die Aufrüstung. Eine Gegenstrategie schien deshalb geboten.

Hermann J. Abs nahm sich rasch der sensiblen Frage an. So wandte er sich im August 1938 an Henry Deterding (Shell-Konzern), einen alten Freund. Abs schlug dem Ölkönig vor, an der Amsterdamer Börse deutsche Wertpapiere aufkaufen zu lassen, um damit den Kurs deutscher Aktien positiv zu regulieren. »Ich stimme mit Ihnen darin überein«, schrieb Hermann J. Abs am 22.8.1938 an Sir Henry, »daß der kürzliche Sturz der deutschen Wertpapiere und hauptsächlich deutscher Industrieaktien seine Ursache in der Liquidierung jüdischen Kapitals in Deutschland hatte«, und fuhr dann fort: »Ihr Ankauf deutscher Aktien im Werte von 10 Millionen würde zweifellos eine große Hilfe für den deutschen Wertpapiermarkt sein.«[22] Und Sir Henry half prompt und korrekt. Diese als »top secret« gehandhabte Transaktion erreichte ihr Ziel. Mit dem Ankauf deutscher Aktien in Höhe von zehn Millionen RM durch Deterding an der Amsterdamer Börse stieg der Wert »arischer« Aktien, und damit gewann die deutsche Kreditwürdigkeit auf dem internationalen Kapitalmarkt tatsächlich wieder einen größeren Spielraum. Doch der Erfolg der »solidarischen Bemühungen« von Abs und Deterding um die internationale Kreditwürdigkeit Hitler-Deutschlands wurde mit dem terroristischen Pogrom vom 9.11.1938 verspielt,[23] worauf Karl Blessing (der spätere Bundesbank-Präsident) in der Besprechung über die Judenfrage unter

22 Ebd., S. 196 f.

23 Der Judenpogrom 1938. Von der »Reichskristallnacht« zum Völkermord, hg. von H. Pehle, Frankfurt a. M. 1988; dazu: D. J. Goldhagen: Hitlers willige Vollstrecker, a. a. O., S. 128 ff.; und K. Drobisch/R. Goguel: Juden unterm Hakenkreuz, a. a. O., S. 189 ff.

Vorsitz von Hermann Göring am 12.11.1938 vorsichtig hinwies.[24] Einen möglicherweise erneuten internationalen Kursverfall deutscher Wertpapiere ließ Hermann Göring dann mit der »Sühneleistung« der Juden in Höhe von einer Milliarde RM aus deren Vermögen vorweg bezahlen. Das war nun ein Geschäft, an dem sich alle »arischen« Banken beteiligten. Auch die Deutsche Bank verschmähte die sich daraus ergebende lukrative Judenmarge nicht und wies ihre Filialen in einem internen Rundschreiben vom 8.12.1938 sogar an, jüdische Konten von sich aus zu denunzieren. Wörtlich hieß es in diesem Rundschreiben:[25]

> »In den Fällen, in denen wir im Zusammenhang mit [...] Geschäftsvorfällen einwandfrei festgestellt haben, daß es sich bei den Konten- bzw. Depotinhabern um Juden handelt, halten wir uns für verpflichtet, die Depotzwangsvorschriften [...] über den Einsatz des jüdischen Vermögens auch dann zu beachten, wenn die in der Verordnung vorgesehene Anzeige des jüdischen Depotinhabers noch nicht erstattet worden ist [...] Wir bitten unsere Zweigniederlassung, auch ihrerseits entsprechend zu verfahren [...]«

Wahrlich, eine schöne und zugleich überzeugende »Hilfe« für den jüdischen Kundenkreis der Deutschen Bank. Man verhinderte die Möglichkeit, daß die Juden ihr Vermögen womöglich der staatlichen Räuberei entziehen konnten.

Zusammenfassend kann festgestellt werden, daß sich die Deutsche Bank an den Geschäften mit »nichtarischen« Objekten vielgestaltig beteiligte. Sie hat, aus ihrem Kundenkreis und darüber hinausgehend, die jüdischen Objekte erfaßt, die Verkaufswilligkeit der »nichtarischen« Eigentümer – sagen wir es freundlich – beratend befördert und kaufwillige Kunden gesucht, sie hat diesen kaufwilligen »arischen« Kunden günstige Kredite vermittelt bzw. gewährt, sie hat zahlungskräftigen »arischen« Kunden Objekte im »abschlußreifen Stadium« zugeführt, aktiv an der Preisgestaltung beim Verkaufsabschluß mitgewirkt und dabei den Preisverfall der jüdischen Objekte widerspruchslos als besonders geschäftsfördernd akzeptiert. Es war schon ein ganzes »arisches Hilfswerk«.

In die Bilanz solcher Geschäfte mit verfolgten Juden muß auch die »fürsorgliche Pflege« jener jüdischen Debitoren und Konten mitein-

24 Vgl. das Nürnberger-Dokument 1816-PS.
25 E. Czichon: Die Bank, a. a. O., S. 456.

bezogen werden, die hilfreich denunziert wurden, damit jüdisches Vermögen geplündert werden konnte.

Ich halte den Versuch, diesen Vermögenstransfer von jüdischem Eigentum in »arische Hände«, die Zerstörung und den Raub jüdischen Eigentums - mit welchen Mitteln auch immer - als eine Hilfe für bedrohte Juden auszulegen, für den Ausdruck einer Räubermoral, auch wenn einige nach 1948 von der Deutschen Bank oder von der Bundesregierung entschädigte jüdische Überlebende des Holocausts behaupteten, die »Bankiers in Schwarz« hätten 1938 nur ihre Interessen vertreten. In keiner der vorliegenden Erklärungen wird dargetan, *wie*, mit welchen Maßnahmen, die Banker jüdische Interessen gewahrt hätten.

Wirtschaftsmacht ohne Kontrolle

Das ist nun Geschichte. Das damals geraubte Vermögen wurde niemals zurückgegeben, die Opfer wurden lediglich entschädigt. Die Methoden der Nutzung wirtschaftlicher Macht haben sich geändert, ihr Grundanliegen aber ist geblieben: das Geld, das Kapital immer wieder günstig zu verwerten, Profite zu erzielen. Solange solcherart Macht und Machtausübung ohne jede demokratische Kontrolle bleibt, ist die Schwelle zur Wirtschaftskriminalität niedrig. Die Gegenwart liefert dafür immer wieder Beispiele.

> »Das Kapital hat einen Horror vor Abwesenheit von Profit oder sehr kleinem Profit, wie die Natur vor der Leere. Mit entsprechendem Profit wird Kapital kühn. Zehn Prozent sicher, und man kann es überall anwenden; zwanzig Prozent, es wird lebhaft; fünfzig Prozent, positiv waghalsig; für hundert Prozent stampft es alle menschlichen Gesetze unter seinen Fuß; 300 Prozent, und es existiert kein Verbrechen, das es nicht riskiert, selbst auf Gefahr des Galgens.«
>
> *T. J. Dunning* (1799–1873), Funktionär der englischen Gewerkschaftsbewegung, Publizist (zit. n. Karl Marx: Das Kapital, Bd. 1, in: MEW, Bd. 23, Berlin 1973, S. 788).

Jutta Ditfurth

Der Kapitalismus ist auch ohne Mafia ein Verbrechen an Mensch und Natur

Thesen zur Umwälzung des Produktionsapparates und der Produkte am Beispiel der Gentechnik

I.

Nicht nur die Auswüchse des Kapitalismus sind kriminell, schon sein Normalzustand ist ein Verbrechen an Mensch und Natur. »Saubere« Ausbeutungsverhältnisse gab es nie. Herrscht im Kapitalismus »Ordnung«, ist es immer die herrschende Ordnung, die er für seine Verwertung braucht. So gefährlich die Mafia, Menschenhändlerbanden und ähnliches Pack tatsächlich sind – der Kapitalismus produziert sie, schafft ihnen günstige Bedingungen. Gegen KommunistInnen und SozialistInnen hätschelte und wiederbelebte die USA nach dem Zweiten Weltkrieg z. B. die italienische Mafia. Die kapitalistische Produktion produziert Perspektivelosigkeit, Erniedrigung, Hunger, Krankheit, Tod, Krieg – die Fluchtursachen für Menschen im Trikont.

II.

Wir leben in Zeiten, in denen die kapitalistischen Verhältnisse auch von Linken oder ehemals Linken verschleiert werden, das zeigt sich an Begriffen wie »soziale und ökologische Marktwirtschaft«, »Zivilgesellschaft« oder »Neoliberalismus«. Die politischen Zustände werden nicht besser, sondern schlechter, wenn Kapitalismus kategorial vernebelt wird, als gäbe es einen Markt, auf dem frei von Ausbeutungsverhältnissen, Profit und Mehrwert Gemüse getauscht würde; als wäre die kommende Barbarei – die in großen Teilen der Welt heute bereits Milliarden Menschen Perspektive, Selbstbestimmung, Gesundheit und Leben nimmt – durch den Begriff »zivil« zu zähmen; als wäre der »Neoliberalismus« mehr als ein Modewort für die, die aus taktischen Gründen nicht mehr Kapitalismus oder Imperialismus sagen wollen. Im besten Fall meint »Neoliberalismus« eine – damit schlampig benannte – Erscheinungsform des Kapitalismus.

Zu den neuen Mythen in einem Teil der Linken gehört, daß dem Kapital angeblich die Arbeit ausgeht und seine Verwertungsbedingungen zusammenbrechen. Falsch.

Mit Hilfe neuer und modifizierter Techniken wie der Informations- und Kommunikationstechnologien und der Gentechnologie werden – auf unterschiedliche Weise – neue Rohstoffquellen, neue Produkte und neue Märkte geschaffen.

Die Gentechnologie brauchte für ihre Entwicklung die Computertechnik. Das menschliche Genom hätte ohne die Speicherkapazitäten und die Verarbeitungsgeschwindigkeiten heutiger Computer kaum zerlegt und kartiert werden können. Dies war die Voraussetzung für die Aneignung (z. B. Patentierung) durch das Kapital zum Zwecke der profitablen Verwertung. Menschliche Gene werden »gefunden«, kartiert, hierarchisiert, sinnlose – d. h. unverstandene – als »Junkgene« in den Abfall geworfen. Was rasch kommerziell verwertbar ist, zählt. Das Geschäft mit dem menschlichen Leben, mit unserer biologischen Natur, wird das möglicherweise größte Geschäft in der Geschichte der Menschheit.

Eine technologische Revolution hat keinen Stichtag, ein technologischer Sprung keine Uhrzeit – etwa: »Los jetzt, spring, du verdammte Produktivkraft!« Die Entwicklung der Informations- und Kommunikationstechniken wird den Wohlhabenden dieser Welt nützen und den Rest der Menschheit weiter benachteiligen.

Es könnte sein, daß Milliarden von Menschen in vom Kapital abgehängten Regionen für nichts mehr gebraucht werden, daß sie zuviel sind.

»Übervölkerung« ist der menschenverachtende Begriff, der heute in der bundesdeutschen Gesellschaft so gern verwendet und ökologisch bemäntelt wird. Nicht »Wieviel Menschen verträgt die Erde?« (beliebtes Kongreßthema), sondern »Wieviel Kapitalismus vertragen Mensch und Natur?« sollte gefragt werden.

Ein Teil der Subventionen des Staates an das Kapital fließt in die Entwicklung der Gentechnologie, indem kleine und mittelständische Gentechnik-Betriebe mit Steuergeldern finanziert werden. Sie erhalten Forschungssubventionen, zinslose, billige Kredite, luxuriöse Gentechnikzentren in einer steigenden Anzahl von Bundesländern, mensch zahlt ihnen Personalkosten und Laborausstattungen. Aber versprechen ihre Ergebnisse Profit, werden sie von Konzernen aufgekauft. Für einen Konzern kann es sich aber auch lohnen, eine der »Genboutiquen« von vornherein zu finanzieren; wenn er damit scheitert, kann er den Verlust abschreiben; im Konzern wären die Kosten höher. So geht ein großer Teil des finanziellen Risikos zu Lasten der öffentlichen Haushalte.

Das Engagement in die neue technologische Revolution wird explodieren. Ansätze sehen wir auch im wohlwollenderen Verhalten von Banken bei der Vergabe von »Risikokapital« für die Gentechnik.

Diese Produktivkraft ist selber das Risiko. Karl Marx schrieb: Der investierende Arm des Kapitalismus regele den Austauschprozeß des Menschen mit der Natur so, daß die Arbeiter »selbst von Kindesbeinen an in den Teil einer Teilmaschine« verwandelt werden, die alle »freie körperliche und geistige Tätigkeit [...] konfisziert« und »alle Sinnesorgane [...] gleichmäßig verletzt«. Dieser Austauschprozeß untergrabe »zugleich die Springquellen allen Reichtums [...]: die Erde und die Arbeiter«.[1]

Mit Hilfe der Gentechnologie verbindet das Kapital diese beiden Springquellen zu einer erweiterten dritten Reichtumsquelle: Zur Ausbeutung der (intellektuellen und physischen) Arbeitskraft des Menschen und zur Ausbeutung der Naturreichtümer kommt die *Ausbeutung des biologischen Potentials des Menschen* hinzu. Blieb die Ausbeutung des Menschen bislang äußerlich und fuhren uns »nur« ihre Auswirkungen als physische und psychische Schäden der Vernutzung unserer Arbeitskraft unter die Haut, so zielt die neue Ausbeutung in einzigartiger Weise direkt auf unsere Gene, Zellen, Stoffwechselfunktionen, Organe und unsere Reproduktionsfähigkeit.

Bei der Ausbeutung der »biologischen Ressource Mensch« werden weder das soziale Wesen des Menschen noch die bürgerlichen(!) Rechte gebraucht, die sich Menschen mit und seit der Französischen Revolution erkämpft haben. Das aufgeklärte bürgerliche Menschenbild – Voraussetzung für das sehr viel weiter reichende Ziel eines umfassend befreiten Menschen – enthält Kategorien wie individuelle Freiheit, ein wenig Selbstbestimmung, demokratische (nicht soziale) Menschenrechte, (begrenzte weil) bürgerliche Gleichheit, Recht auf Bildung usw. Bereits diese bürgerlich-demokratischen Werte und Errungen-

1 K. Marx: Das Kapital, Band I, MEW 23, Berlin 1963.

schaften sind der Entwertung des Menschen, wie sie die Gentechnologie braucht, im Wege.

Der Zugriff auf den Körper wird enthemmt (und profitabel), wenn der Mensch davon überzeugt werden kann, daß seine Gene sein Schicksal sind und daß er allein für sie verantwortlich ist. Daß an seinen Behinderungen, seinen angeblichen Normabweichungen, seinen Schwächen, seiner Armut usw. niemand anders als er selbst Schuld hat. Daß die Gesellschaft ihm keine Hilfe, Förderung, kein bißchen Emanzipation zu bieten hat. Daß die Gentechnologie seine Fehler reparieren wird (zum Profit auch der Kapitalfraktionen, die seine gesundheitlichen Schäden zuvor verursacht haben, z.B. durch Chemie- und Atomanlagen, Autoverkehr, verseuchte Nahrung, giftige Alltagsprodukte).

Die beste Voraussetzung für den profitablen Einsatz der Gentechnologie bieten Gesellschaften, die – in anderer Erscheinung und modernisierter Form – in die Zeit vor der bürgerlichen Revolution zurückfallen. Das Bürgertum, um dessen Rechte und Freiheiten es dabei auch geht, scheint bis heute nicht zu begreifen, daß es ihm morgen an den Kragen gehen könnte. Aber das gehört zu seinen typischen Beschränkungen. Mit den Linken im Land gibt es ein ähnliches Problem. Die anpassungsbereiten Teile entwickeln zwar ständig neue, vernebelnde Kategorien (wie erwähnt: Zivilgesellschaft, soziale Marktwirtschaft, Neoliberalismus), um nicht mehr *Kapitalismus* und *Imperialismus* sagen zu müssen, aber die neue Qualität des Kapitalismus, die sich im Prozeß befindende technologische Revolution begreifen sie größtenteils nicht.

Woher kommt das Gentechnik-Kapital? Wer sind die, die diese Destruktivkraft vorantreiben?

III.

Im Ersten Weltkrieg gründeten BASF, Bayer, Hoechst u.a. die »Interessengemeinschaft der deutschen Teerfarbenfabriken« kurz »IG Farben«. 1914, ein halbes Jahr nach Kriegsbeginn, drohte ein »Zwangsfrieden«. Deutschland wurde von den für die Herstellung von Schießpulver notwendigen Salpeterlieferungen aus Chile abgeschnitten. Millionen Menschen hätten überlebt, hätte die IG Farben den Krieg nicht in die Hand genommen. Die Preußische Staatsregierung unterzeichnete einen für die IG Farben äußerst lukrativen Vertrag, und die IG Farben produzierte ab Mai 1915 in großem Umfang synthetische Salpetersäure. (Sie produzierte auch Giftgas, woran 1915 in der Nähe des Ypernkanals Zehntausende von Menschen qualvoll starben.)

Mit anderen großen Konzernen, darunter Krupp, Thyssen, Siemens und Deutsche Bank, förderte und finanzierte die IG Farben Hitler und die NSDAP. Am 20. Februar 1933, rund zwei Wochen vor der »Machtergreifung« der NS-Faschisten, sicherte IG Farben-Baron von Schnitzler den Nazis bei einem Industriellentreffen auf Einladung von Hjalmar Schacht und Hermann Göring mit 400 000 Reichsmark die weitaus größte Einzelspende zu. Die Investition rentierte sich. Vorteilhaft für die deutschen Konzerne war, daß sie ungestört von jeglicher ArbeiterInnenbewegung und von profithemmenden sozialen Kämpfen staatliche Aufträge erhielten, deren Preis sie zum Teil selbst bestimmen konnten.

Die IG Farben hatte sich 1925, nach den hervorragenden Erfahrungen im Ersten Weltkrieg, zum Konzern zusammengeschlossen. Ihre Leute saßen bald in den höchsten Stellen des NS-Regimes. Zum Beispiel Carl Krauch: IG Vorstandsmitglied, Präsident des Reichsamtes für den Wirtschaftsaufbau, Generalbevollmächtigter für Sonderfragen der Chemischen Erzeugung (GeBeChem), NSDAP-Mitglied und ab 1940 im Aufsichtsrat der IG. Er boxte sich an die Seite Hitlers und Görings, die beide wenig Ahnung von Wirtschaftspolitik hatten. Hitler übernahm »Denkanstöße« Krauchs und der IG und formulierte im August 1936 den Vierjahresplan, den Plan für Massenmord und höchsten Profit: »I. Die deutsche Armee muß in vier Jahren einsatzfähig sein. II. Die deutsche Wirtschaft muß in vier Jahren kriegsfähig sein [...]« Göring wurde beauftragt, den Vierjahresplan umzusetzen. Sein wichtigster Mann war Krauch. Nichts Bedeutendes wurde mehr ohne das »Amt Krauch« und damit die IG Farben entschieden. Krauch konnte nun in amtlicher Eigenschaft alles bei der eigenen Firma bestellen.

Der Krieg bedeutete für die IG Farben nicht nur, daß ihr die NSDAP größere »Lebens-« und Ausbeutungs»räume« in den überfallenen und besetzten Ländern öffnete. Der Konzern wurde auch mit billigsten Arbeitskräften für noch mehr Profit versorgt. Die IG Farben betrieb in Auschwitz ein eigenes KZ: Monowitz bzw. Auschwitz IV. Die durchschnittliche Lebensdauer der dort verbrauchten Menschen lag zwischen zwei und vier Monaten. Es starben etwa 30 000 bis

40000 Menschen in Monowitz, ein Vielfaches in den anderen Betrieben und Lagern der IG Farben.

Die IG Farben-Verbrecher profitierten vom wachsenden Antikommunismus und vom aufkommenden Kalten Krieg nach dem Ende des Zweiten Weltkriegs. Die engagierten antifaschistischen Finanzoffiziere der US-Militärregierung und die US-Chefankläger vor dem Nürnberger Gericht verloren bald die Unterstützung ihrer Regierung beim Vorgehen gegen die Massenmörder aus der deutschen Chemieindustrie. Nur eine Minderheit wurde verurteilt, mit Strafen, die einen »Hühnerdieb erfreuen würden« (Chefankläger DuBois).

Als schärfster Gegner der entnazifizierungswilligen Finanzoffiziere stellte sich die Wirtschaftsabteilung der US-Militärregierung heraus. Hier versammelten sich Offiziere, die zu Friedenszeiten ihren Geschäften in der Wallstreet oder in verschiedenen US-Konzernen nachgingen. Ihre Kumpane von der IG Farben durften nach einer Schamfrist die deutsche Chemieindustrie aufbauen. Jeder einzelne Nachfolgekonzern der IG Farben wurde größer, als die IG Farben je gewesen war. Umsätze 1994: Hoechst 49637,0 Millionen DM, Bayer 43420,0 Millionen DM, BASF 46564,6 Millionen DM.[2]

Bundeskanzler Kohl kommt aus der BASF und hat dort noch zu Zeiten des IG Farben-Mannes Carl Wurster gelernt. Wer könnte behaupten, daß der Kanzler den Interessen seines alten Arbeitgebers je auf die Füße getreten wäre?

Der größte der drei Nachfolgekonzerne, die Hoechst AG, hat ca. 170000 Beschäftigte in 120 Ländern. Schon 1991 war der Konzern weltweit direkt oder indirekt mit 50 Prozent oder mehr an 450 Unternehmen beteiligt. Hoechst ist auf dem US-Markt die Nummer 1. Der Konzern exportiert in ca. 170 Länder, und in ca. 65 Ländern werden Hoechst-Produkte hergestellt. Durch Störfälle, durch seine »ungestörte« Produktion, durch seine Arbeitsbedingungen und Produkte trägt der Konzern seit Jahrzehnten zu Umweltvergiftung, Gesundheitsschäden und Tod bei. Jetzt will er auch bei der Gentechno-

---

2 Zur Geschichte und Politik der IG Farben vgl.: J. Ditfurth: Vergiftungen pflastern ihren Weg. Hoechst, Bayer, BASF – die IG Farben und ihre Nachfolger, in: dies.: Träumen, Kämpfen, Verwirklichen. Politische Texte bis 1987, Köln 1988. Das Buch ist vergriffen und nur noch über den ÖkoLinX-Verlag erhältlich: 332 Seiten, Sonderpreis 14 DM (incl. Porto/Versand). Auslieferung nur per Vorkasse. ÖkoLinX-Verlag, J. Ditfurth, Neuhofstr. 42, 60318 Frankfurt a. M.

logie profitieren. Mit seiner IG Farben-Geschichte ist er hierfür besonders prädestiniert.

Anfang 1994 gründeten die Chemiekonzerne Hoechst und Schering die Pflanzen»schutz«firma AgrEvo, die auf dem Pestizid-Weltmarkt auf den zweiten Platz gelangte, nach Ciba-Geigy. AgrEvo hat in der BRD die Genehmigung für gentechnische Freilandversuche mit genmanipuliertem Mais und Raps erhalten. Forschungsziel einer Reihe von Freisetzungsversuchen ist, die Pflanzen gegen das Hoechst-Pestizid *Basta* widerstandsfähig zu machen. Basta vernichtet Vegetation. Das Aussterben von Pflanzen- und Kleintierarten wird beschleunigt, es entstehen Agrarwüsten. Die Abhängigkeit der Bauern von der Chemieindustrie wächst: Wer das Herbizid kauft, braucht das passende resistente Saatgut vom selben Konzern – und umgekehrt. Übrigens: Eine Erörterung von Einwendungen war nach dem neuen Gentechnikgesetz nicht mehr nötig.[3]

Seit 1988 erzeugt die Hoechst AG in Kanada eine ganze Reihe von gentechnisch manipulierten, Basta-resistenten Pflanzen: Raps, Rüben, gelben Senf, Mais, Flachs, Kartoffeln, Reis, Luzerne und Soja. Die Pflanzen wurden in Kanada, Chile und Argentinien »im Feld« getestet, allein gentechnisch manipulierter Raps in 130 Großversuchen. Über die Risiken ist gelegentlich berichtet worden (»springender« Gen-Raps). Daß sich deutsche Chemiekonzerne auf dem US-Markt niederlassen, hat nicht den Grund, daß dort die Zulassungsbedingungen für Gentechnikprodukte leichter wären. Tatsächlich sind sie schwerer. Es geht um den Zugang zum US-Markt und von dort aus nach Lateinamerika usw. Welteroberungsgelüste und – in diesem Zusammenhang – weitere Monopolisierung der Branche finden wir auch in der Schweiz. Die beiden Giganten Sandoz und Ciba Geigy haben sich 1996 zum Konzern Novartis zusammengeschlossen. Novartis war sofort auf Platz 1 der Weltrangliste in der Agrochemie und auf Platz 2 in Gesundheit und Pharma.

3 Zur Gentechnik vgl. auch J. Ditfurth: Feuer in die Herzen. Plädoyer für eine ökologische linke Opposition, Hamburg 1992, zu denselben Bedingungen zu beziehen wie Anm. 2.

IV.

Die Gentechnologie beeinflußt und revolutioniert die kapitalistische Produktion (eine andere gibt es nicht mehr) in fast allen Produktionsbereichen. Sie verändert die Zusammensetzung der Werkstoffe und damit die Produktionsabläufe von der Rohstoffbeschaffung bis zum Endprodukt. Sie verändert und manipuliert Nahrung, pharmazeutische Produkte, Alltagsgegenstände usw. Sie ist die erste Technologie, die ein sich selbst vermehrendes Risiko kennt (z. B. durch gentechnisch manipulierte, freigesetzte Kleinstlebewesen). Sie verändert den Umgang mit der Natur. Und sie verändert das Bild des Menschen, auch wenn sich der gentechnische Eingriff in die Keimbahn des Menschen mit der Option Menschenzucht und künstliche Rekonstruktion erst im Planungsstadium befindet. Die Zuchtexperimente der NS-Faschisten waren dagegen grobschlächtig. Ein künftig *möglicher* Technofaschismus wird eine vollkommen andere Erscheinungsform haben als der uns bekannte NS-Faschismus: Terror und Vernichtung ohne KZs, wirtschaftlich verbrämt, auf High-Tech-Niveau und vielleicht mit umfassender gesellschaftlicher Akzeptanz.

Zur sozialen Utopie der Herrschenden gehört seit einigen tausend Jahren das Interesse an der Zucht von Menschen. Die Idee war politisch kaum wirksam, bis die technologische Entwicklung reifte. Heute erscheint die Menschenzucht als realistisches Projekt. Der aus dem Darwinismus entwickelte Sozialdarwinismus thematisierte die Absicht, die »natürliche Auslese« des Menschen sozial zu steuern. Mit der Eugenik – in Deutschland historisch »Rassenhygiene« – entstand die Ideologie, den Menschen nach seinen (behaupteten) Erbanlagen zu qualifizieren, in »minder- und hochwertiges Leben« zu sortieren und zur Verbesserung des menschlichen Genpools züchtend in die Erbanlagen des Menschen einzugreifen.

»Wenn wir, sagen wir mal in 200 Jahren, die DNA maschinell herstellen können, dann könnten wir genau entscheiden, welchen Menschen, nach welchem genetischen Vorbild, wir haben wollen«, verkündete Joshua Lederberg, Nobelpreisträger für Medizin.[4] 1966 schlug er vor, es doch einmal mit der Züchtung von »subhumanen Individuen« zu versuchen: gentechnisch Menschen und Affen für spezielle niedere Aufgaben zu kreuzen. 1970 führte Lederberg vor dem

4 Vgl. Die Zeit v. 13. Mai 1988. Den Nobelpreis für seine »Verdienste« um die Bakteriengenetik erhielt Lederberg 1958.

Repräsentantenhaus in Washington die Notwendigkeit aus, durch vorgeburtliche Selektion und später durch gentechnischen Umbau »defekter Menschen« die Zahl der Belegungen von Krankenhaus- und Anstaltsbetten - und damit die Kosten - um ein Viertel zu senken. Damit steht er in der Tradition der NS-faschistischen »Rassenhygiene« und »Erbgesundheitslehre«. Lederberg ist kein Außenseiter seiner Branche, er gehört zur Elite der internationalen GentechnikerInnen. Viele, wenn nicht die meisten seiner KollegInnen denken ähnlich.

Zuchtauswahl, die Entwicklung der Gesellschaft hin zur »freiwilligen« Eugenik (Auswahl »hochwertiger« Keimzellen, Verhinderung »minderwertigen« Lebens), Leihmütter, vegetative Vermehrung von sogenannter Genialität, Diskriminierung und Vernichtung von »genetisch Defektbelasteten« - Begriffe wie diese prägen die Sprache der GentechnokratInnen bis heute. Die Menschheit trägt eine »genetische Bürde«, und RassehygienikerInnen, SoziologInnen und GentechnologInnen verheißen, uns ein wenig von der Last des Lebens abzunehmen.

Der Medizin-Nobelpreisträger F.H.C. Crick, heute einer der berühmtesten Gentechnologen, sagte auf der berüchtigten Ciba-Konferenz 1962 in London: »Haben die Menschen überhaupt ein Recht, Kinder zu bekommen? [Es] wäre [...] für die Regierung nicht sehr schwierig, der Nahrung etwas beifügen zu lassen, was den Nachwuchs unterbindet. Außerdem könnte sie [...] ein anderes chemisches Mittel bereithalten, das die Wirkung des ersteren aufhebt und das nur solche Leute erhalten, deren Fortpflanzung erwünscht ist. [...] von der humanistischen Ethik her sehe ich nicht ein, wodurch ein Recht auf Kinder zu begründen sein soll.«[5]

Gentechniker Hermann Joseph Muller gibt sich frauenfreundlich: Er will die Frauen von der »oft unerträglichen Last ihres Geschlechts« befreien und die »unvorstellbare Tortur der Geburt [...] mildern«. Sein wirkliches Ziel: »Ein solcher Fortschritt in der Wissenschaft der Fortpflanzung würde uns die wertvolle Möglichkeit eröffnen, die Entwicklung des Embryos sehr viel unmittelbarer zu steuern«, und von noch größerer Bedeutung wäre die »Möglichkeit, Embryos mit

5 R. Jung/H.J. Mundt (Hg.): Das umstrittene Experiment: Der Mensch. Siebenundzwanzig Wissenschaftler diskutieren die Elemente einer biologischen Revolution, München/Wien/Basel 1966; zit. in: W. Hingst: Zeitbombe Gentechnik, Wien 1988, S. 57.

überragenden Erbanlagen selektiv großzuziehen oder gar zu vermehren.«[6] Muller schwärmt: »Die besten Geister der Menschheit werden genetische Methoden entwickeln, neue Eigenschaften, Organe und Biosysteme erfinden, die den Interessen, dem Glück und der Herrlichkeit jener gottgleichen Wesen dienen, deren dürftige Vorahnung wir elende Kreaturen von heute sind.«[7] Auch Muller ist Nobelpreisträger.

V.

Damit sich das Gentech-Kapital durchsetzt, braucht es ein Konglomerat an Manipulations-, Korruptions-, Integrations-, Befriedungs- und Repressionstechniken wie möglicherweise keine Kapitalfraktion vor ihm. Kritik an den Verhältnissen soll gar nicht erst entstehen. Der Gedanke an andere gesellschaftliche Formationen soll im Keim ersticken.

In der Bundesrepublik existiert derzeit keine entwickelte politische, linke Kritik an Wissenschaft und Technologie, wie sie nach dem NS-Faschismus erst spät zum Beispiel an der Auftragsforschung an deutschen Universitäten zugunsten der US-Army im Vietnamkrieg entstand. Es gibt nur Inseln der fundierten Kritik, meist kleine Gruppen, die sich mit einzelnen, abgegrenzten Themen beschäftigen. Einige Aktionsgruppen, Archive, Informationsdienste, Rundbriefe.

In Zeiten wie heute, in denen linke, emanzipatorische Kritik als »destruktiv« denunziert wird, damit sich der Gedanke von erfolgreichem Widerstand gegen die herrschenden Verhältnisse und vom anderen Leben nicht breit macht, wird eine Vielfalt an Durchsetzungstechniken für die *Destruktivkraft* Gentechnologie entwickelt. Destruktivkraft meint eine Produktivkraft, die unter keinen gesellschaftlichen Verhältnissen zum Nutzen von Mensch und Natur eingesetzt werden kann, weil sie in der Bilanz immer destruktiv, zerstörerisch ist. (Eine andere Destruktivkraft ist die Atomenergie.)

Eine zentrale Propaganda- und Durchsetzungstechnik für die Interessen des Gentechnik-Kapitals ist die Bioethik. Mit »Bio« holt sich

---

6 H. J. Muller: Out of the Night. A Biologist's View of the Future, New York 1935, S. 68–83, 103–127, zit. in: L. Weß (Hg.): Die Träume der Genetik. Gentechnische Utopien vom sozialen Fortschritt. Schriften der Hamburger Stiftung für Sozialgeschichte des 20. Jahrhunderts, Nördlingen 1989, S. 136–154.

7 H. J. Muller, a. a. O.

der Begriff das »Öko«-Etikett, und mit »Ethik« wird alles Gute des christlichen Abendlandes herbeigerufen. Der baden-württembergische Wissenschaftsminister Klaus von Trotha präsentierte 1995 eine Umfrage: 61 Prozent der Deutschen lehnen die Manipulation von Genen ab, aber 74 Prozent würden gentechnisch hergestellte Medikamente einnehmen.[8]

Umfrageergebnisse haben das Gentechnik-Kapital schon nach der Dioxinkatastrophe in Seveso (1977) angeregt, die Akzeptanz ihrer Branche, ihrer Produktion, ihrer Produkte durch die Betonung des gesundheitlichen Nutzens zu erhöhen. Man lernte auch aus der Manipulation der öffentlichen Meinung an den Beispielen Atomenergie und Golfkrieg. Wer wagt jetzt noch, die Verheißung in Frage zu stellen, die Gentechnologie könne mehr Krankheiten heilen, als sie neu verursachen wird?

Mit einiger Verspätung entwickelte sich in Deutschland nach dem Faschismus eine vage Art Ethik aus Fragmenten verschiedener Traditionen, der bürgerlichen Aufklärung, des Christentums und des Sozialismus, mit der heute das Interesse der GentechnokratInnen (noch) kollidiert.

Um die störende Ethik mit ihrem vagen, bürgerlichen Bild von der Würde und der individuellen Einzigartigkeit des Menschen aus dem Weg zu räumen, wurde die Bioethik erfunden. Sie soll in allen Bereichen der Gesellschaft abräumen, was es an humanen Resten noch gibt.

Die Bioethik wird zur herrschenden Ideologie, die jeden gesellschaftlichen Bereich durchdringt. Manchmal wird es offen gesagt, was die Gentechniker von Menschenrechten halten. Der Heidelberger Theologe Dietrich Ritschl (nach langjährigen Erfahrungen mit der Bioethik in den USA) schlußfolgert, »daß für unsere ethischen Überlegungen nichts Entscheidendes vom Rechtscharakter der Menschenrechte abhängt«.[9]

Das Individuum ist für sein genetisches Potential selbst verantwortlich, es wird auf sich selbst zurückgeworfen, zur Entlastung des Sozialstaats, unter Aushebelung solidarischer Regelungen. Ziel muß es sein, Mitglied der richtigen Klasse im richtigen Teil der Welt zu

8 Focus, Nr. 99 v. 29.5.1995.

9 Internationale Inititiative gegen die geplante Bioethik-Konvention und das europäische bioethische Netzwerk. Das Ethos der Wissenschaft: Wo steht die Bioethik in Europa?, 1994.

werden, »Leistungsträger«, verantwortlich für die Produktion von nicht behinderten, leistungsfähigen Nachkommen, bis dem Menschen auch die Fortpflanzung enteignet ist.

Einige Elemente der stofflichen Veränderung zeichnen sich ab: Die weitaus meisten Menschen, dann sozial überflüssig, könnten in einen Zustand geworfen sein, der weit unter dem ausgebeuteter, entfremdeter LohnarbeiterInnen läge. Sie wären nicht einmal in der materiellen Situation eines Sklaven, dem sein Eigentümer wenigstens als einer wertschaffenden Sache die Arbeitskraft zu erhalten bemüht sein muß. Die Körper mit ihren Organen und biologischen Funktionen werden Rohstofflager. Wer wird sie wie abbauen? Wie wird ihre Verteilung organisiert sein? Wie werden Gesellschaften aussehen, in denen dies geschieht?

Menschliche Stoffwechselvorgänge werden patentiert, die Gene spezifischer aussterbender Bevölkerungsgruppen – gegen deren erklärten Widerstand – in Genbanken gesammelt. Für die Beschaffung möglichst frischer menschlicher Körperteile wurde vor rund 20 Jahren der Tod umdefiniert: vom Zusammenbruch des Herz- und Kreislaufsystems zum Hirntod. Schon hat die Diskussion über einen noch früheren Tod begonnen: den Teilhirntod, damit um so eher über den Körper, dieses profitable Rohstofflager, verfügt werden kann.

Darüber hinaus wird der Körper des Menschen zur biologischen Fabrik. Ein Patent zu besitzen, bedeutet, das Recht auf private, kommerzielle Verfügung über eine Erfindung zu haben. Nun werden gentechnische Manipulationen an Säugetieren zum Patent angemeldet, worin schon die Voranmeldung für das Säugetier *Mensch* enthalten ist.

Beim Europäischen Patentamt in München liegt ein Antrag aus den USA, der als Möglichkeit beinhaltet, die Brustdrüsen von Frauen gentechnisch so zu manipulieren, daß sie einen teuren pharmakologischen Wirkstoff produzieren. Menschen als Fabriken. Solche »dezentralen« und »biologischen« Produktionsstätten werden vermutlich keine Mittelschichtsfrauen aus den kapitalistischen Zentren Europa und USA sein, sondern Frauen aus dem Trikont, der sogenannten Dritten Welt, oder aus Osteuropa. Ich kann sie mir schon vorstellen, die Propaganda: Ist es nicht viel »ethischer«, ein deutscher oder US-amerikanischer oder schweizerischer Gentechnikkonzern versorgt die »armen Frauen« als Gegenleistung mit Geld, gesunder Nahrung oder vielleicht ein bißchen einfacher Schulbildung für die Kinder?

(Wer sich demgegenüber noch an die Forderung nach sozialer Gleichheit, Befreiung und Selbstbestimmung aller Menschen erinnert und für diese Werte kämpfen will, braucht Geschichtskenntnisse, Kritikfähigkeit, Unabhängigkeit von Staat und Kapital, Organisationsbereitschaft und eine gehörige Portion subversiver Opposition. Aber das ist ein anderes Thema.)

Als Rohstofflieferant muß ein Mensch nicht unbedingt leben. Er kann auch noch im vorpersonalen Stadium sein, Embryo oder Fötus. Die Frau kann selbst tot als Lieferantin von Eizellen für die reproduktionstechnische Abteilung der Gentechnik dienen. Die Grenzen, die wir heute noch für unauflösbar halten, könnten morgen durch die Entwicklung schon niedergetrampelt sein, so daß der Menschenzüchtung kein Widerstand mehr entgegensteht.

Wer die Gentechnologie noch verharmlost, in ihrer Dimension nicht begreift, möge zur Kenntnis nehmen, wie in GentechnologInnen-Kreisen heute über den Menschen diskutiert wird. Es führen direkte Linien von den RassenhygienikerInnen des deutschen Faschismus und den Nobelpreisträgern auf jener Ciba-Konferenz von 1962 in die Mentalität der GentechnikerInnen der Gegenwart:

»Nach unserer Auffassung scheint es ganz natürlich, zu sagen, daß die Organe lebendiger Personen lebenswichtige Gesundheitsressourcen sind, die wie alle anderen lebenswichtigen Ressourcen gerecht verteilt werden müssen. Wir könnten uns daher gezwungen sehen, darauf zu bestehen, daß alte Menschen getötet werden, damit ihre Organe an jüngere, kritisch kranke Personen umverteilt werden können, die ohne diese Organe bald sterben müßten. Schließlich benutzen die alten Menschen lebenswichtige Ressourcen auf Kosten von bedürftigen jüngeren Menschen.«[10]

10 K. Kappel/P. Sandoe: Saving the Young Before the Old – A Reply to John Harris, in: Bioethics, Vol. 8, Nr. 1, 1994. – Bioethiker Peter Sandoe ist auch Vorsitzender der dänischen Tierethik-Kommission. Klemens Kappel ist Bioethiker an der Universität Kopenhagen.

Jörg Heimbrecht

Banken, Geldwäsche und Steuerhinterziehung

Jedes Jahr werden in der BRD um die 100 Milliarden DM aus hochkriminellen Geschäften, wie Drogen- und Waffenhandel in den legalen Geldkreislauf zurückgeführt, also gewaschen. Das 1994 in Kraft getretene Geldwäschegesetz hat offenbar wenig geändert.

Wie funktioniert die Geldwäsche? Wer organisiert sie? Wer hilft dabei? Von der Bundesregierung und den Bankenverbänden erhält man auf diese Fragen keine Antwort. Und auch Staatsanwälte und Polizei wissen offenbar wenig darüber.

Ich habe deshalb versucht, mit professionellen Geldwäschern in Kontakt zu kommen. Ein offiziell als Finanzmakler tätiger Wiener Geschäftsmann, der im Auftrag von Waffen- und Drogenhändlern Geldwäsche in ganz Europa organisiert, war bereit, mit mir zu reden. Dafür mußte ich ihm zusichern, seine Identität vertraulich zu behandeln.

Weil Banken Belege aufheben müssen, so erklärte er mir, kann bei Überweisungen auch nach Jahren noch festgestellt werden, woher das Geld kommt. Deshalb wird Geld aus kriminellen Quellen oft nicht von einer Bank zur anderen überwiesen, sondern zunächst bar transferiert.

Das Geld wird in angemieteten Banktresoren zwischengelagert und cash per Geldtransporter zur Bank oder Wechselstube gebracht. Dort wird es zunächst in die Währung des Landes umgetauscht, in der es investiert werden soll. Je nach Größe der Bank der Gegenwert von einer bis zehn Millionen DM pro Tag.

Das umgetauschte Geld wird dann meist bei einer anderen Bank auf ein Konto eingezahlt. Oft getarnt als angebliche Betriebseinnahmen z.B. einer Konzertagentur, eines Auto- oder Kunsthändlers. Für die angeblichen Einnahmen werden Steuern bezahlt, und schon ist aus dem Drogengeld legales Kapital geworden.

Die Mithilfe bei der Geldwäsche wird mit hohen Provisionen vergütet. Die Beteiligten können sich, je nach kriminellem Hintergrund der Gelder, zwischen zwei und 25 Prozent des gewaschenen Gesamtsumme teilen.

Mein Informant nannte mir Namen von angeblich beteiligten Bankern und Unternehmern. Die stritten aber jede Mitwirkung an der Geldwäsche ab.

So mußte ich die Aussagen auf andere Weise überprüfen. Dazu gründete ich gemeinsam mit Kollegen eine Scheinfirma, die angeblich im Auftrag eines Kunden selbst Geld waschen wollte: die Kunsthandlung Seefelder & Partner. Unter diesem Namen traten wir in Kontakt mit einem professionellen Geldwäscher. Dem erklärten wir, wir hätten 400 Milliarden italienische Lire (Gegenwert rund 400 Millionen DM) die aus kriminellen Quellen stammten und in Deutschland, Österreich und der Schweiz in DM umgetauscht und anschließend investiert werden sollten. Um den Eindruck zu erwecken, wir verfügten tatsächlich über große Geldsummen, hatten wir uns einen Geldtransporter geliehen, der uns zum ersten Treff begleitete. Darin war kein Geld, sondern ein als Geldtransporterfahrer verkleidetes Kamerateam, das mit verdeckter Kamera gedreht hat.

Den ersten Termin hatte unser Vermittler in der Deutschen Bank in Offenbach organisiert. Hier erklärten wir dem Bankdirektor, wir wollten zehn Milliarden Lira in DM tauschen. Aber der spielte nicht mit. Er sagte: »Das riecht nach Geldwäsche, das mache ich nicht.« Nach dem Geldwäschegesetz wäre er verpflichtet gewesen, die Staatsanwaltschaft über seinen Verdacht zu informieren. Aber das tat unterließ er.

Der Banker in Offenbach war trotzdem eine lobenswerte Ausnahme. Viele seiner Kollegen waren gerne bereit, uns zu helfen. In einer Wechselstube in Berlin z. B. hätten wir ohne Nachweis der Herkunft des Geldes jeden Wochentag italienische Lire umtauschen können. Beliebig oft, bis zu einem Gegenwert von 150 000 DM pro Tag. Mehr ging nur deshalb nicht, weil der Tresor der Wechselstube für höhere Summen nicht versichert war.

Ein anderes Beispiel: die Taunus-Sparkasse in Flörsheim. Hier wollte der Banker wissen, woher die 20 Milliarden Lire stammten, die wir angeblich in DM umtauschen wollten. Bei so großen Geldsummen brauche er entsprechende Unterlagen für Rückfragen seiner Zentrale. Das sei im Geldwäschegesetz vorgeschrieben. Deshalb hatte unser Vermittler einen Unternehmer eingeschaltet, der Kunststoff-Recyclinganlagen produzierte und kurz vor dem Konkurs stand. Der zeigte dem Banker Photokopien einer alten Anfrage eines rumänischen Betriebes, die sich für seine Recycling-Anlagen interessierte. Er erklärte dem Banker, dieser Betrieb wolle nun eine Anlage kaufen und Anzahlungen in Millionenhöhe leisten. Cash in italienischen Lire. Die sollten bei der Taunus-Sparkasse in DM umgetauscht, die DM an mich ausbezahlt werden. Begründung: Ich sollte mit dem Bargeld Maschinen für das angebliche Exportgeschäft kaufen. Natürlich konnten wir für die angeblichen Geschäfte keinerlei Verträge vorweisen. Der Filialleiter hielt unsere Ausführungen trotzdem für plausibel und war mit dem Geldtransfer einverstanden. Wäre das Geschäft zustande gekommen, wäre das ein klarer Verstoß gegen das Geldwäschegesetz gewesen. Der Recycling-Unternehmer hätte rund zwei Millionen DM cash und steuerfrei mit nach Hause nehmen und so seinen Betrieb vor der Pleite retten können.

Ähnlich wie in Flörsheim lief es bei anderen Banken ab. Insgesamt hatten wir am Ende unserer Recherche schriftliche Zusagen von einem Dutzend verschiedenen Bankern im In- und Ausland. Bei denen hätten wir 400 Milliarden Lire in rund 400 Millionen DM umwechseln und auf Konten einzahlen können.

Kein einziger Banker informierte Staatsanwalt oder Polizei. Daß die Bereitschaft so gering war, erscheint mir plausibel: Jede Bank verdient an großen Geldsummen, die sie in andere Währungen umtauscht und verwaltet. Und ein Banker, der in seiner Filiale Kunden betreut, über deren Konto Millionen fließen, macht schneller Karriere, weil seine Filiale hohe Umsätze und hohe Gewinne aufweisen kann. So erscheint es mir als ziemlich unsinnig, wenn der Gesetzgeber darauf baut, daß ausgerechnet Banken und Banker bei Verdacht auf Geldwäsche Polizei und Staatsanwalt informieren.

Bei so enger Kooperation von Geldwäschern, Bankern und Unternehmern ist die Erfolglosigkeit von Polizei und Staatsanwälten kein Wunder: 1994, im Jahr nach Inkrafttreten des Geldwäschegesetz wurden zwar über 2700 Ermittlungsverfahren wegen Verdacht auf Geldwäsche eingeleitet. Aber nur eine Handvoll Verdächtige wurde verurteilt. Ausschließlich kleine Fische. Und nur rund 10 Millionen DM aus Geldwäsche wurden eingezogen. Also rund 0,1 Promille der Summe, die hier jährlich gewaschen wird.

Die Investition einer jährlich dreistelligen Milliardensumme aus kriminellen Geschäften führt zu einem zunehmenden Einfluß krimineller Organisationen auf Industrie und Handel. Mit ein Grund, warum auch die Regierungsparteien jetzt eine moderate Verschärfung des Geldwäschegesetzes beschlossen haben. Allerdings dürfen sich Banken und Banker auch künftig weitgehend selber kontrollieren.

Kriminell erworbene Milliarden, die in den legalen Geldkreislauf zurückfließen, wirken aber auch stabilisierend auf die Wirtschaft. Krisen werden abgeschwächt, Betriebe vor dem Ruin bewahrt. Auch das schränkt die Bereitschaft ein, effektiver gegen Geldwäsche vorzugehen.

Banker helfen nicht nur bei der Geldwäsche. Einige gerieten in den vergangenen Jahren in Verdacht, ihre Kunden auch bei der Steuerhinterziehung zu unterstützen. Alle Banken dementierten das.

Auch hier habe ich – gemeinsam mit einer Kollegin – überprüft, wie sich Banker großen Steuerhinterziehern gegenüber wirklich verhalten. Wir haben bei verschiedenen Banken in Frankfurt a.M. und Nürnberg angerufen und schon am Telefon erzählt, wir wollten eine Million, die wir angeblich der Steuer hinterzogen hätten, ins Ausland bringen und vor der Steuerfahndung sicher anlegen.

Nur bei der Frankfurter Filiale der Bank in Liechtenstein bekamen wir keinen Termin. Die Bankerin riet uns, direkt nach Liechtenstein zu fahren. Sie könne uns keine Tips geben, weil sie nicht gegen deutsche Gesetze verstoßen wolle. In der Frankfurter Filiale der internationalen Bank von Luxemburg, der Bank Austria und der Nürnberger Filiale des Credit Suisse dagegen wurden wir ausführlich beraten. Bei allen Banken wurde uns empfohlen, unsere angebliche Million bar über die Grenze zu bringen und auf ein Konto bei der jeweiligen Steuerfluchtbank im Ausland einzahlen. Einzige Voraussetzung: Wir müßten bei der Cash-Einzahlung eine Auszahlungsquittung der Bank vorlegen, bei der wir das Geld abgehoben hätten. Den Beleg, so erklärten uns die Banker übereinstimmend, durften wir nach erfolgter Einzahlung unserer Million wieder mitnehmen. Wer Geld waschen will, hebt also eine Million vom Konto ab und kann dann gegen den Auszahlungsbeleg, den er ja jedesmal wieder mitnehmen darf, bei beliebig vielen Banken jeweils eine Million in bar einzahlen. Das Verfahren, so sagte mir ein Banker, funktioniert europaweit bei jeder Bank.

Die Bank Austria wollte uns sogar behilflich sein, weitere Steuern zu hinterziehen. Bei dieser Bank durfte ich dazu ein Konto unter einem falschen Namen eröffnen. Nur zwei Banker in der Zentrale der Bank Austria kennen meine wahre Identität. Bei allen Filialen der

Bank im In- und Ausland kann ich jetzt Geld auf ein Nummernkonto einzahlen und wieder abheben, das unter dem Namen Dr. Seefelder läuft. Solche Konten unter falschem Namen erschweren nicht nur der Steuerfahndung die Arbeit. Sie erleichtern auch die Geldwäsche.

In der Schweiz, in Österreich und Luxemburg kann das Bankgeheimnis zwar bei Straftaten wie Steuerbetrug aufgehoben werden. Das ist aber praktisch ohne Bedeutung, erfuhren wir bei unserem Bankentest. Bei keiner der Banken in den klassischen Steuerfluchtländern gab es in den vergangenen Jahren Anfragen der deutschen Finanzfahndung.

Jedes Jahr gehen dem Staat durch Steuerhinterziehung nach Schätzung der deutschen Steuergewerkschaft rund 140 Milliarden DM verloren. Dabei bringt ein Steuerfahnder oder Betriebsprüfer dem Staat zehn mal soviel Geld in die Kasse, wie er selbst kostet. Würden Tausende neu eingestellt, könnten also Milliarden zusätzlich in die Staatskassen fließen. Und auch durch schärfere Verfolgung von Geldwäsche könnte der Staat mehr Milliarden zusätzlich einnehmen, als er jetzt durch Kürzungen im Sozialetat einspart.

Aber anderseits ist verständlich, daß die Bundesregierung die Steuerfahndung nicht zu weit ausbauen und das Geldwäschegesetz nicht zu sehr verschärfen will. Dann müßten ja Tausende Unternehmer und Banker wegen Geldwäsche, Steuerhinterziehung und Beihilfe in den Knast.

»Das Geld ist im Eimer, aber der Eimer gehört der Deutschen Bank.«

Hilmar Kopper, Vorsitzender der Deutschen Bank zur Zeit der Schneider-Affäre.

Rolf Uesseler

Mafiose Ökonomie in Europa

Sprechen Medien und Politiker von mafioser Ökonomie in Europa, so haben sie kriminelle Organisationen im Sinn, die in der einen oder anderen Weise rechtswidrig wirtschaftlich tätig sind. Von diesen »Mafiosi« grenzen sie die guten Unternehmer ab. Unter denen gebe es zwar auch schwarze Schafe, und davon auch immer mehr; aber im Gegensatz zu den ersteren gingen Unternehmer, die sich nicht an die Gesetze hielten, dennoch ehrbaren Tätigkeiten nach.

Dieses allen vertraute und liebgewonnene Gut-Böse-Schema stimmt mit der Realität nicht mehr überein - wenn es je gestimmt hat.

Legales und illegales wirtschaftliches Handeln sind inzwischen komplementäre Größen geworden. Die Zeiten sind vorbei, in denen man mehr oder weniger scharf die Grenzen ziehen konnte zwischen den im Rahmen der Gesetze handelnden Wirtschaftssubjekten und der kriminellen Ökonomie. Heute arbeiten beide Sphären, falls man sie noch als zwei Sphären bezeichnen kann, nach dem gleichen Profitmaximierungsprinzip und tummeln sich sowohl im legalen wie im illegalen Raum. Natürlich sind die Ränder immer noch einigermaßen scharf markiert - ein Mercedes-Konzern wird zwar Steuern beispielsweise durch Gewinnauslagerung hinterziehen, aber er wird die Autos seiner Konkurrenz nicht klauen und verschieben; Hoechst stellt zwar weiterhin Arzneimittel her, die als Drogen zu gelten haben, wird deshalb aber keine strategische Allianz mit den Kartellen in Medellin schließen, nur um eine Monopolstellung auf dem Kokainmarkt zu erzielen. Umgekehrt wird die kalabresische n'drangetha keine größeren Aktienpakete von High-tech schmiedenden Kriegsgerätekonzernen kaufen, nur um ihre Stellung auf dem illegalen Waffenmarkt zu stärken; und die japanische yakuza steigt nicht persönlich ins Börsenmaklergeschäft ein, um die Profitmargen ihrer Anteile an Immobilien oder Pensionsfonds in die Höhe zu treiben.

Doch wenn man noch vor rund zehn Jahren sagen konnte, mit illegalen oder als illegal deklarierten Waren und Dienstleistungen handeln kriminelle Organisationen, legale Güter und Produkte dagegen werden von den allen bekannten Unternehmen im Rahmen der allen bekannten Marktwirtschaft produziert und vertrieben, dann stimmt dies so heute nicht mehr. Nicht nur, daß die einen vereinzelte Ausflüge in das Terrain der Anderen unternehmen, also die »Mafias« in die als legal definierten Wirtschaftsaktivitäten und die als normal geltenden Unternehmen in die kriminell gerichteten Aktivitäten, sondern zwischen diesen Wirtschaftssubjekten haben sich arbeitsteilige Prozesse entwickelt, sowohl komplementärer wie substitutiver Natur. Verschiebt man seinen Blick von den Rändern weg in die Mitte, dort wo das Gros wirtschaftlichen Handelns sich abspielt, so sieht man sich einer enormen Grauzone gegenüber. Hier sind die Umrisse von Legalität und Illegalität noch weniger auszumachen als die der schwarzen Cabs bei dichtestem Nebel in der Londoner City.

Diese Feststellungen sind nicht gerade beruhigend. Sie rufen unmittelbar Zweifel und Abwehrreaktionen hervor; denn wenn die Konturen verschwimmen, breiten sich Orientierungslosigkeit und Unsicherheit aus. Wenn die Grenzen zwar noch markiert, aber so verblaßt sind, daß man sie nicht mehr erkennt, so ruft das Ohnmachtsgefühle hervor. In einer solchen Situation stellt man sich zuerst die Frage, ob die getroffenen Behauptungen und Beschreibungen überhaupt stimmen, und man wird – menschlich, allzu menschlich – sofort Beispiele suchen und finden, die die Wirklichkeit nicht in einem gar so neblig grauen Licht erscheinen lassen. Widerstehen wir einmal dieser Versuchung und betrachten das düstere Gemälde etwas eingehender. Dann können neue Konturen sichtbar werden; Konturen, die wie bei einem Bild von Turner unter einem bestimmten Blickwinkel aus dem Nebel hervortreten.

Nichts wäre gefährlicher, als wenn alles – legales wie illegales Wirtschaften – ununterscheidbar in einem grauen Einheitsbrei ineinander verschwimmen würde. »Wenn überall Mafia ist, dann ist nichts mehr Mafia«, lautete eine unserer Parolen in der Anti-Mafia-Bewegung auf Sizilien.

Auf der Erscheinungsebene mit ihren Einzelfällen wie sie den Strafverfolgungsbehörden entgegentreten, findet man beispielsweise in den Polizeiberichten Spaniens und Englands, Deutschlands und Österreichs, Frankreichs und Italiens unzählige Hinweise auf mafiose Ökonomie. Selbstverständlich sind Unterschiede zwischen den einzelnen Ländern sowohl in quantitativer wie qualitativer Hinsicht festzustellen, weil Verstöße gegen international geltende Drogengesetze beispielsweise in den Niederlanden anders betrachtet und behandelt werden als jenseits des Ärmelkanals in Großbritannien. Andererseits sind die Unterschiede zwischen den einzelnen Mitgliedstaaten der EU auch wiederum nicht so bedeutsam, als daß man von einem Nord-Süd- oder Ost-West-Gefälle sprechen könnte.

Größere Verschiedenheiten sind bemerkbar, wenn man die Strukturen betrachtet, die mafiose Ökonomie in Europa steuern. Vor allem auf dem Gebiet der organisierten kriminellen Strukturen (zumeist reduktiv als »organisierte Kriminalität« aus der Polizeisprache bekannt) gibt es keine europäische Gleichverteilung. Hier zeigt sich ein deutliches Übergewicht der drei Organisationen des»mafiosen Typus« aus dem Mezzogiorno Italiens. Diese Feststellung gilt inzwischen aber nur noch insoweit, als man die in den EU-Mitgliedsländern genuin gewachsenen OK-Strukturen in Betracht zieht. Erweitert man die Palette um all die OK-Strukturen, die auf europäischem Boden tätig sind, so verschieben sich die Gewichte sogleich beträchtlich. Ein kurzer Blick auf die Landkarte der organisierten Kriminalität in der EU macht dies unmittelbar deutlich: Wenn Finnland z. B. wenig mit südamerikanischen Kokainkartellen in Berührung kommt, aber dafür um so mehr mit den »roten Mafias« aus der ehemaligen SU, so kennen Spanien und Portugal kaum tschetschenische oder russische »Mafiosi«, dafür aber um so mehr Drogenbosse aus Kolumbien; während man in England und den Niederlanden genau weiß (und nicht nur in für OK zuständigen Polizeikreisen), was chinesische Triaden sind, verbindet man damit in Italien eher eine neue Art von Frühlingsrolle. Um zu wissen, was sich vermeintlich oder tatsächlich an organisierter Kriminalität alles in Deutschland tummelt, muß man nicht die BKA-Berichte lesen, dazu reicht schon beim Zappen der kurze Blick in die unzähligen Krimiserien von »Wolfs Revier« oder »Balko« bis hin zu »Tatort« oder »Polizeiruf 110«. Was die süditalienischen Mafias nahelegen und in Deutschland besonders gut zu beobachten ist, ist die Tatsache, daß auch die mafiose Ökonomie Europa als einen einheitlichen Markt begreift und in ihm mit wachsender Geschwindigkeit länderübergreifend akquiriert, produziert und distribuiert. Hochgradig arbeitsteilig, versteht sich; denn auf diesem Markt hat der kriminelle Handwerker keine Chancen mehr, außer er ist genial und findet eine profitable Nische.

Wendet man sich der Warenpalette zu, die die mafiose Ökonomie im Angebot hat, so gibt es kaum noch etwas, was nicht illegal vertrieben wird und illegal/legal erworben werden kann: Gucci-Handtaschen und polnische Gänse, afghanischen Haschisch und haitianische Mädchen, brasilianische Papageien und amerikanische Computersoftware, tschechische Maschinenpistolen und japanische Immobilienfond-Anteile, russisches Plutonium und Parfum von Cardin, deutschen Sondermüll, flämische Maler und Erdöl aus Ghana.

Noch gibt es in der kriminellen Ökonomie einige große Mischkonzerne, wie zum Beispiel die neapolitanische Camorra, die nahezu mit allem und auf besonderen Wunsch mit dem Ausgefallensten handelt, was auf dieser Welt produziert wird. Dabei interessiert es überhaupt nicht, ob es sich auch um »illegale« Waren handelt. Die Unterschiede zwischen legal und illegal werden nur in den Profitraten sichtbar; es war schon immer etwas teurer, etwas Besonderes zu besitzen, und ein höheres Risiko kostet eben auch ein bißchen mehr. Insgesamt hat sich jedoch im letzten Jahrzehnt ein Trend zur Spezialisierung abgezeichnet. Zwar hat auch das »law enforcement« und seine, wenn auch noch rudimentäre, internationale Vernetzung dazu beigetragen, doch der treibende Motor in dieser Entwicklung waren die Kosten- und Konkurrenzstrukturen. Es macht heute betriebswirtschaftlich keinen Sinn mehr, von der Rohstoffgewinnung über die Verarbeitung bis hin zum Transport und Vertrieb alles durch eine Firma abwickeln und kontrollieren zu lassen, besonders wenn die einzelnen Wirtschaftsstufen auf alle fünf Kontinente und einige Dutzend Länder verteilt sind. Die mafiose Ökonomie folgt auch in diesem Punkt der allgemein zu beobachtenden Wirtschaftsentwicklung.

Was soeben für die Warenpalette festgestellt wurde, gilt mutatis mutandis auch für die Produktions- und Vertriebsstrukturen. Es wird zumeist arbeitsteilig global produziert und ebenso vertrieben. Allein das Heer der »white collar workers«, das in der mafiosen Ökonomie beschäftigt oder ihr angeschlossen ist, hat sich im Verlaufe des letzten Jahrzehnts enorm spezialisiert. Die mit illegalen Waffenverkäufen vertrauten Anwalts- und Notarsozietäten haben einen solchen Dschungel von nationalen Gesetzen, europäischen Vorschriften und internationalen Abkommen zu umgehen, daß sie sich nicht auch noch ausreichend im Menschen-, Arten- oder Organhandel auskennen können. Ihr Erfolg (und damit auch ihr Honorar) bemißt sich an ihren Fachkenntnissen und somit daran, wie weit sie das Risiko, daß eine illegale Transaktion ruchbar wird und in der Öffentlichkeit zu einem Skandal gemacht werden kann, gegen Null drücken können. (Apropos: Wenn im illegalen Drogenhandel trotz massiven Einsatzes von Polizei und Zoll die »Aufklärungsrate« offiziellen Angaben zufolge bei fünf Prozent liegt, so ist sie beim illegalen Waffenhandel weit unter einem Prozent anzusetzen.)

Aber der Trend zur arbeitsteiligen Spezialisierung ist nicht nur horizontal – d. h. entlang den Produkttypen, also Giftmüll, Kinderprostitution, Autoverschiebung – zu beobachten, sondern in zunehmendem Maße auch vertikal. Ein Beispiel mag genügen, um dies zu verdeutlichen. Beim Aufbau »marktwirtschaftlicher Strukturen« in der ehemaligen UdSSR haben die italienischen Mafias den russischen Mafias tatkräftig zur Seite gestanden, woraus sich strategische Allianzen entwickelt haben. Inzwischen – einige Entwicklungsstufen können übersprungen werden – erledigen die »roten Mafias« die Drecksarbeit im Drogengeschäft, und die dabei verdienten Narkodollars bewegen die »schwarzen Mafias« aus Palermo, Trapani und Agrigent. Wenn das Geld zum ersten Mal in hauseigenen Banken im neuen Zarenreich weißgewaschen ist, läßt es die italienische Mafia über ihre äußerst versierten Spezialisten, die an allen wichtigen Börsenplätzen der Welt präsent sind und gediegene Visitenkarten in der Hochfinanz vorweisen können, mehrmals um den Globus zirkulieren, um es (jeglicher Herkunft beraubt) profitabel dort in der »legalen Wirtschaft« anzulegen, wo sie strategische Positionen erobern möchte oder wo die höchsten Gewinnraten winken.

Illegales Wirtschaften ist eine Profitmaximierungsstrategie der Einzelkapitale mittels Senkung der Stückkosten im Verhältnis zum eingesetzten Kapital. Läßt man das »illegal« weg, so kann dieser Satz genauso gut für die legale Wirtschaft stehen. Es muß also ein Zusatz gemacht werden, der den Unterschied zwischen beiden benennt. Die Diskriminante konnte man bisher auf die Formel bringen, daß die mafiose Ökonomie sich zur Senkung der Stückkosten über gesetzliche Vorschriften (öffentliche Ausschreibungen. Abspracheverbote, Tarifverträge, Sozialleistungen, Sicherungsvorschriften am Arbeitsplatz etc.) hinwegsetzte. Inzwischen macht dies in verstärktem Maße, wie allseits bekannt, auch die legale Wirtschaft. Von »oben« wie von »unten« zertrümmern diese beiden Akteure mit wachsendem Erfolg das Regelwerk, die Schutzmaßnahmen und Rahmenbedingungen, die in Gesetze und Verordnungen gegossen in der Wirtschaft den Schutz aller Beteiligten sichern und dem Wohl aller dienen sollten. Der immer ohnmächtiger werdende Nationalstaat kann da nur hilflos zuschauen, wenn er nicht ohnehin beide Augen zudrückt oder, wie bekannt, häufig in eine andere Richtung guckt.

Ein Beispiel vermag diesen Zusammenhang vielleicht schneller zu verdeutlichen als abstrakte Analysen. Kampanien, das Land der Camorra um Caserta, Neapel und Salerno, ist die Region (einem deutschen Bundesland vergleichbar), die in Italien die höchste Arbeitslosenquote aufweist – fast 30 Prozent. Wer das Hinterland am Golf von Neapel kennt, den werden diese Zahlen nicht verwundern und auch nicht die Tatsache, daß er wenig Arbeitslose auf den Straßen finden wird. Denn für einen Arbeitsplatz, der in den letzten anderthalb Jahrzehnten in der staatlichen und privaten legalen Wirtschaft verloren ging, schuf – der Euphemismus sei erlaubt – die Camorra anderthalb neue Jobs in der illegalen Ökonomie. Wobei sich von selbst versteht, daß die neuen, zum Teil offen kriminellen Tätigkeiten in Entlohnung und sozialer Absicherung wenig Ähnlichkeit mit denen haben, die in gewerkschaftlich ausgehandelten Tarifverträgen niedergelegt sind. Dieser Boom wurde ermöglicht, weil sich die Camorra frühzeitig ein Quasi-Monopol auf dem Ökosektor gesichert hatte (vom nationalen/internationalen Handel mit toxischem Müll über sogenannte Umweltreparaturen bis hin zur einfachen Abfallbeseitigung). In Kampanien stehen gegenwärtig die Mutterhäuser der europäischen Öko-Mafias. Jeder ECU, den die Öko-Mafia in den Ländern der EU verdient, kostet den jeweiligen Staat bzw. dessen Bevölkerung rund 10 ECU, also das Zehnfache. Über 30 Milliarden DM setzt dieser Wirtschaftszweig mit seinem Freiwild an Lohnabhängigen allein in Italien um. Es ist damit zum Spitzenreiter der illegalen Ökonomie in Europa aufgestiegen und rangiert vom Umsatz her weit vor allen Drogenkartellen zusammengenommen.

Es bedarf wohl kaum großer Anstrengungen der Phantasie, um sich auszumalen, auf wie viele verschiedene Arten und Weisen hier im Öko-Sektor die Grenzen zwischen kriminell und legal sich überlappen und verschwimmen können. Bei illegal deklarierten Gütern (wie beim größten Teil der Drogen einfacher Machart, bei Menschenhandel und Artenschmuggel) scheint die Unterscheidung, was diesseits und was jenseits der Grenzen zum Erlaubten bzw. zum Unerlaubten liegt (und damit auch deren Überwachung) noch relativ einfach zu sein – obwohl hier auch inzwischen immer größere Schwierigkeiten auftauchen. Bei legalen Gütern jedoch, d.h. solchen, deren Produktion nicht verboten ist, wie Müll, Handtaschen, Rinderhälften oder Panzer, gibt häufig nur der mehrfache Blick ins Gesetzbuch Auskunft darüber, wann, wo, in welche Richtung oder auch in welcher schnell wechselnden politischen Konjunkturlage es opportun ist, als seriöser Geschäftsmann seine Waren zu vertreiben oder darauf zu verzichten oder – um nicht in den Ruf der Unseriosität zu kommen – sich eines Geschäftspartners zu bedienen, der für einen gewissen Risikoaufschlag bereit ist, auf dem unsicheren Boden zwischen Legalität und Illegalität tätig zu werden.

Nun zeigt eine Analyse der unzähligen Skandale, die die Länder der Europäischen Union allein im letzten Jahrzehnt hervorgebracht haben (und davon ist keines der inzwischen 16 Mitgliedsländer ausgenommen), daß hier nicht nur clevere bis skrupellose Geschäftsmänner die Unterschiede und Lücken in und zwischen den nationalen Gesetzgebungswerken ausnutzen und kriminelle Organisationen sich erst gar nicht um die Gesetze kümmern, weil sie die Wahrscheinlichkeit des Eintretens von Sanktionen im Vorhinein als Kosten in die Gewinn- und Verlustrechnung einkalkulieren. Auf der Bühne der kriminellen Ökonomie werden die Akteure immer zahlreicher, und es ist besonders bemerkenswert, daß immer mehr Akteure aus den staatlichen Institutionen kommen. Dieser Sachverhalt mag einen moralisch gefestigten Bürger empören, ist aber nicht verwunderlich. Jedem ist klar, daß der demokratische Rechtsstaat nicht nur Hüter der gesetzlichen und sozialen Ordnung ist, der die freie Entfaltung der Staatsbürger ermöglicht. Der Staat ist auch handelndes, von Eigeninteressen geleitetes Subjekt, und die ihn managenden Politiker (sowie in ihrem Gefolge die Staatsadministratoren, Beamte wie Angestellte) sind es erst recht, also von Eigeninteressen geleitete Subjekte.

Nun muß man nicht gleich von der schwierigsten Variante für die Aufklärung des angesprochenen Sachverhalts ausgehen, nämlich daß einige Politiker glauben, daß ihr persönliches Eigeninteresse das Handeln des Staates leiten sollte. Betrachten wir den einfacheren Fall, daß die Eigeninteressen des Staates (wie das allseits bekannte Gemeinwohl oder auch die äußere wie innere Sicherheit des gesellschaftlichen Ganzen) sein, des Politikers (Beamten/Angestellten) Handeln leiten. Ziehen wir der Einfachheit halber wieder ein Beispiel zu Rate: Wie verhält sich ein seinem Land verantwortlicher Politiker, dem bekannt ist, daß vor den Küsten Somalias unermeßliche Erdölschätze schlummern, angesichts der Bitte eines in innere Konflikte involvierten Kollegen um Waffenlieferungen, wenn die Weltöffentlichkeit, durch die Medien aufgepeitscht, von nichts anderem als dem Hungertod der Somalis redet und die internationalen Organisationen ein strikt einzuhaltendes Waffenembargo beschlossen haben? Als seinem eigenen Land verpflichteter Staatsmann wird er in der Regel mit entsprechendem Medienaufwand über humanitäre Organisationen Lebensmittel entsenden, um die Hungersnot zu lindern, und über nicht-öffentliche Kanäle der Bitte seines Kollegen um Waffen nachkommen, um dieses Feld nicht anderen zu überlassen, denen später dann die Waffenbrüder-Hilfe mit der Ausbeutung der Erdölfelder vergolten würde. Direkten Zugang zu den nicht-öffentlichen Kanälen haben diese Staatsmänner im allgemeinen nicht (außer man heißt Andreotti, Saddam Hussein oder Nixon), aber die »Intelligence Agencies« haben ihn, weil sie von Berufs wegen diese überwachen sollen, wollen oder dürfen. Nichts liegt also näher, als diese Kontakte und Kanäle zu nutzen, besonders wenn das in »höherem Auftrag« sogar geboten scheint, sich im Zweifelsfall sogar »Staatsräson« nennen darf.

Weiteren Aufschluß gibt folgendes Beispiel: Der äußerst versierte und clevere Realpolitiker Bettino Craxi, der den heute in voller Blüte entbrannten Krieg um den viel zitierten »Standort« auf diesem Globus schon um ein Jahrzehnt vorwegnahm, wußte, daß Standorte für die italienischen Unternehmen außerhalb der nationalen Grenzen in anderen Ländern an Versprechen, ans »do-ut-des«-Prinzip gebunden waren. Zwar sah man in Europa gar nicht gern (und verlieh dem mit entsprechenden Verboten Nachdruck), daß Argentinien seine Luftunterlegenheit gegenüber Großbritannien, die im Falkland-Krieg so augenfällig geworden war, durch französische Waffensysteme ausgleichen wollte. Doch Craxi legte sich erfolgreich für seine »brüderlichen Kollegen« in Südamerika ins Zeug und schloß die Lücke. Im Gegenzug durften nun italienische Firmen u.a. Schächte in den Boden von Buenos Aires treiben und der Millionenstadt ein modernes U-Bahn-Netz bescheren. Die Waffengeschäfte liefen aber nicht von Staat zu Staat, sondern von Privat zu Privat, wobei auf italienischer Seite die Verträge von eigens für solche Fülle gegründeten und auf solche Geschäfte spezialisierten Firmen der Sozialistischen Partei unterschrieben wurden, die einen Großteil der – bei solchen Aufträgen in Millionenhöhe anfallenden – Provisionen bzw. Vermittlungsgelder als Spenden an die Kasse der PSI überwiesen. Um keine Illusionen aufkommen zu lassen: Dies ist weder ein Einzelfall noch eine Ausnahme, sondern rund um den Erdball fast täglich geübte Praxis und auch in Italien trotz »sanfter Revolution« und trotz Mailänder Pools »Saubere Hände« weiterhin üblich; vielleicht mit etwas schlechterem Gewissen und weniger skrupellos.

Illegale Transaktionen auch auf staatlicher Ebene sind Alltag und unter den gegebenen Bedingungen, aus einem bestimmten Blickwinkel gesehen, sogar notwendig. Man steigt nicht wie die BRD zum zweitgrößten Waffenexportland dieser Welt hinter den USA auf, die Dritten und Vierten wie Großbritannien und Rußland weit hinter sich lassend, ohne sich »die Hände schmutzig zu machen«. Irgend jemand muß sich mit der Seite beschäftigen, die bei solchen Geschäften in den Bereich der illegalen oder »mafiosen« Ökonomie fällt, und diese Seite gibt es bei Waffentransaktionen fast immer – und sei es nur, daß ein Teil der Provisionen auf ein Spendenkonto der Partei des vermittelnden Politikers im Ausland gezahlt werden soll. Und hier verlangt die Logik, daß keine dilettantischen Organisationen am Werk sind, damit nicht bei der kleinsten geheimdienstlichen Konteroffensive des Konkurrenten der Staat gleich den Schein der Legitimität verliert, dessen er gegenüber den eigenen Bürgern bedarf.

Wie man sieht, ist das Problem der »mafiosen Ökonomie« hinsichtlich seiner Lösung etwas schwieriger, als daß es sich in ein Freund-Feind-Schema pressen, unter eine kritische Kapitalismusanalyse subsumieren oder hinter der geldgierigen Fratze des skrupellosen Unternehmers verstecken ließe. Es ist auch reichlich bequem, der Polizei und den Strafverfolgungsbehörden dieses Problem zu übertragen, weil von vorne herein klar ist, daß sie es nicht lösen können. Wenn man tatsächlich etwas tun will – unter anderem um die Arbeitslosenrate zu senken, den »rechtsfreien« Raum wieder einzuengen, Hunderttausende Menschen, vornehmlich Frauen und Kinder, vor der menschlichen Entwürdigung, der faktischen Versklavung zu bewahren – so wird es wohl unumgänglich sein, daß die Gesellschaft als Ganzes einen Diskussionsprozeß in Gang setzt, um zu klären, unter welchen Bedingungen und zu welchen Kosten sie bereit und willens ist, den eingeschlagenen Kurs beizubehalten. Ohne »Druck von unten«, ohne daß die Bürger ihre Verantwortung übernehmen, sind auch wohlmeinende Politiker, die nur noch als Mahner in der Wüste vorkommen, überfordert, aber auch überflüssig. Bloße Moralisten erst recht!

Elke Esders

Betrügereien im EU-Wirtschaftsverkehr zu Lasten des Gemeinschaftshaushalts

1. Einleitung

Die Veruntreuung von 854 Millionen DM Fördermitteln durch die Bremer Vulkanwerft sowie der Streit um zuviel gezahlte Fördermittel an VW zwischen dem Unternehmen selbst und dem Bundesland Sachsen einerseits sowie EU-Wettbewerbskommissar Karel van Miert andererseits haben die öffentliche Aufmerksamkeit auf Spannungen zwischen der nationalen und der EU-Ebene gelenkt. Das europäische Wettbewerbsrecht wurde in beiden Fällen verletzt oder unterschiedlich ausgelegt. Die EU beklagt durch nationale Maßnahmen herbeigeführte Wettbewerbsverzerrungen. Haushaltsmittel der Gemeinschaften sind jedoch nicht unmittelbar mißbraucht worden. Beide Fälle zeigen, daß Brüssel und die EU aus nationaler Sicht »weit weg«, vielfach gar als »Sündenbock« für nationale Defizite erscheinen, obwohl doch die Mitgliedsländer selber Bestandteil dieser Union sind.

Mein Beitrag befaßt sich nicht mit dem Wettbewerbsrecht, sondern mit Betrügereien zu Lasten des Gemeinschaftshaushaltes; Betrug in großem Umfang schert sich nicht mehr um Blickweisen von nationaler und internationaler Ebene, sondern findet länderübergreifend statt und ist meist international organisiert. Nach einer Beschreibung der Entwicklungen im EG-Haushalt sowie einzelner Betrugsfälle und einem Blick auf die Statistik werden Maßnahmen vorgestellt, welche die EU selber gegen den Mißbrauch ihres Haushaltes ergreift. Es folgen Überlegungen, warum sich die Betrugsbekämpfung derzeit so schwierig gestaltet, wie sich ständige Mißerfolge auswirken und welche Lösungsansätze es gäbe.

2. Haushalt der EG/EU und Haushaltskontrolle

Die Finanzierung der Europäischen Gemeinschaften erfolgte seit ihrer Gründung mittels Beiträgen von Seiten der Mitgliedstaaten, wobei die Haushaltskontrolle ebenfalls allein den einzelnen Mitgliedstaaten oblag. Wachsende Aufgaben und steigendes Finanzvolumen der Gemeinschaften machten neue Finanzierungsmodalitäten erforderlich und führten in den siebziger Jahren zum schrittweisen Übergang auf ein System der Eigenmittel. Hierbei wurde zunächst aus Agrarabschöpfungen und Zöllen ein Eigenmittelhaushalt der Gemeinschaften begründet, zu dem später ein Anteil der Mehrwertsteuer und des Bruttosozialproduktes der Mitgliedstaaten hinzukamen.

Die wichtigsten Einnahme- und Ausgabemechanismen der EU funktionieren in etwa folgendermaßen:

Um das in der EU – im Vergleich zu den niedrigeren Weltmarktpreisen – höhere landwirtschaftliche Preis- und Einkommensniveau aufrechtzuerhalten, müssen EU-Importeure für die Einfuhr von landwirtschaftlichen Produkten aus Drittstaaten sogenannte *Abschöpfungen* zahlen. Auf im Exportland subventionierte Waren werden bei der Einfuhr *Ausgleichszölle* erhoben, damit nicht bestimmte Unternehmen oder Produktionszweige wettbewerbsverzerrend begünstigt werden. *Antidumpingzölle* werden fällig, wenn Waren zu niedrigeren Preisen eingeführt werden, als sie auf dem heimischen Markt des Exportlandes erzielt werden. Diesen Einnahmen stehen *Ausfuhrerstattungen* gegenüber, welche den Landwirten beim Export von Agrarprodukten in Drittstaaten gewährt werden, um die Differenz zwischen hohem EU-Preis und niedrigem Weltmarktpreis auszugleichen.

Das wachsende Finanzvolumen (1994: 68 Milliarden, 1996: 81 Milliarden ECU) und die steigende finanzielle Unabhängigkeit der EG machten den Haushalt der Gemeinschaft attraktiver und anfälliger für betrügerische Handlungen. Die Kontrollmechanismen mußten entsprechend angepaßt werden: Über die nationalen Rechnungsprüfungsbehörden hinaus wurde dem Europäischen Parlament die politische Kontrolle über den Haushalt übertragen, welches 1979 dafür einen eigenen Ausschuß einsetzte; 1977 wurde ein Europäischer Rechnungshof errichtet; und die Kommission baute ihre Verwaltungskontrollfunktionen sowie ihre internen Finanzkontrollen aus.

3. Betrügereien gegen die finanziellen Interessen der Gemeinschaft

Die Kommission teilt die Bandbreite der betrügerischen Handlungen gegen den Gemeinschaftshaushalt in zwei Kategorien ein: in »isoliertes« Handeln von Wirtschaftsbeteiligten einerseits, die aufgrund des starken Wettbewerbsdrucks die einschlägigen EU-Regeln extrem weit zu ihren Gunsten »bis zur rechtlich zulässigen Grenze« auslegen, und in gemeinsames Handeln in betrügerischer Absicht andererseits. »Dahinter stehen entweder einzelne, die sich, weil ihre Machenschaften es erfordern, zu organisierten Gruppierungen zusammenschließen, oder Wirtschaftskriminelle (›Organisierte Kriminalität‹), die beträchtliche Ressourcen, u. a. finanzielle Mittel, mobilisieren können. Diese Art von Betrug hat grenzübergreifende Dimensionen; mitunter handelt es sich auch um getrennte, in mehreren Mitgliedstaaten aufgedeckte Fälle, die miteinander verknüpft sind und hinter denen ein und derselbe zunächst ›unsichtbare‹ Drahtzieher steht.«[1]

Betrügereien richten sich sowohl auf die Einnahme- als auch auf die Ausgabeseite des EU-Haushaltes. Im Bereich der Einnahmen finden sich klassische Zollbetrügereien. Während in früheren Jahren eher Falschdeklarierungen von Flächenstillegungen und landwirtschaftlichem Produktionsvolumen zu den vorherrschenden Betrugsfällen zählten, haben inzwischen »Betrugsfälle im Rahmen von Versandverfahren«[2] besondere Bedeutung gewonnen. Im Januar 1996 hat das Europäische Parlament zur Untersuchung von Betrügereien im Versandverfahren einen Ausschuß eingesetzt,[3] nachdem laut EU-Kommission von 1990 bis 1995 finanzielle Verluste für die Gemeinschaft und die Mitgliedstaaten in Höhe von 750 Millionen ECU entstanden waren.[4] Der inzwischen vom Parlament vorgelegte Abschlußbericht[5] reflektiert nicht nur die außerordentliche Komplexität

1 Europäische Kommission: Schutz der finanziellen Interessen der Gemeinschaft – Betrugsbekämpfung – Jahresbericht 1995 (Luxembourg: Amt für amtliche Veröffentlichungen), 1996, S. 53.

2 Vgl. hierzu: Mitteilung der Kommission über Betrugsfälle im Rahmen von Versandverfahren (29.03.1995).

3 Europäisches Parlament: Beschluß über die Einsetzung eines nichtständigen Untersuchungsausschusses, Amtsblatt C 7/1 vom 12.1.1996.

4 Mitteilung der Kommission über Betrugsfälle ..., a. a. O., im Rahmen von Versandverfahren (»320 Mio. ECU an eigenen Mitteln und 430 Mio. ECU an Mehrwertsteuern und Sonderverbrauchssteuern«).

5 Europäisches Parlament: Untersuchungsausschuß für das Gemeinschaftliche Ver-

dieser Betrugsformen, sondern verdeutlicht auch, daß es unmöglich ist, klare Zahlen über die Schadenshöhe auszumachen und daß selbst Schätzungen unterschiedlich vorgenommen werden.

Zweck des Versandverfahrens ist die Vereinfachung des Warenverkehrs. Dieses seit langem im europäischen Handel angewandte Instrument soll einerseits erlauben, Zölle und sonstige Abgaben zeitweilig dann auszusetzen, wenn Waren aus einem Drittland bzw. mit Ziel in einem Drittland über das Gebiet mehrerer EU-Mitgliedsländer befördert werden. Andererseits soll das Verfahren durch Leistung von Sicherheiten und durch zollamtliche Überwachung sicherstellen, daß Zölle und sonstige Abgaben doch erhoben werden, falls es bei dem Warentransit zu Unregelmäßigkeiten kommt.

In ihrem Jahresbericht 1995 zur Betrugsbekämpfung schildert die Kommission eine Reihe von aufgedeckten Fällen der betrügerischen Wiedereinfuhr europäischer Zigaretten, die rechtswidrig umgeleitet worden waren. So wurde z. B. mit Hilfe falscher Stempel in Portugal die zollamtliche Abfertigung von 92 Millionen Zigaretten aus Dänemark vorgetäuscht; die Höhe der hinterzogenen Steuern betrug etwa 15 Millionen ECU. Insgesamt wurden fast eine Milliarde Zigaretten in der gesamten EU beschlagnahmt, was einem Zollausfall von mehr als 180 Millionen ECU entspricht. Darüber hinaus sind in Portugal Ermittlungen »im Gange, wo 76 LKW-Ladungen Zigaretten nach mittel- und osteuropäischen Ländern nie von deutschen Ausgangszollämtern abgefertigt, sondern mit Hilfe von falschen deutschen Zollstempeln erledigt wurden (76 Millionen ECU hinterzogener Zölle). Auch sieben LKW-Ladungen nach der Schweiz kamen dort nie an (rund sieben Millionen ECU hinterzogener Zölle). In Portugal wurden acht Container desselben Schmuggelrings beschlagnahmt.«[6]

Für die Ausfuhr nach Osteuropa deklarierter quotenfreier Zucker wurde in einer Menge von 1375 Tonnen auf italienischem Hoheitsgebiet zurückbehalten. Zu dem finanziellen Mißbrauch kam, daß ein großer Teil des Zuckers rechtswidrig zur Weinbereitung verwendet wurde.[7]

---

sandverfahren, Abschlußbericht und Empfehlungen, A4-14-00053/97, PE 220.895/end. vom 20.2.1997.

6 Mitteilung der Europäischen Kommission: Schutz der finanziellen Interessen ..., a. a. O., S. 67.

7 Ebd., S. 56.

Beim sogenannten »Fleischkarussell«[8] wurde Lebendvieh aus Osteuropa zur Veredelung eingeführt. Statt der veredelten Produkte wurden allerdings Schlachtabfälle und Fleisch minderer Qualität nach Malta wiederausgeführt, dort zwischengelagert und anschließend in die Gemeinschaft wiedereingeführt. Auf diese Weise wurden nicht nur Abschöpfungen in Höhe von 18,5 Millionen ECU hinterzogen, sondern auch noch Ausfuhrerstattungen in Höhe von etwa 24 Millionen ECU rechtswidrig bezogen.

In einem anderen Fall sollte angeblich Butter aus der Tschechischen Republik zollfrei über Dänemark in Drittländer befördert werden. Es stellte sich heraus, daß ein in der Schweiz ansässiger Auftraggeber den größten Teil der Ware bestellt und Scheinfirmen auf den Bahamas, den Jungferninseln und in der Schweiz in Rechnung gestellt hatte. Es wurde mit gefälschten Zollpapieren gearbeitet, und die Ware wurde anschließend ohne Leistung von Zöllen und Agrarabschöpfungen, die ca. sechs Millionen ECU betragen hätten, wieder in die Gemeinschaft eingeführt. Ob zudem noch Ausfuhrerstattungen gewährt wurden, wird noch ermittelt.[9]

Neben dem Agrarbereich und den Versandverfahren sind auch alle anderen Haushaltsbereiche Betrügereien ausgesetzt. So unterschlugen z.B. der Direktor einer dänischen Bildungseinrichtung und ein thüringischer Beamter Gemeinschaftsgelder aus dem Europäischen Sozialfonds. Es war ihnen gelungen, das ausschließliche Recht zur Veranstaltung von grenzübergreifenden Bildungsmaßnahmen zu erhalten. Mit fiktiven Rechnungen wurde das Abhalten eines umfassenden Berufsbildungsprogramms vorgetäuscht.[10]

Im Bereich des Tourismus wurden 1995 zwei Kommissionsbeamte verhaftet, weil sie Bestechungsgelder für die Gewährung von Zuschüssen entgegengenommen und Gemeinschaftsmittel zweckentfremdet hatten.[11]

Auch die gemeinschaftlichen Präferenzregelungen im Außenhandel bieten Angriffsflächen für Betrügereien. Hierbei wird fälschlich ein Ursprungsland für importierte Ware angegeben, mit dem Präferenzregelungen bestehen, welche die Ware von Zöllen befreien. So sind von Juli 1993 bis April 1995 z.B. Hunderte von Millionen Compu-

8 Ebd., S. 59f.
9 Ebd., S. 62.
10 Ebd., S. 64.
11 Ebd., S. 65.

terdisketten chinesischen Ursprungs, deklariert als Ware aus Macao, zollfrei in die Union importiert worden. Es hätten Antidumpingzölle in Höhe von 18,7 Millionen ECU gezahlt werden müssen.

4. Ein Blick auf die Betrugs-Statistik

1995 stellten Kommission und Mitgliedstaaten mehr als 4750 Fälle von »Unregelmäßigkeiten« fest, die ein Schadensvolumen von 1100 Mio. ECU umfaßten. Seit 1992 ist damit die Zahl der ermittelten Fälle von 2146 über 2538 (1993) und 4132 (1994) ständig gewachsen. Die dabei hinterzogenen Gesamtbeträge stiegen wie folgt an: 204 Mio. ECU (1992), 403 Mio. ECU (1993), 1087 Mio. ECU (1994).[12] Zu diesen Entwicklungen schreibt die Kommission:»Global und vereinfacht gesprochen, kann man feststellen, daß (1995) der Betrug zum Nachteil des Gemeinschaftshaushalts bei den bekannten und aufgedeckten Fällen [...] einen Anteil von 1,4% des gesamten Gemeinschaftshaushalts nicht übersteigt.«[13] Abgesehen von den festgestellten Betrügereien liegen Schätzungen zum Mißbrauch von EU-Mitteln jedoch viel höher. So schreiben Müller/Wabnitz,[14] Mitglieder der EG-Kommission vermuteten, daß jährlich zehn Prozent des Gesamthaushaltes durch kriminelle Handlungen abhanden kommen.[15]

5. Maßnahmen der EU gegen Betrügereien im EU-Wirtschaftsverkehr

Es gibt kein einheitliches europäisches Strafrecht und keine einheitlich zuständige Ermittlungsbehörde, denn die Mitgliedstaaten haben Europol nicht die Aufgabe übertragen, Verstöße gegen den Schutz der finanziellen Interessen der EU zu bekämpfen. Zwar hat Europol im Rahmen der Bekämpfung des Organisierten Verbrechens indirekt eine Zuständigkeit für Fälle, die den EU-Haushalt betreffen können, doch die – zudem umstrittene – Europol-Konvention ist noch nicht von allen Mitgliedsländern ratifiziert worden.

12 Ebd., S. 96.

13 Ebd., S. 5 f.

14 R. Müller/H.-B. Wabnitz: Wirtschaftskriminalität – Eine Darstellung der typischen Erscheinungsformen mit praktischen Hinweisen zur Bekämpfung, München 1993, S. 15.

15 Ähnliche Angaben bei N. Catala (député): Lutter contre la fraude: un impératif pour la Communauté, Assemblée nationale, 23 février 1995, S. 7.

Trotz einiger Fortschritte in den letzten Jahren liegt die strafrechtliche Verfolgung von Vergehen und Betrügereien zu Lasten des Gemeinschaftshaushaltes sowie die Eintreibung mißbrauchter Mittel nach wie vor bei den Mitgliedsländern selber, die auch darüber entscheiden, ob es sich bei einem Fall um eine »Unregelmäßigkeit« oder einen Betrug handelt.

Der Vertrag über die Europäische Union (VEU) von 1993 legt in seinem neuen Artikel 209a fest, daß die Mitgliedstaaten »zur Bekämpfung betrügerischer Praktiken, die die finanziellen Interessen der Gemeinschaft schädigen, dieselben Maßnahmen (ergreifen sollen), die sie auch zur Bekämpfung betrügerischer Praktiken ergreifen, die ihre eigenen finanziellen Interessen schädigen.«[16] Hierzu sollen die Mitgliedstaaten ihr Vorgehen koordinieren und mit der Kommission und den zuständigen Behörden zusammenarbeiten.[17]

Schon im September 1989 hatte der Europäische Gerichtshof festgestellt, daß die Mitgliedstaaten gemäß Art. 5 des EWG-Vertrages nicht nur die Befugnis, sondern die Verpflichtung haben, Verstöße gegen Gemeinschaftsrecht in gleicher Weise zu ahnden wie solche gegen nationales Recht.[18] In seiner Rechtsprechung zeigte sich der Europäische Gerichtshof immer wieder darauf bedacht, die Mitgliedsländer zum Schutz des Gemeinschaftshaushalts in die Pflicht zu nehmen.[19]

Der im Juni 1997 auf dem EU-Gipfel angenommene Entwurf des Vertrages von Amsterdam (die Weiterentwicklung des Vertrages von Maastricht über die Europäische Union) geht einen großen Schritt weiter und überführt die Bekämpfung von Betrügereien gegen den Gemeinschaftshaushalt in das Gemeinschaftsrecht. Hierdurch kommt den EU-Institutionen eine größere Verantwortung zu. Die Anwen-

16 Art. 209a, VEU.

17 Vgl. Art. 209a II, VEU.

18 Rechtssache 68/88 Europäische Gemeinschaft gegen Griechenland, Jur. 1989 (2965) und Rechtssache C-326/88, Anklagemyndigheden et Hansen & Son I/S, EUGH, conclusions of the Advocate-General, 5. December 1989, Jur. 1990 (2911).

19 Vgl. auch Rechtssache 50/76, Amsterdam Bulb BV v. Produktschap voor Siergewassen, Jur. 1977 (1037), 14/83, von Colson and Kamman, Jur. 1984 und 79/83, Harz v. Deutsche Tradax GmbH, Jur. 1984 (1921), und zuletzt Rechtssache 240/90, Bundesrepublik Deutschland gegen Europäische Kommission (Urteil v. 27.10.1992) und C 104/94, Cereal Italia Srl (Urteil v. 12.10.1995).

dung des Strafrechts der Mitgliedstaaten bleibt von diesen Maßnahmen jedoch unberührt.[20]

Vorerst bleibt die Hauptverantwortung über den Gemeinschaftshaushalt bei den Mitgliedsländern.

Um ein koordinierteres und weniger differenziertes Vorgehen bei der Betrugsbekämpfung zu ermöglichen, hat die Kommission im Laufe der Jahre ihre Funktionen ausgeweitet. Sie hat seit Beginn der 80er Jahre Gemeinschaftsinspektoren eingesetzt zur Kontrolle, ob bei den wirtschaftlichen Tätigkeiten in den Mitgliedsländern Gemeinschaftsrecht eingehalten wird. Später wurden gemeinsame Kontrollbehörden zwischen Mitgliedsländern und Kommission geschaffen, welche stärkere Kontrollen vor Ort durchsetzen sollen.[21] Auf diese Weise wurde Sekundärrecht geschaffen und die Kontrollfunktion der Kommission verstärkt.

Zu den praktischen Maßnahmen der Kommission zur Vorbeugung und Verfolgung von Betrügereien gehört z. B., daß die einschlägigen gemeinschaftlichen Rechtsvorschriften überarbeitet werden, um deren Anfälligkeit für Betrug zu mindern.

Neben die für Finanzkontrolle zuständige Generaldirektion XX war bereits 1988 innerhalb der Kommission eine Koordinationseinheit zur Betrugsbekämpfung »UCLAF« (Unitié de Coordination de la Lutte Anti-Fraude) errichtet worden, die mittlerweile 125 Mitarbeiter und Mitarbeiterinnen umfaßt. UCLAF leitet Nachforschungen ein, unterstützt die Mitgliedsländer bei der Verfolgung von Betrugsfällen, organisiert Seminare für Beamte der Mitgliedsländer und macht Vorschläge für mögliche gesetzliche Regelungen.

1994 hat die Kommission eine neue Strategie der Betrugsbekämpfung angenommen, die auf vier Schwerpunkten beruht: Die Kontrollarbeit vor Ort soll intensiviert, die Zusammenarbeit zwischen Kommission und Mitgliedsländern verstärkt, der gemeinschaftsrechtliche Rahmen besser genutzt werden, und man will die einzelstaatlichen Rechtsordnungen kompatibler gestalten, um zu strafrechtlich schärferen Beurteilungen zu gelangen.[22]

Im Rahmen sogenannter »Task Forces« tauschen Experten der Mitgliedstaaten und der Kommission Informationen über Betrugsfälle

---

20 Vgl. Entwurf des Vertrags von Amsterdam, CONF/4001/97 vom 19. Juni 1997, »Änderung des Artikels 209 a EGV«, S. 76.

21 Vgl . Richtlinie 2262/84, Amtsblatt 1984, L 208.

22 Vgl. Europäische Kommission: Schutz der finanziellen Interessen ..., a. a. O., S. 4.

in besonders anfälligen Handelsbereichen aus. Darüber hinaus werden Ad-hoc-Gruppen eingesetzt, in denen Ermittlungsbeamte aus Kommission und Mitgliedsländern bestimmte Betrugsfälle bearbeiten können. Weitere Mittel der Kommission sind:[23]

- eine schwarze Liste mit Händlern und Unternehmen, die sich Betrügereien mit EU-Mitteln haben zuschulden kommen lassen;
- Satelliten-Überwachung von Ländereien und Anbauflächen, für die Subventionen gezahlt werden;
- verschiedene computergestützte Informations-Austauschprogramme, Datensammel- und Analysetechniken;
- offene Telefonleitungen, mittels derer Informanten anonym vertrauliche Informationen über vermutete Unregelmäßigkeiten übermitteln können;[24]
- Mittel zur Bezahlung von Informanten.

Im Dezember 1995 wurde im Rat im Rahmen des Gemeinschaftsrechts eine Verordnung über den Schutz der finanziellen Interessen der Europäischen Gemeinschaften angenommen, in der Verstöße gegen die gemeinschaftlichen Finanzvorschriften definiert und einheitliche verwaltungsrechtliche Sanktionen festgelegt werden. Einerseits ist dies ein Fortschritt, weil hiermit die Verhängung von einheitlichen verwaltungsrechtlichen Sanktionen durch die Kommission legitimiert wird; andererseits besteht keine Verpflichtung für die Mitgliedsländer, Sanktionen anzuwenden. Mangels Einigung wurden Einzelheiten über Modalitäten der Kontrollen aus dem Verordnungstext herausgenommen. Sie sollen im Rahmen einer weiteren Verordnung geregelt werden.

Außerhalb des Gemeinschaftsrechts, im Rahmen lediglich der Regierungszusammenarbeit zwischen den Mitgliedsländern, legt der VEU über Art. 209a hinaus »die Bekämpfung von Betrügereien im internationalen Maßstab« als Angelegenheit von gemeinsamem Interesse der Mitgliedstaaten fest.[25] Dies bedeutet, daß nur die Regierungen der Mitgliedstaaten, nicht aber die Gemeinschaft in diesen Fragen tä-

23 Vgl . hierzu: European Commission, UCLAF: 17 Questions on Fraud, Brussels, February 1995.

24 In den ersten 12 Monaten nach Einrichtung dieser gebührenfreien Nummer im November 1994 sind bei der Kommission über 4 000 Anrufe eingegangen; in rund 200 Fällen wurde eine eingehendere Überprüfung vorgenommen (vgl. Europäische Kommission: Schutz der finanziellen Interessen ..., a. a. O., S. 91).

25 Vgl. Art. K.1,7 VEU (im Bereich des sog. »Dritten Pfeilers« des VEU).

tig werden können, die Kommission kein Initiativrecht hat und es keine parlamentarische und rechtliche Kontrolle gibt, wenn die Mitgliedstaaten gemeinsame Schritte ergreifen.

Im Juli 1995 hat der Rat ein Übereinkommen über den Schutz der finanziellen Interessen unterzeichnet, zu dem anschließend ein Zusatzprotokoll zu Bestimmungen zur Rechtshilfe und ein weiteres Übereinkommen zur Korruptionsbekämpfung verhandelt wurden. Durch das erste Übereinkommen, das noch nicht ratifiziert wurde, verbleibt weiterhin die Hauptverantwortung für Maßnahmen gegen Betrügereien bei den Mitgliedsländern. Der Vorschlag der Kommission, im Rahmen des Übereinkommens einen eigenständigen Straftatbestand für Vergehen gegen den Gemeinschaftshaushalt zu schaffen, wurde vom Rat nicht aufgenommen. Die Mitgliedsländer können also auch auf dieser Grundlage einzelne Straftaten und Unregelmäßigkeiten unterschiedlich bewerten und entsprechend unterschiedlich Sanktionen verhängen. Das Europäische Parlament drängt deshalb schon lange auf mehr Kompetenzen für die EU-Institutionen, um gezielter und einheitlicher den eigenen Haushalt schützen zu können.

Und bei der Kommission bedauern Finanzkontrolleure, daß der VEU durch Festschreibung einer lockeren Regierungszusammenarbeit (Kapitel VI, VEU) im Bereich Justiz- und Innenpolitik womöglich noch hinter die vom älteren EWG-Vertrag gebotenen Regelungen zurückgefallen ist.[26]

Zusammenfassend kann man sagen, daß die Rechtsgrundlagen (und damit die Zuständigkeiten) für die Bekämpfung von Betrügereien im Rahmen des Gemeinschaftshaushaltes sich aus einer schwer überschaubaren Vielfalt von Texten und Vertragsinterpretationen zusammensetzen, die sich über den Bereich des Gemeinschaftsrechtes, den Bereich der Regierungszusammenarbeit und die verschiedenen nationalen Gesetzgebungen ziehen.

6. Schwierigkeiten bei der Betrugsbekämpfung

Daß trotz der dargestellten Verstärkungen der EU-Maßnahmen gegen Betrügereien der EU-Haushalt weiterhin anfällig bleibt, hat die verschiedensten Gründe.

---

26 Vgl. De Angelis in: A. Pauly (Hg.): De Schengen à Maastricht: voie royale et course d'obstacles, Maastricht 1996, S. 113 f.

Der Regelungs- und Verordnungswust der Gemeinschaft bietet Angriffspunkte für Mißbrauchtreibende und Kriminelle. Demgegenüber fehlen gemeinschaftsweite Standards für Kontrollsysteme.

Die unterschiedlichen Rechtstraditionen und -auffassungen, das unterschiedliche Strafrecht, aber auch Eigeninteressen der Mitgliedsländer, die selber Hauptzuständige für Ermittlung und Ahndung von Betrügereien gegen den EU-Haushalt sind, wurden bereits angeführt. Derartige Diskrepanzen können von Kriminellen leicht ausgenutzt werden.

Wenn auch nicht bei organisiertem Betrug, wohl aber im Bereich der Unregelmäßigkeiten, z. B. im Agrarbereich, sehen sich die Verwaltungsbehörden der Mitgliedsländer vor dem Dilemma, entweder mit der Staatsanwaltschaft zu kooperieren oder ihrer Landwirtschaft in den Rücken zu fallen. Müller/Wabnitz stellen fest, diese Kollisionslage führe dazu, daß zuständige Beamte häufig ihrer Mitteilungspflicht nicht nachkämen.[27] Sie weisen auch darauf hin, daß Gemeinschaftsmittel, die nationalstaatliche Maßnahmen ergänzen, häufig als solche nicht erkennbar sind, wenn sie z. B. in Bundes- oder Landesförderungsprogramme eingebunden sind. Strafverfolgungsbehörden mag auf diese Weise mancher Tatverdacht entgehen.

Wenn ein Schaden durch Rückzahlung einer gewährten Subvention wiedergutgemacht wurde, verneinen Finanz- und Verwaltungsbehörden mitunter den Tatbestand des Subventionsbetruges, was zu einer Desensibilisierung gegenüber dem Schutz des Gemeinschaftshaushaltes beiträgt.[28]

In seinem Jahresbericht zum Haushaltsjahr 1994 weist der Europäische Rechnungshof darauf hin, daß im Bereich des Sozialfonds »immer dann, wenn die Prüfungen zu dem Schluß kommen, daß eine durchgeführte Maßnahme nicht für die Gemeinschaftsfinanzierung in Frage kommt, die Mitgliedstaaten sie einfach durch eine andere Maßnahme ersetzen, häufig durch eine rückwirkende Finanzierung, so daß es keine wirksamen Sanktionen gegen die Behörden in den Mitgliedstaaten gibt, die nicht gewährleisten können, daß Gemeinschaftsmittel nur für genehmigte Zwecke und im Rahmen der vorher vereinbarten Pläne verwendet werden.«[29]

---

27 Vgl. R. Müller/H.-B. Wabnitz, a. a. O., S. 24 f.

28 Ebd., S. 25.

29 Vgl . Europäischer Rechnungshof: Jahresbericht zum Haushaltsjahr 1994 zusammen mit den Antworten der Organe, Amtsblatt der Europäischen Gemeinschaften,

Diese »Unregelmäßigkeiten« verdeutlichen, daß Behörden der Mitgliedsländer den EU-Haushalt vielfach als eine Quelle ansehen, die ohne Skrupel ausgebeutet werden kann.

Bezüglich der Betrügereien im Versandverfahren kritisiert der Europäische Rechnungshof, daß die von den nationalen Zollbehörden eingerichteten Kontrollen mangelhaft seien und die Kommission, die nicht über genügend qualifiziertes Personal verfüge, ihre Koordinierungsrolle nur unzureichend erfülle. Auch fehle es an gegenseitiger Unterstützung der Mitgliedstaaten. Diesen wirft der Rechnungshof zudem mangelnden Eifer beim Wiedereintreiben veruntreuter Mittel vor.[30]

Die dargestellte Kompetenzstreuung zwischen nationaler Ebene, Regierungszusammenarbeit und Gemeinschaftsebene trägt nicht dazu bei, daß ein Gemeinschaftsziel, nämlich der Schutz des EU-Haushaltes, konsequent verfolgt und umgesetzt wird. Kein Mitgliedsland wird geneigt sein, gegebenenfalls gegen eigene nationale Interessen zugunsten des Gemeinschaftsrechts zu handeln, wenn nicht garantiert ist, daß auch die anderen Mitglieder sich zur Betrugsbekämpfung dem Gemeinschaftsrecht unterzuordnen haben.

Von diesen Schwächen der Mitgliedsländer bei der Verfolgung von Unregelmäßigkeiten und Betrügereien profitieren wiederum international organisierte kriminelle Ringe.

Der Welthandel vollzieht sich global, so daß selbst einheitlicher funktionierende EU-Mechanismen nicht den Eigenheiten von Drittländern Rechnung tragen könnten. In Übereinkommen mit Drittländern nimmt die EU verstärkt Protokolle über gegenseitige Amtshilfe im Zollbereich auf (z. B. 1995: Tunesien, Marokko, Israel, Slowenien, transkaukasische Republiken und eine Anzahl von GUS-Staaten[31]), um Drittländer in die Pflicht zu nehmen. Bei den Ermittlungen erweisen sich allerdings Drittländer nicht immer als kooperativ.[32]

C 303, 14. November 1995, S. 7.

30 Ebd., S. 8 f., S. 27 f., S. 33 etc.

31 Vgl. Mitteilung der Europäischen Kommission: Schutz der finanziellen Interessen ..., a. a. O., S. 52.

32 Vgl . hierzu z. B. Europäischer Rechnungshof: Jahresbericht 1994, a. a. O., S. 25 f.

7. Schlußfolgerungen

Die Eindämmung von Betrügereien zu Lasten des EU-Haushaltes erfordert Schritte auf unterschiedlichen Ebenen:

Zu den technischen Maßnahmen auf EU-Ebene, welche die Kommission bereits begonnen hat, gehört die Reduzierung des Richtlinien- und Verordnungswustes. Mißbrauchtreibende und Kriminelle könnten dann weniger Vorteile aus einem oft unverständlichen und unklaren Regelungsnetzwerk ziehen, es wäre auch ein Schritt getan, um für die EU mehr Verständnis und Legitimation bei der Bevölkerung in der Gemeinschaft zu gewinnen.

Die Zuständigkeiten für die Betrugsbekämpfung müßten klarer geregelt werden. Während niemand in Abrede stellt, daß man international organisiertem Betrug nur international begegnen kann, verteilen sich die Rechtsgrundlagen für den Schutz der finanziellen Interessen über die nationale Ebene, die Regierungszusammenarbeit und die EG-Ebene. Ein gemeinsames Strafrecht, zumindest aber einheitlich definierte Straftatbestände, welche zu einheitlichen Sanktionen führen, müßten für alle Mitgliedsländer gelten. Erst einheitliche Beurteilungen von Straftaten und tatsächliche Rechtsanwendung und Strafverfolgung durch die Mitgliedsländer erhöhen die Glaubwürdigkeit der Länder und der EU, ernsthaft gegen Betrügereien im Gemeinschaftshaushalt einschreiten zu wollen. Zudem erschwert die Angleichung des Rechtsgefälles innerhalb der Union den Betrug präventiv, weil Kriminelle überall mit der gleichen Straftatbewertung und Sanktionierung zu rechnen hätten.

Der Gemeinschaft müßte die volle Zuständigkeit für den Schutz ihres Haushaltes übertragen werden, denn offensichtlich nehmen die Länder, bei denen derzeit die Hauptverantwortung liegt, diese Aufgabe nicht ernst genug. Wenn somit Betrugsbekämpfung im Rahmen des Gemeinschaftsrechts geregelt würde, könnten auch demokratische Kontrollen gewährleistet werden. Der Europäische Gerichtshof könnte für Fragen der Auslegung und für einzelne betroffene Bürger Rechtsschutz gewähren, und das Europäische Parlament könnte stärkere Haushalts- und Gesetzeskontrollfunktionen wahrnehmen. Auf diese Weise wäre ein derzeitiges Demokratiedefizit behoben. Inwieweit die Änderungen des Vertrages über die Europäische Union mittels des Entwurfs von Amsterdam diesen Vorstellungen und Forderungen entsprechen, wird man erst anhand der Praxis nach Ratifizierung des neuen Vertrages ermessen können. Auch könnten die - gewiß notwendigen - weitgehenden, an Geheimdienste erinnernden Initiativen der Kommission wie Satelliten-Überwachung, computergestützte Informations-Austauschprogramme, Datensammel- und Analysetechniken und Informantenbezahlung Kontrollen unterworfen und gegebenenfalls klar von polizeilichen Funktionen abgegrenzt werden.

In einer globalen Weltwirtschaft, in der auch Betrügereien über die Grenzen der EU hinaus organisiert werden, kann zwar die Union nicht alle Probleme allein lösen. Eine einheitlichere Union - wie oben beschrieben - würde jedoch einen stärkeren und einflußreicheren »global player« abgeben, als die EU jetzt schon ist, und eine verbesserte Zusammenarbeit mit Drittstaaten auch bei der Betrugsbekämpfung ermöglichen.

Einer der wichtigsten Schritte bleibt, mehr Legitimation und Vertrauen für die EU bei den Bürgern zu schaffen. Einerseits haben die Mitgliedsländer gemeinsam und freiwillig die Europäische Gemeinschaft geschaffen und zur Union fortentwickelt, es gibt viele Länder, die ungeduldig ihr beitreten möchten, und es besteht Konsens, daß nicht nur die Betrugsbekämpfung, sondern auch andere politische Fragen nurmehr international bearbeitet werden können, wie z. B. im Rahmen dieser Union. Andererseits sehen nationale Behörden die EU häufig als von den Mitgliedsländern unabhängige Institution an, die man schädigt, ohne die Interessen des eigenen Landes zu schädigen. Oft wird diese Union - auch von nationalen Politikern - als Gegner, wie z. B. der Fall des Bundeslandes Sachsen und VW zeigt, oder gar als Sündenbock für politische Defizite auf der nationalen Ebene dargestellt. Die Verdrossenheit der Bürger mit Europa muß hierdurch zunehmen, zumal den Menschen derzeit angesichts der dynamisch sich globalisierenden Weltwirtschaft und wachsenden Wettbewerbs immer mehr Sparzwänge mit der alleinigen Begründung auferlegt werden, dies erforderten die Konvergenzkriterien zur Schaffung der Europäischen Wirtschafts- und Währungsunion.

Ohne die EU-Institutionen aus der Pflicht nehmen zu wollen - denn auch sie müssen viel mehr dazu beitragen, das Vertrauen der europäischen Bevölkerung zu gewinnen - muß doch betont werden, daß nationalen Politikern hier eine führende Rolle zukommt. Nicht nur die Mängel, sondern auch die Errungenschaften der Gemeinschaft sowie ihr Nutzen müssen zur Darstellung kommen. Wie die Verhandlungen im Rahmen der Regierungskonferenzen gezeigt haben, sind sich die Regierungen der Mitgliedsländer einig, daß es trotz vieler Streitigkeiten ohne die EU nicht geht, und sie haben deshalb den Vertrag über die Europäische Union weiterentwickelt. Sie selbst gestalten die Union.

Die Bürger müssen sich mit der EU mehr identifizieren können, aber auch mit funktionsfähigen demokratischen Strukturen; denn schon machen nationalistisch fremdenfeindliche Parteien die Mängel der Union zum Wahlkampfthema und gewinnen damit Stimmen, wie die österreichischen Europawahlen vom Oktober 1996 gezeigt haben.[33] Auch haben Rechtsextreme schon das Thema Betrug aufgegriffen; sie bezichtigen (mitunter leider zurecht) verschiedene Politiker betrügerischer Machenschaften und der Korruption und stellen die Funktionsfähigkeit der Demokratie insgesamt in Frage. Um dem entgegenzutreten, müssen die Mitgliedsländer und ihre Vertreter sich ihrer Verpflichtung für Europa stellen und diese offensiv vertreten. Nur wenn die Politiker auch Solidarität gegenüber der von ihnen geschaffenen und fortentwickelten Europäischen Gemeinschaft zeigen, kann man dasselbe von den Bürgern erwarten.

»Der gute Kaufmann entspricht nicht mehr dem Bild aus den Buddenbrooks. Was wir heute haben, ist eher ein Kriegsschauplatz. Betrachten Sie nur mal die Autoindustrie.«

Dirk Rossmann, Chef einer Drogerie-Kette (»Hannoversche Allgemeine Zeitung« vom 17.3.1997).

33 FPÖ: 27,6% der Stimmen, gegenüber 29,6% für die ÖVP, 29,2% für die SPÖ, 6,8% für die Grünen und 5,5% für andere.

Erich Diefenbacher

Off-shore-Banking – Schutzzonen für Diktatoren Die Schweiz als Hort für geraubte Volksvermögen

Zur Kapitalflucht werden oft Briefkastenfirmen und »Off-shore«-Banken eingeschaltet. Was ist »Off-shore Banking?« Brockhaus definiert das Off-shore-Geschäft zutreffend als »internationales Geldgeschäft, das nicht den nationalen Reglementierungen oder Institutionen unterworfen ist«. Es geht immer um äußerst diskrete Operationen, von denen Dritte und vor allem die Behörden des Heimatstaates keine Kenntnis bekommen sollen, sei es aus fiskalischen Gründen oder weil das Geld krimineller Herkunft ist. Wesentlich ist, daß in Off-shore-Staaten bei solchen Geschäften keine oder nur nominelle Steuern anfallen und das Gesellschaftsrecht Anonymität garantiert.

Umfangreiche Finanztransaktionen werden zwar de facto im Heimatstaat, formell aber (auf dem Papier und in der Buchhaltung), also fiktiv, außerhalb der heimatlichen Staatshoheit abgewickelt – über Banken mit Sitz in kleinen oder unterentwickelten Staaten ohne eigene Wirtschaft. Auf diese Weise werden Milliardenbeträge an der Steuerpflicht des Heimatstaates vorbeimanövriert. Dagegen gibt es bisher weder national noch international ernsthafte Vorkehrungen. Die über Briefkastenfirmen und Off-shore-Banken in einem Jahr gewaschene Geldmenge kriminellen Ursprungs läßt sich naturgemäß nur schätzen oder erahnen. Man kann allein in der Bundesrepublik davon ausgehen, daß es sich um dreistellige Milliardenbeträge handelt. Die Unterscheidung zwischen »normal kriminell« zu waschendem Geld und »Fiskalwäsche« ist äußerst schwierig, wenn nicht unmöglich.

Obwohl die Schweiz kein »Mini-Staat« wie Liechtenstein, Monaco, Gibraltar o. ä. ist, muß man die Eidgenossenschaft doch auch als Off-shore-Steuer- und Finanz-Oase betrachten. Die fortschreitende Konzentration der wirtschaftlichen Tätigkeit auf Dienstleistungen insbesondere auf dem Gebiet Bankgeschäft, Vermögensverwaltung und -beratung, zeigt das deutlich auf; und vor allem eine spezielle Art von Dienstleistungen erregt trotz des offiziellen Bemühens um absolute Geheimhaltung immer wieder Aufsehen: der Schutz der massiven

Kapitalflucht ausländischer Potentaten aller Schattierungen – vom Negus von Abessinien zum Schah des Iran, von »Doc« Duvalier aus Haiti über Mobutu aus Zaire bis zu Ceausescu aus Rumänien. Hier bei den kriminellen, aber »diplomatisch« auf Regierungsebene hochgeachteten Räubern von Staats- oder sonstigem Gemeineigentum (der Begriff »Volkseigentum« ist verpönt) und den »privaten« Kapitalflüchtlingen – ich nenne nur die Namen Horten, Thyssen und Zwick – liegt eine der Hauptquellen des Schweizer Bankensystems.

Das Schweizerisch-Liechtensteiner Tarnsystem für Fluchtgelder

Die Schweiz bildet mit dem Fürstentum Liechtenstein eine Währungsunion, aber zugleich hat Liechtenstein ein eigenes Gesellschaftsrecht zur versteckten Anlage von Vermögen. Daraus ergeben sich hervorragende Möglichkeiten für Anlagen auch illegalen Kapitals.

Ein Hauptziel der Kapitalflüchtlinge ist es, Teile ihres Vermögens oder Einkommens dem Zugriff des Fiskus zu entziehen. Der Heimatstaat des Steuerflüchtlings soll das zur Seite geschaffte Kapital nicht mehr mit seinem wirklichen Eigner in Verbindung bringen können.

Hierzu geeignet ist die Übertragung der Vermögenswerte auf eine juristische Person. Eine sehr häufig gewählte Rechtsform ist die »Stiftung« nach speziell liechtensteinischem Rechtsverständnis«. Im Gegensatz zur Stiftung nach deutschem und auch schweizerischem Recht kann die Liechtensteiner jederzeit aufgelöst werden. Auch darf der Stifter sich selbst begünstigen und als einziges Entscheidungsorgan der Stiftung fungieren, also mit dem Stiftungsvermögen machen, was er will. Es fehlt außerdem jegliche amtliche Stiftungsaufsicht. Und weil die sogenannten »nicht kaufmännisch tätigen Stiftungen« in der Regel nicht im Öffentlichkeits-Register eingetragen werden, bleiben sie sowohl gegenüber Gläubigern und Angehörigen (auch Erben) als auch gegenüber dem ausländischen Fiskus geheim. Auskünfte kann nur bekommen, wer ein »berechtigtes Interesse« nachweist, also ein vom Stiftungszweck Begünstigter. Da der Stifter sich selbst begünstigen kann, besteht die Möglichkeit, daß nach dessen Tod niemand weiß, daß ein solches Vermögen existiert. Eine echte Stiftung trennt den Stifter von seinem Vermögen ein für allemal und garantiert dem Nutzer den Genuß.

Die nur »hinterlegte Stiftung« ist nicht buchführungspflichtig; damit entfällt die Pflicht zur Vorlage von Bilanzen bei der liechtensteinischen Steuerbehörde und zur Bestellung einer Kontrollstelle. Ein solches Gebilde ist gleichsam luft- und wasserdicht. Oft ist es – und das gilt speziell auch bei den Raubvermögen ausländischer Potentaten – als Holding-System ausgebaut, d.h. als Leitorgan zur Beherrschung und Verwaltung weiterer Off-shore-Gesellschaften.

Konstruktion und Funktionsweise einer Off-shore-Stiftung

In groben Zügen funktioniert ein solches Sitzgesellschaftssystem unter der sach- und raffkundigen Leitung einer Schweizer oder Liechtensteiner Bank gewöhnlich wie folgt:

a) Der ausländische Kapitaleigner gründet, in Zusammenarbeit mit einer Bank und/oder Treuhandgesellschaft in der Schweiz oder Liechtenstein und/oder einer der beruflichen Schweigepflicht unterworfenen Person (Treuhänder, Rechtsanwalt oder Notar), eine dem Liechtensteiner Gesellschaftsrecht unterliegende Körperschaft mit fiktivem juristischem Sitz in Liechtenstein.

b) Im Namen dieser Off-shore-Körperschaft[1] (anstelle des wirklichen Kapitaleigners) werden alsdann Konten bei einer Liechtensteiner oder Schweizer Bank eröffnet. Bei allen nachfolgenden Banktransaktionen wird ein von der Bank vorgeschlagener »Treuhänder« alle Banktransaktionen durchführen. (Die Banken nennen das eine »normale« Dienstleistung«.)

c) Durch Verwendung solcher Briefkastenfirmen, auch einer »Stiftung« oder eines Trusts als Holdinggesellschaft, kann jede gewünschte bzw. benötigte Anzahl von Untergesellschaften gegründet werden. So lassen sich die Aktivitäten auffächern, wobei die Verteilung der Finanzmittel getarnt bleibt – ideal für geraubtes Volksvermögen wie für die Beute von Groß-Steuerhinterziehern. Bei den meisten bedeutenden Vermögen, die in Off-shore-Länder einschließlich Liechtenstein oder in die Schweiz überführt werden, wird auf diese Art und Weise verfahren, natürlich auch mit Hilfen von »Sitz-Gesellschaften« in anderen Off-shore-Staaten. Beispiele sind oder waren die Familie Pahlavi (Ex-Schah von Iran), der philippinische Marcos-Clan, Doc Duvalier aus Haiti, Mobutu aus Zaire und, wie nachträglich bekannt wurde, der unter merkwürdigen Umständen verstorbene Medienzar Robert

1 Es gibt neben der eingetragenen und nicht eingetragenen Stiftung in Liechtenstein eine Anzahl von weiteren diskreten Einrichtungen, »Treuunternehmen«, »Trust«, »Anstalt«, »Gesellschaft ohne Persönlichkeit« »Treuhänderschaft« sowie die »normale« Art von juristischen Personen wie in anderen Ländern (GmbH, Aktiengesellschaft etc.).

Maxwell. Nicht zuletzt die deutschen gewerkschaftseigenen Körperschaften »Neue Heimat« und »Co op« erregten Aufsehen durch die Verwendung zahlreicher Liechtensteiner und Schweizer Briefkastenfirmen, die den Managern dazu dienten, Gewinne und Beteiligungen verschwinden zu lassen. So war z.B. der verstorbene Herrscher im verblichenen Gemeinwirtschaftsbereich, Dr. h.c. Walter Hesselbach, ein begabter Briefkastenfirmen-Organisator.

Auch die Devisenmanager der ehemaligen DDR haben die diskreten Institutionen des »Klassenfeindes« auf dem Gebiet des Off-shore-Finanzwesens in der Schweiz gern und in großem Umfang genutzt, so virtuos, daß, wenn man entsprechenden Meldungen der Medien glauben kann, die Strafverfolger von DDR-Regierungskriminalität und die Bundesvermögensverwaltung nach wie vor nicht in der Lage sein sollen, alle DDR-Off-shore-Anlagen aufzuspüren, um die Gelder dem bundesdeutschen Staatssäckel zuzuführen.

Beispiel: 14 Milliarden Dollar, die der Marcos-Clan veruntreute

Die Schweizerische Kreditanstalt (SKA) – heute »Crédit Suisse Groupe« – half dem philippinischen Diktator Ferdinand Marcos, Hunderte von Millionen Dollar außer Land zu schaffen und gut getarnt anzulegen. Mag sein, daß der Ruf granitener Diskretion dessen Vorliebe für die Schweizerische Kreditanstalt förderte; kann sein, daß ihn auch die intensiven persönlichen Avancen der SKA-Manager einnahmen. Zahlreiche Hinweise inniger Verbundenheit mit diesen Leuten fanden sich jedenfalls, kaum war der Despot ins Ausland geflüchtet, in Marcos' Schlafzimmersafe in Manila und in seinem Reisegepäck. Mit Akribie gesammelte Visitenkarten in mehrfacher Ausführung zeugten von den regelmäßigen persönlichen Besuchen der SKA-Direktoren beim lieben Kunden Marcos. Der Diktator hatte sich handschriftlich die Privatnummern der Zürcher Herren notiert. Über 100 Seiten Briefe, Kontenauszüge, Codewortlisten und Verträge (die der Zeitschrift »bilanz« vorliegen) belegen die enge geschäftliche und persönliche Liaison.

»Kleptokrat Marcos« (US-Kongreßmitglied Stephen Solarz) hatte den Bankiers einiges zu bieten. Zwanzig Jahre lang plünderten Marcos und seine Günstlinge die ehemalige US-Kolonie so gründlich aus, daß heute 75 Prozent der Filipinos unter der Armutsgrenze leben und das Vermögen des Marcos-Clans auf 17 Milliarden Dollar geschätzt wird.

Marcos zweigte skrupellos Gelder direkt aus der Staatskasse und aus Geheimdienstfonds ab, leitete 15 Prozent von japanischen Kriegsreparationszahlungen auf sein Konto um, unterschlug Weltbank-Gelder und US-Wirtschaftshilfen, bediente sich angeblich auch aus den Goldvorräten der Zentralbank und brachte einen beträchtlichen Teil der Wirtschaft im Kriegsrecht unter seine Kontrolle. Neben der SKA verwalteten auch der Schweizerische Bankverein (SBV), die Genfer Privatbank Lombard, Odier & Cie., die (ebenfalls zum Crédit Suisse gehörende) Bank Hofmann, Zürich, die Genfer Paribas und einige weitere Banken Marcos-Gelder.

Beim Schweizer Bankverein allein stehen einige Dutzend Millionen in Konten, für die auf Vorschlag der SBV-Obern die etwas abseits der großen Finanzplätze liegende Freiburger Filiale zuständig war. Marcos legte sich für den SBV-Verkehr den Namen John Lewis zu und verwendete eine falsche Unterschrift. Ging's zur Sache, sprach Marcos nie von »Geld« oder »Millionen«, sondern immer nur von »Arzneimitteln«. Die Gelder wurden vom Bankverein in den drei Liechtenstein-Stiftungen »Arelma«, »Mahler I« und »Mahler II« versteckt und von zwei SBV-Direktoren direkt verwaltet.

Als ein neues Schweizer Rechtshilfegesetz in Kraft trat, schlugen die Banker vor, die Gelder unter neuem »Stiftungs«- und Firmentitel in Panama unterzubringen. Zudem schoben sie einen »unabhängigen Anwalt« zwischen Marcos und die Bank – der sollte sich im offensichtlich erwarteten Rechtshilfefall auf sein Berufsgeheimnis stützen können.

Die ersten vier Konten bei seiner Schweizer Hausbank SKA eröffnete Marcos schon am 20. März 1968, knapp drei Jahre nach Amtsantritt. Zwei Konten lauten auf Marcos, ein weiteres auf den Decknamen »William Saunders«, das vierte auf das für Ehefrau Imelda stehende Pseudonym »Jane Ryan«. Alle Korrespondenz über die Konten mußte, so verfügte der Diktator, in doppeltem Umschlag an einen Antonio Martinez, Postfachadresse, gerichtet werden. 1970 wurden die vier Konten in eine eigens gegründete Liechtensteiner »Stiftung Sandy« überführt.

Stiftungsräte wurden die SKA-Herren. Um die Camouflage perfekt zu machen, übernahm der SKA-Mann Markus Geel, Nummer zwei im Rechtsdienst, persönlich gleich noch die Gründerrolle – als Nachfolger von Marcos. Der war damit gänzlich aus seiner eigenen Stiftung verschwunden. Eine »wasserdichte« (Banker-Jargon) Konstruktion:

Finden sich nicht durch eine Nachlässigkeit des Besitzers Dokumente, ist der nicht mehr auszumachen.

Für SKA-Sprecher Jörg Neef ist das aufwendige Verstecken von Kundengeldern ein »völlig normaler Vorgang: Wir erbringen eine Dienstleistung. Stiftungen sind vor allem in den 60er und 70er Jahren ein gängiges Vehikel gewesen. Daß wir auch den Nachfolger für den Stifter stellen, ist nur zum Vorteil des Kunden«. Neef und auch Sandy-Stifter Geel bestätigen, daß es heute noch immer »viele Stiftungen zur Verwaltung von Kundengeldern gibt«. Schließlich, so Neef ungerührt, sei Marcos ein »ganz normaler Kunde« gewesen.

Daß die Hunderte von Millionen Schweizer Franken, die der Despot anschleppte, kriminellen oder zumindest dubiosen Ursprungs waren, hätten die Banken freilich wissen müssen. Marcos' Praktiken waren seit Beginn seiner Amtszeit umstritten. Amerikanische Nachrichtenmagazine bezeichneten schon die erste Wahl Marcos' als »eine der brutalsten und korruptesten« in der philippinischen Geschichte. Bereits 1968 deckte der damalige philippinische Senator Salonga den »Benguet-Bahamas-Skandal« auf; der Präsident hatte sich widerrechtlich bereichert. Bei der Schweizer Bankenkommission, so ist im Eidgenössischen Justiz- und Polizeidepartement zu hören, sollen Dokumente liegen, die belegen, daß die SKA vom Reparationsbetrug Marcos' gewußt habe. Ein Zürcher Bankdirektor gewunden: »Es scheint zumindest wenig wahrscheinlich, daß die (Banken)-Frontleute über den Ursprung des Vermögens ahnungslos waren.«

Dies sind schwerwiegende Vorwürfe, welche die Banken in den Geruch der Hehlerei und der Beihilfe zum Betrug bringen. Doch SKA-Sprecher Neef beteuert: »Ich bin in langen Gesprächen in die Verantwortlichen gedrungen – sie haben von nichts gewußt. Wir kannten immer die Identität des Kunden. Und Marcos war ein Präsident in Amt und Würden, ein starker Verbündeter der USA, ein Ehrenmann erster Güte«. Zweifel am Ehrenmann kamen erst kurz vor dem Sturz. Die SKA soll in den letzten Jahren einmal einen Goldtransfer von selbst für Banker »überraschendem Volumen« abgelehnt haben (vgl. »Berner Zeitung«, Nr. 282/1986, S. 13).

Raubgeld und Raubgold

Berichte über »herrenlose« Konten, die von den Nazis ermordeten Juden gehört hatten und von den Banken sang- und klanglos vereinnahmt worden waren, über die Vernichtung schwer kompromittierender Akten durch die Schweizerische Bankgesellschaft sowie über Goldreserven, die von der Hitler-Regierung während des Zweiten Weltkrieges aus den Staatsbanken Belgiens, Hollands, Ungarns und anderer Staaten geraubt und von der Schweiz willig als Sicherheit für Devisenkredite entgegengenommen worden waren, führten zu einem gewaltigen Prestige-Verlust für die Schweiz. So schrieb das Schweizer Nachrichtenmagazin »Facts« (Nr. 39 vom 26.09.1996, S. 18ff): »Der häßliche Schweizer, geldgierig, unsolidarisch, egoistisch.«

Die Schweiz riskiere, zum Paria Europas zu werden, meinte der britische Parlamentarier Greville Janner. »Was mögen die Schweizer? – Käse, Uhren und Nazigold« titelte die große Londoner Abendzeitung »The Evening Standard« maliziös. Die »Daily Mail« formulierte unverblümt: »Im Katalog der Beleidigungen ist es wohl der größte Schimpf, wenn man beschuldigt wird, die Moral eines Schweizer Bankiers zu besitzen.«

Daß bis heute Berichte über Hehlertätigkeiten der Schweizer Banken unentwegt weitergehen und Bestätigung finden, gehört zur Realität eines verkommenen Finanzplatzes. Der nötige politische Eingriff in der Zukunft ist nicht auszuschließen. Zumal selbst die Wirtschaftspostille NZZ zum Eidgenössischen Bettag auf der Frontseite schreibt: »Das Leben und das Gewissen sind wohl zwei verschiedene Gesichtspunkte der Wirklichkeit. Aber sie gehören zusammen: ein Leben ohne Gewissen mündet in die Barbarei. Bloße Vitalität ist eine Utopie, ja eine Lüge. Andererseits gilt auch: ein Gewissen ohne Leben versteinert das Dasein. Das Gewissen soll lebendig sein wie das Leben gewissenhaft.« Das ist noch kein Sommer, aber eine Schwalbe. Wenn der Schweizer seine Sucht verliert, von allen als Musterknabe betrachtet zu werden, so wird aus dem häßlichen Zwerg vielleicht im nächsten Jahrtausend doch noch ein ansehnlicher Europäer.

Inzwischen ist auch der langjährige Diktator des Kongo-Zaire gestürzt, der unter Anleitung des früheren Schweizer Finanzministers und Crédit Suisse-(SKA)-Verwaltungsrats Nello Celio viele Milliarden der kongolesischen Volkswirtschaft veruntreut und in Schweizer Banken (natürlich auch unter Liechtensteiner Tarnbezeichnungen) angelegt hatte. Nolens volens hat die Schweizer Regierung unter internationalem Druck »bei Schweizer Banken etwa vorhandene Guthaben« Mobutus gesperrt. Diese lendenlahme Anordnung hat bisher nur zur »Aufdeckung« von vier Millionen Schweizer Franken und zur Sperrung der Mobutu-Villa in Céligny am Genfer See geführt.

III. Ausbeutung

Leo Mayer

Deregulierung und Globalisierung als Angriff auf die Arbeitnehmerrechte

Sind die Grenzen zwischen legalem und kriminellem wirtschaftlichen Handeln nicht selten unscharf, so gilt dies noch viel mehr für die Arbeitsbeziehungen. Der Unternehmer kauft die Ware Arbeitskraft und erwirbt damit das Recht, sie zu nutzen. Es liegt in der Natur der Sache, daß die Arbeitskraft mehr Wert produziert, als sie selbst wert ist. Mit dem Arbeitsvertrag erwirbt der Unternehmer das Recht, sich dieses Mehrprodukt anzueignen. Wann ist die Nutzung der Arbeitskraft also kriminell?

Auf der Hand liegt, daß es sich bei Sklaven- und Kinderarbeit – beides Erscheinungen, die nicht der Vergangenheit angehören, sondern im Zeitalter der Globalisierung sogar noch zunehmen – um kriminelle Nutzung der Arbeitskraft handelt.

Wenn der Präsident des Bundesverbandes der Deutschen Industrie (BDI), Hans-Olaf Henkel, äußert: »Heute vereinbaren schon zwei Drittel aller Metall-Betriebe im Osten tarifliche Sonderkonditionen mit ihrem Betriebsrat. Auch das ist eigentlich verboten. [...] Es macht mir zunehmend Sorge, daß immer mehr Unternehmen sich im rechtsfreien Raum bewegen; irgendwann kommen wir deshalb nicht darum herum, diesen Zusand über ein geändertes Betriebsverfassungsgesetz zu legalisieren«, dann kommt darin schon ein gebrochenes Rechtsverständnis zum Ausdruck. Der Bankräuber verlangt, die Gesetze seinem Treiben anzupassen.

Als die Unternehmer 1996 mit der Kürzung der Lohnfortzahlung im Krankheitsfall die Tarifverträge brachen, wurde dies von der veröffentlichten Meinung und den »Rechtsexperten« toleriert. Erst mit den Arbeitsniederlegungen bei Daimler kam in den Medien auch eine andere Rechtsauffassung zu Wort. Der Vertragsbruch wurde eingestellt.

Gerade im Arbeitsrecht gilt, daß es sich bei Rechtsfragen um Machtfragen handelt. Die Frage »Was ist kriminell?« löst sich auf in eine Frage des Kräfteverhältnisses. Und so will ich auch mein Thema leicht abwandeln in »Deregulierung und Globalisierung als Angriff auf das Kräfteverhältnis zwischen Kapital und Arbeit«.

Die Verschiebung des öffentlichen Bewußtseins in Richtung der Verwertung der Arbeitskraft als einzigem Sinn der menschlichen Existenz kommt in folgendem Stellenangebot zum Ausdruck:

> »Ihr Fußballteam spielt meist ohne Sie.
> Neue Kinofilme sehen Sie nur in der Zeitung.
> Auf dem letzten Sommerfest haben Sie auch wieder gefehlt.
> Und wofür das alles?
> Für Aufgaben, die Ihren Kopf herausfordern [...] Denn als DV-Controller/in bieten wir Ihnen freie Hand, das Beste aus unserer Datenverarbeitung herauszuholen.
> Mercedes-Benz Finanz GmbH« *»Computerwoche«, 8.9.95*

Freies Wochenende, geregelte Arbeitszeit – »Samstags gehört Vati mir« –, Werte, die das private und soziale Leben prägten, erscheinen nur noch als Relikt der Vergangenheit. Die totale Unterordnung unter betriebliche Bedürfnisse – gewissermaßen der »eindimensionale« Mensch – wird zum Werbeargument.

»Programm für mehr Wachstum und Beschäftigung«, schrieb die Bundesregierung auf eines der Bonner »Sparpakete«. Eine grobe Irreführung, denn:

- Weitere Arbeitsplätze werden vernichtet.
- Kranke sollen für ihr Schicksal zahlen. Sie werden dadurch zwar nicht gesünder, aber ärmer.
- Alle sollen bis zur Rente länger arbeiten; noch weniger junge Menschen bekommen einen Arbeitsplatz.

Unter dem Stichwort »Deregulierung« sind zwei Punkte zu nennen:

- Die Aushöhlung des Kündigungsschutzes erleichtert das Heuern und Feuern. Das schafft zwar keine Arbeitsplätze, aber erzeugt Unsicherheit und Angst.
- Bis zu zwei Jahren können Arbeitsverträge befristet und bis zu

dreimal gekettet werden; auftragsorientiert vergrößern und verkleinern sich die Belegschaften, und die Kluft zwischen Stammbelegschaften und Randbelegschaften wird noch größer.

Das Bonner Sparpaket ist das aktuellste Beispiel, wie mit dem Argument der Globalisierung soziale Rechte zerschlagen werden.

Schaut auf Amerika, sagen sie, dort liegt unsere Zukunft: Dort gibt es keine gesetzliche Sozialversicherung, und es wird auch für wenig Geld gearbeitet. Also schauen wir auf Amerika: Mit jedem Arbeitsplatz steigt die Zahl derer, die von ihrer Arbeit nicht mehr leben können. Und die Clinton-Regierung hat zur Sicherung der Wettbewerbsfähigkeit der US-Wirtschaft der spärlichen sozialen Unterstützung den Garaus gemacht.

Zwischen 1979 und 1995 wurden in den USA über 40 Millionen Arbeitsplätze – meist aus dem Bereich gutbezahlter Facharbeiter, Handwerker und Angestellten – abgebaut. Im gleichen Zeitraum wurden zwar mehr Arbeitsplätze geschaffen. Aber diese neuen Arbeitsplätze siedeln entweder im Niedriglohn-Bereich oder aber in den hochbezahlten Etagen der High-Tech- oder Finanz-Spezialisten. Rund ein Viertel der Beschäftigten hat keine reguläre Vollzeitstelle. Sie arbeiten – meist unfreiwillig – als Teilzeitkräfte, Zeitarbeiter oder Scheinselbständige. Jeder zweite Stellensuchende kann nur noch mit einer befristeten Kurzzeitbeschäftigung rechnen.

Arbeit muß billiger werden, rufen die, die uns Amerika oder Asien als Vorbild empfehlen. »Wir müssen die Leute zwingen, Arbeitsplätze anzunehmen«, meint der »Sozialexperte« der CDU, Julius Louven (»Bild«, 13.9.96). Damit alles akzeptiert wird, muß zunächst die Arbeitslosenhilfe runter und die Sozialhilfe, die Annahme schlecht bezahlter Jobs muß erzwingbar sein; das Gefühl der Sicherheit muß zerstört werden. Warum sollen die Leute sonst arbeiten? Und so entsteht ein Klima, in dem Marktliberale die Arbeitslosenunterstützung und Sozialhilfe auf Almosen umstellen, erworbene Rechte durch Nächstenliebe ersetzen wollen – die es aber in einer Gesellschaft, in der jeder der Konkurrent des anderen ist, nicht mehr gibt.

In den USA liegen 18 Prozent der Beschäftigten mit ihrem Arbeitseinkommen unter der Armutsgrenze. »Working poor« wird diese neue Erscheinung genannt. Viele müssen deshalb zwei oder drei solcher Jobs annehmen, um finanziell über die Runden zu kommen.

Auch in Deutschland kommt es schon vor, daß Kolleginnen und

Kollegen nach Arbeitsschluß weiter durch die Büros und Werkshallen ziehen – beschäftigt in einem Zweitjob bei einer Reinigungsfirma.

Wir schauen auf Amerika: Mit jeder Entlassungswelle klettert der Aktienkurs. Amerika ist unsere Zukunft, und wir sind auf dem besten Weg. »Conti verdoppelt Gewinn und baut Mitarbeiter ab«, diese Überschrift könnte über den meisten Firmenberichten stehen.

Beim Heizkesselbauer Viesmann wird für gleichen Lohn länger gearbeitet; dafür geht er mit seinem Werk nicht nach Tschechien. Bei Mercedes in Kassel werden die Löhne um fünf Prozent gekürzt, obwohl Mercedes im selben Jahr einen Gewinn von 2,3 Milliarden Mark erwartet. Gegenleistung: Mercedes verzichtet bis zum Jahr 2000 auf betriebsbedingte Kündigungen.

Immer mehr Firmen entziehen sich der Wirkung des Tarifvertrages. Zwischen 1984 und 1994 sank der Organisationsgrad in Arbeitgeberverbänden im Metallbereich um zwölf Prozent. In Ostdeutschland ist der Tarifvertrag häufig nur noch Makulatur. Viele Firmen bezahlen keine Tariflöhne mehr; von den Arbeitszeiten gar nicht zu reden. Bei IBM in Mainz haben von den 2500 Beschäftigten 1000 einen Werkvertrag als »Selbständige« oder einen Leiharbeitnehmervertrag. Auf der Großbaustelle der Münchener Messe arbeiten von 1000 Bauarbeitern noch ca. 100 unter tarifvertraglichen Bedingungen. Mit Werkverträgen mit ungarischen, polnischen Firmen wird der Tarifvertrag ausgehebelt.

Was wurde uns nicht alles mit dem Europäischen Binnenmarkt 1992 versprochen: Wachstum, Beschäftigung, Wohlstand – 1,8 Millionen Arbeitsplätze sollten mit dem Binnenmarkt entstehen, die Bruttoinlandsproduktion der EG werde um 4,5 Prozent steigen, die Inflation gedämpft und die öffentlichen Haushalte würden entlastet.

Die realen Fakten zeigen, daß der frische Wind, der mit dem Europäischen Binnenmarkt und mit dem Vertrag von Maastricht in die Wirtschaft kommen sollte, nicht einmal ein schwaches Lüftchen war. Die heutige Realität: 50 Millionen Menschen leben in der EU in Armut; 20 Millionen Menschen sind arbeitslos; jeder fünfte Jugendliche zwischen 16 und 25 ist ohne Arbeit.

Für die herrschende Argumentation liegen die Gründe auf der Hand: fehlende Wettbewerbsfähigkeit und Standortnachteile.

Das Rezept liegt damit fest: Lohnkosten senken, Sozialstandards und Staatsausgaben reduzieren, Umweltauflagen verringern und vor allem die Arbeitsmärkte deregulieren.

Mit den im Maastricht-Vertrag vorgeschriebenen Konvergenzkriterien wird ganz Europa einem neoliberalen Anpassungsprogramm unterworfen. Von Schweden bis Italien, von Spanien bis Griechenland, in Frankreich und Deutschland, in den Niederlande oder in Belgien, überall geht es um Kürzung der Reallöhne und Renten, Streichungen bei den Sozialleistungen und im Bildungs- und Kulturetat, Flexibilisierung der Arbeitszeiten und der Arbeitsverhältnisse, Karenztage und Kürzung des Urlaubs, Privatisierung öffentlicher Dienstleistungen und der sozialen Sicherung.

Für die Organisation für wirtschaftliche Zusammenarbeit und Entwicklung (OECD) kann das Bonner Sparpaket nur ein Anfang sein, wenn Deutschland die Maastricht-Kriterien erfüllen will. Sie empfiehlt dringend weitere Einschnitte in das soziale Netz und Abbau des kollektiven und individuellen Kündigungsschutzes.

Aber da ist auch noch das große Hemmnis des Tarifvertrages. Allgemeinverbindlichkeit, Unabdingbarkeit tariflicher Regelungen, Nachwirkung der Tarifgebundenheit bei Austritt aus dem Unternehmerverband - all dies soll weg. Unternehmen sollen mit Einverständnis des Betriebsrates von den tariflichen Regelungen abweichen können. Bundeswirtschaftsminister Rexrodt tritt für eine völlige Aufhebung der Arbeitszeitregelungen in Tarifverträgen ein: Die Arbeitszeiten sollten zwischen Arbeitgeber und Arbeitnehmer völlig frei vereinbart werden können. Auch Arbeitszeiten von 60 Stunden und mehr in der Woche seien für ihn dann vorstellbar. Arbeitnehmer müßten auch die Möglichkeit haben, auf Urlaub zu verzichten oder am Wochenende zu arbeiten (»Süddeutsche Zeitung«, 18.7.94).

Tarifverträge bedeuten kollektiven Schutz vor Unternehmerwillkür. Der einzelne ist nur so stark, wie Tarifvertrag und Gewerkschaft die Rechte und die Würde der Arbeitnehmer zu schützen vermögen. Tarifverträge bedeuten ein Stück Freiheit für die arbeitenden Menschen. Ein Stück Freiheit, das in harten, opfervollen Kämpfen dem Kapital abgerungen wurde. Die Stärke der deutschen Gewerkschaften hängt untrennbar mit dem Tarifvertragsystem zusammen. Der Angriff auf Tarifverträge richtet sich unmittelbar gegen die Gewerkschaften.

In der Zeitung »aktiv« fordert der Vorsitzende der bayerischen Metallunternehmer, »Tarifverträge gründlich zu entrümpeln«, um den »Widerspruch zwischen Wettbewerbsfähigkeit und Tarifpolitik« aufzulösen. Viele Betriebsräte, Gewerkschafter und Belegschaften machen die Erfahrung, daß dieser Widerspruch zwischen Wettbewerbsfähigkeit und Menschenrechten auch mit der Verlagerung ins Ausland aufgelöst wird. Nicht nur klassische transnationale Konzerne wägen ihre Investitionen unter globalen Standortvorteilen ab, sondern auch Zulieferer versuchen, mit den dominierenden Konzernen zu den weltweit verteilten Produktionsstätten mitzugehen. Die Billiglohnregionen Osteuropas liegen zudem direkt vor der Haustüre.

In transnationale Unternehmen - wobei schon ein Unternehmen mit einem einzigen Standort im Ausland als transnationales Unternehmen gilt - sind weltweit 65 Millionen Menschen beschäftigt. Rechnet man die Zulieferer noch hinzu, dann handelt es sich um 150 Millionen Beschäftigte.

Von den weltweit ca. zwei Milliarden Beschäftigten arbeiten 1,2 Milliarden in ungeschützten Arbeitsverhältnissen. Sozial geschützte Arbeit - in unterschiedlichsten Niveaus - gibt es nur in »Oasen« der Weltwirtschaft.

Die Internationale Arbeitsorganisation (IAO) ermittelte, daß weltweit 820 Millionen Menschen arbeitslos sind. Nur 120 Millionen sind offiziell als arbeitslos registriert.

Dem Kapital steht weltweit ein ungeheures Heer an Arbeitskräften zur Verfügung. Und erstmals erlauben moderne Kommunikationstechnologien und Transportmittel dem transnationalen Kapital, weltweit die billigsten Arbeitskräfte, die besten Absatzmärkte und die günstigsten politischen Bedingungen zu suchen. »Wachstumszonen werden wir dort haben, wo in einem liberalen Umfeld Kapital und Know-how grenzüberschreitend auf billige Rohstoffe und preiswerte Arbeitskräfte treffen«, schreibt die »Siemens-Zeitschrift« (3/1993).

Weltweit kann die gleiche Technologie angewandt werden. Und die gleiche Technologie ist rentabler in Ländern mit niedrigeren Lohnkosten und längeren Maschinenlaufzeiten. Auf dieser Basis setzt sich eine globale Entwertung der Arbeitskraft durch.

Weltwirtschaft gab es schon immer. Aber heute ist die Weltwirtschaft vernetzt wie nie zuvor. Über die Welt verstreut verbinden Transnationale Konzerne in einem konzerninternen Netzwerk die technologischen Vorteile mit Niedriglohn in auswärtigen Standorten und organisieren Zulieferungen und Produktion über verschiedene Unternehmen in der ganzen Welt.

Ich darf am Beispiel der Chip-Produktion dazu stichwortartig aus einem Interview der Siemens-Zeitschrift mit dem Geschäftsführer der

Siemens Components Singapur zitieren. Er antwortet auf die Frage nach den Gründen für den Aufbau der Chip-Fertigung in Singapur: »[...] die Infrastruktur – Telekommunikation, Energie- und Wasserversorgung sowie das Transportwesen funktionieren hervorragend. Verbreitung der englischen Sprache. [...] ein sehr gutes Bildungswesen [...] stehen hier Fachkräfte in einem Maß zur Verfügung, wie man es sonst nur in hochentwickelten Industrieländern findet. [...] politisch ein sehr stabiles Land [...] Somit haben wir hier ein sehr sicheres soziales Umfeld, und wir haben auch keinerlei Sorge, daß sich daran Entscheidendes ändern wird [...] Für uns ist z. B. entscheidend, daß wir hier in der Lage sind, unseren Betrieb 365 Tage jeweils 24 Stunden laufen zu lassen, [...] die Fertigungskosten etwa um 40% niedriger liegen. Die größte Einsparung ergibt sich dabei aus den deutlich niedrigeren Personalkosten [...]«

Auf die Frage nach der Zusammenarbeit mit den europäischen Fabriken im österreichischen Villach und im bayerischen Regensburg antwortet er: »Wir sind mit unseren Partnerbetrieben über Datenleitungen zu einem durchgehenden System der Fertigungssteuerung und -überwachung vernetzt. In Villach kann man z. B. jederzeit verfolgen, wo der Baustein X für den Kunden Y heute in unserer Fertigung ist. Wir können andererseits alle notwendigen Informationen in Villach abrufen. Die gesamte Vorausplanung und das Einplanen in die Fertigung läuft über dieses System. Wir haben außerdem einen Austausch an Testdaten, so daß die Information, die bei uns aus den Tests gewonnen wird, zeitgleich in Villach bereitsteht. [...] bei einem dermaßen exzellenten Flughafen wie dem in Singapur kann man davon ausgehen, daß alles, was um 16 Uhr das Endfließband verläßt, am nächsten Tag um 10 Uhr in unserem Distributionslager in Fürth (bei Nürnberg) liegt. – Wir sind gerade dabei, ein IC-Design-Center (Chip-Entwicklungszentrum) aufzubauen. [...] weil man hier IC kostengünstiger entwerfen kann als in Europa [...] werden Entwicklungsaktivitäten für 80 bis 100 Mitarbeiter aufbauen« (»Siemens-Zeitschrift«, 3/1993).

In Südost-Asien arbeiten gegenwärtig ca. 45 000 Menschen in Siemens-Betrieben. In den nächsten vier Jahren soll der Personalbestand auf 70 000 vergrößert werden.

Am 4.6.1996 äußert der VW-Vorstandsvorsitzende Piech in einem Interview der »Süddeutschen Zeitung«: »Natürlich haben wir da leader und looser und spielen die gegenseitig in der Auslastung aus. Wer führt, also die geringsten Kosten hat, wird bis an die Halskrause ausgelastet, und wer schlecht ist, muß rationalisieren, bis er gut ist [...] Plötzlich kommt zum Beispiel aus der Tschechischen Republik ein gleich gutes Auto, wie wir es in Deutschland bauen, aber es ist 10 oder 20 Prozent preiswerter. Da muß uns etwas einfallen [...] Es geht nichts daran vorbei, daß wir aus dem Osten deutsche Qualität mit koreanischen Preisen bekommen.«

Betriebsräte kennen die Rechenbeispiele mit den Lohnkosten zur Begründung von Auslandsverlagerungen. Prof. Giersch, Direktor des Weltwirtschaftsinstitutes Kiel, erklärte: »[...] einfache Arbeit kann in Deutschland auf Dauer nicht höher entlohnt werden als auf dem indischen Subkontinent.« In der Perspektive gilt dies allerdings nicht nur für einfache Arbeit.

Da sind die Software-Entwickler in den indischen Filialen von Hewlett Packard, Texas Instruments, IBM, Siemens, die mit Qualifikation auf Weltniveau und indischem Lohn nachts die Grenzen auf Datenleitungen überwindend in den Computern europäischer oder US-amerikanischer Konzerne Computerprogramme entwickeln und testen. Es ist doch viel einfacher und billiger, den Arbeitsplatz eines Softwareentwicklers oder eines Buchhalters zu verlagern. Im Vergleich zum Aufbau einer Produktionslinie stellt der Anschluß eines PC mit Ausnahme einer modernen Telefon- bzw. Datenleitung keine besonderen Anforderungen an die Infrastruktur; von den Kosten gar nicht zu reden.

In der bereits vorher genannten »Siemens-Zeitschrift« (3/1993) heißt es: »Wir haben in Indien hervorragende Ingenieure, was zur Gründung unseres neuen Softwarehauses in Delhi führte. Dort arbeiten derzeit über 100 Software-Ingenieure sehr erfolgreich mit Lohnkosten, die nur etwa 10 bis 15% der deutschen Kosten betragen.« Die »Zeit« (10.12.1993) zitiert einen Siemens Manager: »Die Russen bieten uns neuerdings schon Informatiker für fünf Dollar pro Tag an.«

Wir befinden uns in einer Abwärtsspirale des weltweiten Lohn- und Sozialdumpings. Die jeweils schlechtesten Bedingungen werden zum Maßstab für alle.

Mit der Deregulierung und Öffnung der Märkte geht eine Verschärfung des internationalen Konkurrenzkampfes und ein verstärkter Druck auf die Arbeitskraft einher: längere und flexible Arbeitszeiten, Schicht- und Wochenendarbeit. In einem gnadenlosen Konkurrenzkampf um Weltmarktanteile verdrängen die Konzerne mit den kürzesten Entwicklungszeiten, den fortgeschrittensten Technologien, den niedrigsten Produktionskosten und Preisen und dem verzweigtesten Vertriebssystem ihre Konkurrenten vom Markt. Der Preis, den die Gesellschaft zu zahlen hat, ist immens, denn verdrängt wird vor allem der soziale und politische Schutz der menschlichen Arbeitskraft.

Die Entwicklung der Kommunikations- und Informationstechnologie erlaubt tiefgreifende Veränderungen in den Unternehmensstrukturen. Selbst bei einem weltweit verzweigten Konzern stehen die wirtschaftlich wichtigen Daten der betrieblichen Einheiten – wie z.B. Auftragsbestand, Kapazitätsauslastung, Marktentwicklung, Kostensituation, Währungsschwankungen – in der Konzernzentrale immer aktuell zur Verfügung. Gestützt auf diese Informationen können die strategischen Konzernentscheidungen in einem immer kleineren Kreis getroffen werden, während die operative Umsetzung und Verantwortung immer weiter dezentralisiert werden kann. Überall wird das Risiko verlagert auf kleinere, flexiblere Einheiten. Die großen Konzerne werden in kleine selbständig operierende und selbst bilanzierende Einheiten zerlegt, ohne daß die Zentrale die Kontrolle verliert. Der Siemens-Konzern nimmt sich vor: »Wir wollen nicht mehr der große unbewegliche Dampfer sein, sondern ein Flottenverband aus 250 flinken und für sich verantwortlichen Schnellbooten. Sie müssen nicht Unternehmen mit einheitlichen Rechtsformen sein, aber sämtliche Ressourcen haben, um erfolgreich zu sein« (Heinrich v. Pierer, Vorstandsvorsitzender der Siemens AG, nach »Siemens Welt«, 8-9/1995). Ist ein »Schnellboot« dann für den Gesamtkonzern nicht profitabel genug, wird es versenkt.

Nicht nur die Betriebsräte unter uns kennen das Problem der Ausgliederung von Abteilungen, der Vergabe von Arbeiten an Fremdfirmen, der Unternehmensaufspaltungen. Arbeiter und Angestellte, die in lohnabhängiger Beschäftigung Dienstleistungen wie z. B. das betriebsinterne Post- und Transportwesen erledigten, werden auf einmal – vielleicht noch mit einem Kredit der Firma – zu selbständigen Unternehmern, ohne daß sich ihre Tätigkeit geändert hat. Im gleichen Betrieb – vielleicht gar in der gleichen Produktionslinie – gelten auf einmal unterschiedliche Tarifverträge, sind verschiedene Gewerkschaften zuständig. Betriebsverfassungsrechtlich handelt es sich um unterschiedliche »Arbeitgeber« und Betriebe. Der »Betriebsbegriff« – Gebäude mit einer Mauer darum, und wer darin arbeitet, gehört zum

Betrieb – löst sich auf. »Teleworker« werden aus der ganzen Welt in einem »virtuellen Unternehmen« zur Realisierung eines Projektes zusammengeschaltet. Nach Abschluß gehen sie auf der Suche nach Arbeit auf Wanderschaft – nicht mehr wie die Großväter als wandernde Gesellen auf der Straße, sondern als Surfer im Datennetz.

Die Beschäftigten werden in die Stammbelegschaften und die Randbelegschaften der Werkvertragsfirmen, der Zulieferer, der Leiharbeitnehmer, der (schein-)selbständigen Freiberufler zersplittert. Die einheitliche betriebliche Interessenvertretung wird zerschlagen.

Zusammenfassend: Mit den vorgeblichen Erfordernissen der Neuen Technologien und der Globalisierung verfolgt das Kapital uralte Vorstellungen:
- Kollektivverträge und Sozialgesetze zu zerstören;
- unbegrenzt über lohnabhängige Arbeit ohne vertragliche und juristische Einschränkungen zu verfügen;
- ihr unterschiedliche Aufgaben, Arbeitszeiten, Arbeitsorte abhängig von den wechselnden Notwendigkeiten des Betriebes zuzuweisen;
- Beschäftigung oder Erwerbslosigkeit und die Höhe des Lohnes wieder eng an die konjunkturellen Schwankungen zu binden;
- kurz, die Arbeitskraft zu flexibilisieren – Beschäftigung nach »just-in-time«.

»Heute vereinbaren schon zwei Drittel aller Metall-Betriebe im Osten tarifliche Sonderkonditionen mit ihrem Betriebsrat. Das ist eigentlich verboten. Ich bin dafür, daß man lieber die Gesetze ändert, anstatt die Betriebe zu kriminalisieren.«

Hans-Olaf Henkel, Präsident des Bundesverbandes der Deutschen Industrie.

Gisbert Schlemmer

Tarifvertragsbruch als Ausbeutungsmethode

Aktuelle Fälle zeigen, daß durch Wirtschaftskriminalität und Mißmanagement Milliarden in den Sand gesetzt werden. Klöckner-Humboldt-Deutz, die Metallgesellschaft, Bremer Vulkan, Balsam, der Baulöwe Schneider, der vermeintliche Industriearchitekt Edzard Reuter bei Daimler-Benz sind nur die bekanntesten Fälle. Die meisten Fälle bleiben unbekannt. Der wirtschaftliche Schaden ist größer, als alle »Blaumacher der Republik« jemals anrichten könnten.

Mit der Unterstellung, bei Arbeitnehmern sei das »Blaumachen«, das »Krankfeiern« weit verbreitet und zehre an der Produktivität der deutschen Wirtschaft, begründeten Kapital und Kabinett ihre Absichten, die Lohnfortzahlung im Krankheitsfall einzuschränken. In vielen Tarifverträgen war seit langem vereinbart, daß die Arbeitnehmer vom ersten Tag der Krankheit an für die Dauer von sechs Wochen Anspruch auf 100prozentige Lohnfortzahlung haben. Per Gesetz machte die Bonner Koalition den Arbeitnehmern dieses tarifpolitisch erkämpfte Recht streitig, und die Unternehmer versuchten, durch massiven Tarifvertragsbruch Arbeitnehmer und Gewerkschaften vorzuführen. Dabei zeigte sich, daß Tarifvertragsbruch als Ausbeutungsmethode auch die Funktion haben soll, Gewerkschaften insgesamt zu entmachten. Das Ziel heißt: Freiheit für Unternehmer, weg mit bindenden Tarifverträgen, weg mit mächtigen Gewerkschaften.

In der Auseinandersetzung um die Lohnfortzahlung erlebten wir, wie Staat und Unternehmer Hand in Hand arbeiteten. Das ruft Erinnerungen an die Theorie vom »staatsmonopolistischen Kapitalismus« (Stamokap) in den 60er und 70er Jahren wach. Vor dem Hintergrund der weltweiten Vernetzung auf Unternehmerseite verlieren allerdings die Nationalstaaten an Macht. Die staatliche Deregulierungspolitik, als zwangsläufige Reaktion auf die Globalisierung dargestellt, fördert gerade den Bedeutungsverlust des Staates für große Unternehmen.

Politische Kräfte von rechts, ausgehend von der FDP, bemühen sich seit Anfang der 80er Jahre um Deregulierung – mit großer Hartnäckigkeit. Spätestens seit Frühjahr 1996 ist offenkundig, daß sie dieses Konzept jetzt endgültig verwirklichen und mit der Entmachtung der Gewerkschaften ernst machen wollen. Dabei haben sie britische und amerikanische Vorbilder.

Doch wir kennen Tarifvertragsbruch als Ausbeutungsmethode nicht erst seit den Angriffen auf die Lohnfortzahlung. Versuche der Arbeitgeber, Tarifverträge zu brechen, sind so alt wie die Tarifverträge selbst. Aber sie haben an Heftigkeit zugenommen, seit Anfang der 90er Jahre die Systemkonkurrenz weggefallen ist. In den östlichen Ländern nutzten Arbeitgeber die Möglichkeiten der Wendezeit, um Verhältnisse in ihrem Sinne zu schaffen. Tatsächlich gelang es keiner einzigen Gewerkschaft, im Osten Deutschlands ein flächendeckendes Tarifnetz zu installieren. Auch im Westen begann das Flächentarifvertragssystem zu bröckeln. Unternehmen traten aus den Arbeitgeberverbänden aus, um sich dem Flächentarifvertrag zu entziehen. Es wuchs und wächst die Anzahl tarifvertragsloser Betriebe. Ein Beispiel aus dem Organisationsbereich der Gewerkschaft Holz und Kunststoff (in anderen Branchen sieht es ähnlich aus): In einigen Betrieben im Erzgebirge werden »geflügelte Jahresendfiguren« (Engel und andere Figuren aus Holz) hergestellt. Den Beschäftigten steht ein tariflicher Stundenlohn von 18 Mark zu. Aber den dort Beschäftigten, hauptsächlich Frauen, wird trotz bestehender tariflicher Regelungen viel weniger gezahlt, in Extremfällen nur fünf Mark Stundenlohn. Schüchterne Klagen der Betroffenen werden mit dem Hinweis beantwortet, sie könnten ja über die Grenze zum Einkaufen nach Tschechien fahren. Dort seien die Waren wesentlich billiger als in Deutschland.

Das Problem liegt hier nicht allein in mangelhafter Erfahrung mit gewerkschaftlicher Arbeit unter kapitalistischen Bedingungen. Entscheidend ist, daß die Unternehmer mit wachsendem Erfolg »Verlagerung« androhen und damit die Arbeitnehmer erpressen. Unter den spezifischen Bedingungen der »Holzglobalisierung«, wie ich das einmal nennen möchte, ist diese Strategie besonders gefährlich geworden.

Was ist damit gemeint? Was die Kolleginnen und Kollegen der Gewerkschaft Textil und Bekleidung seit 20 Jahren erleben, daß nämlich immer mehr Kleidungsstücke in Billiglohnländern produziert und dann per Luftfracht um die Welt nach Deutschland gejettet werden, wiederholt sich jetzt in anderer Form auch in der Holzwirtschaft. Die Möbelindustrie ist mittel- und kleinständisch strukturiert. Die größten Unternehmen sind Konglomerate von Betrieben mit jeweils maximal ein paar hundert Beschäftigten, zusammen in keinem Fall mehr als 6000 Beschäftigte. Diese Unternehmen haben bereits Tausende Arbeitsplätze hauptsächlich nach Polen und Tschechien verlagert. Ein Beispiel: Ein Unternehmen, das vor der Wende ca. 6000 Arbeitsplätze in Westdeutschland hatte, beschäftigt jetzt 6000 Leute in Polen, in Westdeutschland sind 3000 Arbeitsplätze verblieben. Gegen die Schaffung von Arbeitsplätzen in Polen wäre gewiß nichts einzuwenden, wenn dort nicht, wie es tatsächlich geschieht, hauptsächlich für den Re-Import in die BRD gearbeitet würde.

Bis in die kleinsten Schreinereien hinein ist es üblich geworden, Belegschaften oder Betriebsräte mit der Drohung zu erpressen: »Wenn ihr nicht bereit seid, auf dieses und jenes zu verzichten, dann gehe ich eben rüber.« Gemeint ist damit immer Polen oder Tschechien.

Hier wird ein für die Zukunft entscheidender Hebel angesetzt. In Kreisen der Bonner Koalitionsparteien ist bereits eine ernsthafte Diskussion darüber im Gange, den Paragraphen 77,3 des Betriebsverfassungsgesetzes zu ändern. Er besagt, daß Arbeitsentgelte und Arbeitsbedingungen, die durch Tarifvertrag geregelt sind oder üblicherweise geregelt werden, nicht Gegenstand von Betriebsvereinbarungen, also von betrieblichen Regelungen zwischen Unternehmer und Betriebsrat, sein können. Wenn nun gesetzlich erlaubt würde, tarifvertragliche Regelungen in die Betriebe und in die Verantwortung von einzelnen Unternehmern und Betriebsräten zu verlagern, entfiele der Kernbereich gewerkschaftlicher Macht und Durchsetzungsfähigkeit. Konsequenz: Kosten runter, Gewinne rauf, Gewerkschaften raus. Mit dem Flächentarifvertrag würde zugleich aus dem Wirtschaftssystem ein Element herausgebrochen, das sozialschädliche Wirkungen der Konkurrenz eindämmt.

Diese Politik wird bereits erfolgreich praktiziert; ihre Auswirkungen sind spektakulär. Von 1990 bis 1996 sind die Nettogewinne der Unternehmer um 66 Prozent gestiegen, die Nettoeinkommen der Arbeitnehmer stagnieren. Gleichzeitig sind die Gewinnsteuern um 4,2 Prozent gesunken, während die Lohnsteuer deutlich um 8,5 Prozent gestiegen ist – von der Belastung der Arbeitnehmer durch Sozialabgaben einmal ganz abgesehen. So wird die Verteilung des Einkommens immer ungerechter. Ein Selbständigenhaushalt hat heute durchschnittlich 17000 DM im Monat zur Verfügung, ein Arbeiterhaushalt gerade mal ein Viertel davon.

Der Standort Deutschland krankt – aller gegenteiligen Propaganda zum Trotz – nicht an zu geringen Unternehmereinkommen, sondern an fehlender Massenkaufkraft und der Massenarbeitslosigkeit. Es ist also ein gefährlicher Irrtum, die Gewinnsituation noch mehr verbessern und die Einkommenssituation für Arbeitnehmer weiter verschlechtern zu wollen, um Unternehmer zu veranlassen, Arbeitsplätze in Deutschland zu schaffen.

Notwendig ist heute eine Regierung, die reguliert und eingreift, die mutig handelt – anstelle von Politik, die thumb Deregulierung betreibt. Es geht darum, den Reichtum in diesem reichen Land gerecht zu verteilen. Arbeit und Geld sind genug vorhanden.

Hans-Olaf Henkel, Präsident des Bundesverbandes der Deutschen Industrie, sagte gleich bei seinem Amtsantritt: »Der Sozialstaat ist nicht mehr finanzierbar.« In Wahrheit ist mehr Geld da als je zuvor. Deutschland insgesamt war noch nie so reich wie heute. Zwar sind Millionen von Privathaushalten und fast alle Kommunen überschuldet, aber die Schulden des einen sind die Zinseinnahmen des anderen. Dennoch wird der Eindruck erweckt, um den Sozialstaat zu erhalten, müsse man ihn erst einmal abschaffen.

1995 sind täglich 1,3 Billionen US-Dollar an den Devisenmärkten rund um den Globus bewegt worden. Dies entspricht einem Turm aus 100-Dollar-Scheinen, der 130 Kilometer hoch ist. Nur zwei Prozent davon werden für die Bezahlung aller weltweiten Waren und Dienstleistungen benötigt. Alles andere – also mehr als 1,2 Billionen US-Dollar – sind reine Finanzanlagen und Spekulationen. Den 24 OECD-Staaten stehen aber nur insgesamt etwas mehr als 500 Millionen US-Dollar an Reserven zur Verfügung, mit denen sie gegen Währungsspekulationen an den Devisenmärkten intervenieren können.

»Finanzmärkte kontrollieren global die Politik«, sagt Bundesbankchef Hans Tietmeyer, und er hat recht.

Computertechnolologie kann rund um den Globus riesige Geldmengen hin und her schieben. Über den Dominoeffekt können so aus Bankpleiten internationale Krisen werden. Ein Beispiel war die Mexiko-Krise. Die Arbeitnehmer und die Bevölkerung wurden so massiv getroffen, daß die Realeinkommensverluste in kurzer Zeit 20 Prozent betrugen und 750 000 Arbeitsplätze vernichtet wurden. Und die Möglichkeiten dieses Casino-Kapitalismus werden täglich größer; die frei verfügbaren Mengen des vagabundierenden Finanzkapitals wachsen.

Dagegen ließe sich etwas unternehmen. Man müßte es nur wollen. Eine Möglichkeit wäre die von dem Nobelpreisträger Tobin in die

Diskussion eingeführte Devisenumsatzsteuer. Dabei geht es um die Verminderung der Umsätze auf den Finanzmärkten. Aber auch Regulierungen auf UN- oder OECD-Ebene und Mindestreservevorschriften – anderer Art als heute – wären möglich. Ein Feuerwehrfonds könnte arme Länder schützen. Ebenfalls sinnvoll wären höhere Steuern für Vermögende. Ein solch integriertes Konzept steckt aber noch in den allerersten Überlegungen. Es wird von vielen Seiten blockiert. Meistens wird das Problem schlicht verdrängt.

Der Tarifvertragsbruch nimmt immer neue Formen an. Das zeigt sich in dem aktuellen Kampf, zu dem die Kollegen der Industriegewerkschaft Bau, Agrar, Umwelt (IG BAU) gezwungen sind (Stichworte: Entsendegesetz, Leiharbeitnehmer, Sklavenarbeiter): Die Unternehmer drehen an Schrauben, mit denen sie die Arbeitnehmer allmählich in die Armut drücken.

Zu den Rechtsverstößen bei der Vernutzung der Arbeitskraft gehört aber nicht nur der Tarifvertragsbruch im engeren Sinne. Hier sind u.a. auch die vielfältigen Treuhand-Gangstereien in den neuen Bundesländern zu nennen oder Rechtsverstöße bei Konkursen und Konkursverschleppung oder Umweltkriminalität. Einzubeziehen sind ferner die gesellschaftsrechtlichen Möglichkeiten der Unternehmer, die legal und illegal genutzt werden – vom verbreiteten »Out-Sourcing« bis hin zu dubiosen Praktiken solcher Sekten wie Scientology.

Dies alles kann ich nur stichwortartig andeuten. Abschließend will ich aber noch drei Fälle aus dem Organisationsbereich der Gewerkschaft Holz und Kunststoff schildern.

Mit dem Versprechen, in einem strukturschwachen Gebiet eine Produktionsstätte zu errichten, konnte ein bedeutender Holzwerkstoffproduzent aus Österreich bei einer sozialdemokratischen Landesregierung die Duldung des an sich nicht erlaubten »Sonntagsdurchfahrbetriebes« durchsetzen. Dabei war er weder durch Betriebsrat noch durch Tarifverträge behindert, da zu diesem Zeitpunkt das Werk noch gar nicht stand. Die Duldung des Sonntagsdurchfahrbetriebes löste einen entsprechenden Wettbewerb bei den Konkurrenzunternehmen aus. Die Holzwerkstoffbranche (Spanplattenhersteller) ist hoch oligopolisiert. Fünf Konzerne beherrschen die Branche. Jetzt fahren alle Betriebe durch. Das heißt, sie arbeiten Tag und Nacht an 365 Tagen im Jahr. Neuerdings ist auch die gesetzliche Lage diesem Zustand angepaßt. So wird aus Illegalität Legalität.

Der zweite Fall: Entgegen unserer klaren tariflichen Arbeitszeitregelung zur 35-Stunden-Woche haben es verschiedene Unternehmer mit dem »Einzelvertragstrick« geschafft, innerbetrieblich eine Arbeitszeitverlängerung ohne Lohnausgleich durchzusetzen. Der Weg ist relativ einfach: Einer ganzen Belegschaft wird je nach Naturell der Geschäftsleitung auf sanfte oder unsanfte Art die Sorge um den eigenen Arbeitsplatz nahegelegt, und man verlangt von den Arbeitnehmern einen *eigenen* Beitrag zur Sicherung der Arbeitsplätze. Ihnen wird suggeriert, daß es dem Unternehmen wirtschaftlich schlecht ginge. Wir haben erlebt, daß dies in Betrieben geschieht, denen es wirtschaftlich außerordentlich gut geht. Die Manager erzeugen Angst, zum Teil innerbetriebliche Panik, die sie dann generalstabsmäßig ausnutzen, um einzelne Beschäftigte zu veranlassen, Verträge zu unterschreiben, in denen sie sich zu einer Arbeitszeitverlängerung ohne Lohnausgleich verpflichten. Voraussetzung ist, daß es dem Unternehmen gelingt, den Betriebsrat mindestens zum Stillhalten, wenn nicht sogar zum Mitmachen zu bewegen. Das führt zwar, wie uns die Arbeitsgerichte immer wieder bestätigen, zu einem illegalen Zustand, weil tarifliche Vereinbarungen nicht einzelvertraglich verschlechtert werden dürfen; aber es gilt der alte Grundsatz: Wo kein Kläger, da kein Richter. Arbeitnehmer, die zur Unterschrift genötigt wurden, klagen anschließend selten; einzelne Außenseiter sollen sehen, was sie davon haben, wenn sie doch vor Gericht gehen. Ein gewerkschaftliches Verbandsklagerecht zur Einhaltung der Verträge existiert nicht.

Am Fall Birkenstock möchte ich verdeutlichen, wie weit die Kriegführung eines Unternehmers gegen Betriebsrat und Gewerkschaft gehen kann und welche Aufgaben sich daraus ergeben.

1993 wurde erstmals mit Hilfe der Gewerkschaft Holz und Kunststoff bei Birko Schuhtechnik (damals noch 700 Beschäftigte) ein Betriebsrat gewählt. Dies ließ den Patriarchen der Firma in St. Katharinen nicht ruhen. Er und seine Söhne veranstalteten seitdem Krieg: gegen den Betriebsrat, gegen GHK-Mitglieder und die GHK.

Dabei verhielt sich der erstmals gewählte Betriebsrat eher moderat. Es ist doch wohl legitim, wenn er über Qualitätsprämien mitreden wollte oder eklatante Unterschiede in der Bezahlung von Männern und Frauen bei gleichwertiger Tätigkeit zur Sprache brachte. Doch was in jedem anderen Unternehmen dieser Größenordnung üblich ist, ließ Birkenstock nicht gelten. Über 100 verlorene Arbeitsgerichtsprozesse, Geldbußen und Strafbefehle nahmen der Seniorchef, die Söhne und ihre Manager einfach hin. Das Unternehmen wurde zergliedert und neu verschachtelt. Betriebsrat und gewerkschaftlicher Einfluß sollten – koste es was es wolle – ausgeschaltet werden.

Für großen Medienrummel sorgte eine der letzten Birkenstock-Strafaktionen: 60 Beschäftigte, Betriebsratsmitglieder und GHK-Mitglieder, ließ Birkenstock unter unmöglichen Bedingungen fünf Monate, ohne ihnen Arbeit zu geben, in einer großen Lagerhalle sitzen. Zu den Betroffenen gehörten hauptsächlich Arbeitnehmer mit besonderem Kündigungsschutz, wie zum Beispiel schwangere Frauen. Birkenstock nannte diese Firma: DEP. Das sollte bedeuten: Durchführung Einfacher Produktionsarbeiten. Für ein zweites P hatte offensichtlich seine Phantasie nicht gereicht. Sogar Zeitunglesen oder andere Ablenkungen wollte man den Nichtbeschäftigten verbieten. Augenzeugen sprachen von einer lagerähnliche Situation in St. Katharinen. Dieser Eindruck wurde verstärkt durch patrouillierende schwarzuniformierte Sicherheitskräfte, doch die Betriebsratsmitglieder und die Restbeschäftigten von DEP hielten durch. Sie ließen sich durch den Psychoterror nicht kleinkriegen. Mittlerweile dürfen sie wieder arbeiten. Aber das Ende ist immer noch nicht absehbar.

Fazit: Eine der größten Aufgaben, aber auch eines der größten Probleme ist es, die Machenschaften und die Konflikte öffentlich zu machen, innerhalb und außerhalb der Betriebe. Belegschaften und die Bevölkerung müssen immer wieder sensibilisiert werden, daß Gesetze und Tarifverträge eingehalten werden müssen. Im Betrieb müssen Betriebsräte und Vertrauensleute unterstützt und mobilisiert werden, damit sie ihre Rechte wahrnehmen und sie nicht aufgeben. Unter den Bedingungen der Massenarbeitslosigkeit und der Globalisierung wird das immer schwieriger. Es ist aber ein Irrtum, daß die Gewerkschaften ganz allein aus eigener Kraft erfolgreich sein können. Solange der Staat in der derzeitigen Form dereguliert, anstatt die notwendigen Regulierungsarbeiten vorzunehmen, kämpfen wir gegen Windmühlenflügel. Mit anderen Worten, der Kampf muß sich auch auf den Kampf um eine andere Politik erstrecken. Wenn das nicht gelingt, werden Arbeitgeber verstärkt nach Alleinherrschaft streben, um frei von staatlichen und gewerkschaftlichen Fesseln zu tun und zu lassen, was sie wollen, weltweit ohne Grenzen.

In der Vergangenheit gab es mindestens den Konsens, daß Arbeitnehmer und Unternehmer geltende Gesetze und die Tarifautonomie respektierten. Dieser Grundkonsens zerbricht. Teile der Unternehmerschaft und ihrer Verbandsoberen äußern das auch deutlich, wenn sie beispielsweise sagen: »Es gibt Wichtigeres als den sozialen Frieden.« Wenn aber dieser soziale Konsens aufgekündigt wird, heißt das für die Gewerkschaften an erster Stelle: Kampf zur Sicherung unserer Rechte – unserer Rechte aus dem Tarifvertragsgesetz, der Rechte der Betriebsräte aus dem Betriebsverfassungsgesetz, der sozialen Schutzgesetze und vieler anderer Normierungen.

Die Rechte aus dem Betriebsverfassungsgesetz reichen heute nicht mehr aus. Betriebsräte können zum Beispiel mit Hilfe des § 87 immer nur dann gleichberechtigte Mitbestimmungsrechte ausüben, wenn es um die Folgen unternehmerischer Handlungen geht. Wichtig ist aber die Mitbestimmung darüber, was und wie und unter welchen Bedingungen im Betrieb produziert wird. Arbeitnehmer und ihre Interessenvertretung haben in diesem Bereich bisher lediglich Informationsrechte. Gelingt es der Arbeitgeberseite jedoch, die gewünschte fundamentale Systemwende herbeizuführen, dann kommen wir zu Verhältnissen, wie sie in Amerika und England bereits zu besichtigen sind, wenn ganze Landschaften gewerkschaftsfrei werden.

Wenn wir das verhindern wollen, dürfen wir nicht nur eigene Verbandsinteressen und die betrieblichen Interessen unserer Kolleginnen und Kollegen sehen, sondern müssen politischer diskutieren und handeln. Deswegen ist von elementarer Bedeutung, ob wir ein breites Bündnis zustande bekommen, das gegen die geplanten Veränderungen gemeinsam kämpft. Hier geht es eben nicht nur um ein paar schwarze Schafe und auch nicht nur um einzelne gesetzliche Verschlechterungen zum Kündigungsschutz, zur Lohnfortzahlung, zu den Renten. Hier geht es um eine grundsätzliche Richtungsentscheidung.

Wir dürfen nicht weiter zulassen, daß die »Linke« debattiert, streitet und sich mit bloßen Theorien befaßt, während die »Rechte« handelt und ihren unverschämten Sozialabriß immer schlimmer betreibt. Das wird um so deutlicher, wenn Kanzler Kohl höhnisch verkündet: »Die Hunde bellen und die Karawane zieht weiter.« Deswegen kommt es jetzt darauf an, gemeinsam pragmatisch darum zu kämpfen, daß diese Regierung und Kohl weg müssen. Dazu brauchen wir Verbündete: bei fortschrittlichen Politikern und Parteien, bei Sozialverbänden und Kirchenleuten, bei Umweltschützern und anderen demokratischen Initiativen, bei Hochschulen und der Wissenschaft, bei Studenten. Wir brauchen die Unterstützung möglichst vieler gutwilliger Menschen.

Dieter Hummel

Illegale Beschäftigungsverhältnisse

Notwendige Vorbemerkung

Wenn über Schwarzarbeit geredet wird, so geschieht dies in aller Regel im Zusammenhang mit dem sogenannten »Leistungsmißbrauch«. Gemeint sind diejenigen Menschen, die darauf angewiesen sind, neben ihren Bezügen aus sozialen Leistungstransfers Arbeiten zu verrichten, die nicht den üblichen Abgabebestimmungen unterliegen, um sich ein Minimum an Lebensstandard zu sichern.

Diejenigen, die aus sozialer Not solche Arbeiten verrichten müssen, interessieren in unserem Zusammenhang aber nicht. Es geht vielmehr um Strukturen, die heute eine wirtschaftliche Macht in diesem Lande darstellen. Uns interessieren diejenigen, die davon leben, Menschen in rechtlich und sozial ungesicherte Arbeitsverhältnisse zu vermitteln oder derart zu beschäftigen. Es kann kein ernsthafter Zweifel mehr daran bestehen, daß sich in dem Bereich »Schwarzarbeit« wirtschaftliche Strukturen etabliert haben, die sich durch einen hohen Organisationsgrad auszeichnen.

Schwarzarbeit

Wer über Schwarzarbeit redet, spricht von einem starken Wirtschaftszweig. Das volkswirtschaftliche Volumen der Schwarzarbeit wird in Westdeutschland für das Jahr 1995 auf ca. zwölf Prozent des Bruttosozialproduktes geschätzt. Dies sind rund 387 Milliarden DM. Daraus resultiert ein Steuerausfall von rund 130 Milliarden DM. Für die fünf Neuen Bundesländer wird der Steuerausfall auf 16 bis 20 Milliarden DM geschätzt.

Außerdem führt Schwarzarbeit zu Beitragsausfällen in der Sozialversicherung. Die Bundesrepublik hat im Jahr 1994 den Ausfall für die Rentenversicherung auf ca. 94 Milliarden DM geschätzt; in der

Krankenversicherung auf ca. 64 Milliarden DM; in der Arbeitslosenversicherung betrug der Ausfall 32 Milliarden DM. Der Ausfall an nicht erhobener Lohnsteuer wurde auf ca. 77 Milliarden DM beziffert. Soviel zur fernökonomischen Auswirkung.

Daneben zeichnet sich Schwarzarbeit dadurch aus, daß die Unternehmer doppelt daran verdienen. In der Regel werden Schwarzarbeiter durch organisierte Strukturen vermittelt. Hier ist insbesondere ein Augenmerk auf kriminell organisierte Arbeitnehmerleihbetriebe zu richten, die an die von ihnen eingestellten und dann verliehenen Arbeitnehmer einen wesentlich geringeren Lohn auszahlen, als sie selbst von den leihenden Unternehmern erlangen.

Aber auch die Arbeitgeber verdienen an Schwarzarbeitern dadurch, daß sie die Arbeitgeberanteile an die Sozialversicherung nicht abführen müssen und daß die Arbeitsbedingungen für illegal Beschäftigte eine höhere Ausbeutung der Arbeitskraft zulassen. Der einzelne Arbeitnehmer befindet sich in einem rechtlich ungeschützten Arbeitsverhältnis. Ihm stehen weder Rechte aus den kündigungsschutzrechtlichen Vorschriften zu, noch kann er die sozialen Mindestleistungen, soweit sie ihm nicht freiwillig gewährt werden, geltend machen. Jedes Wehren führt zur Beendigung des Arbeitsverhältnisses; einen Rechtsschutz kann er, da er ja illegal beschäftigt ist, nicht erlangen.

Somit läßt illegale Beschäftigung eine deutlich stärkere Vernutzung der Ware Arbeitskraft, also des Menschen, zu.

Soweit versucht wird, staatlicherseits einzugreifen, geschieht dies halbherzig. Ein Beispiel ist der 1991 eingeführte Sozialversicherungsausweis. Die Rentenversicherungsträger mußten schon kurz nach der Einführung 1991 zugeben, ca. 900 000 Ausweise zu viel ausgestellt zu haben. Von daher ist es nicht verwunderlich, daß bei Kontrollen immer wieder Menschen angetroffen werden, die mehrere Sozialversicherungsausweise bei sich tragen. Im östlichen Ausland beträgt der Preis für den Kauf eines solchen Ausweises ca. 70 DM.

Im übrigen kann der aufmerksame Zeitungsleser selbst feststellen, daß, wenn über Schwarzarbeit berichtet wird, nie darüber zu lesen ist, wie gegen die Arbeitgeber vorgegangen wird; es werden immer nur Überlegungen angestellt, wie die Verfolgungsdichte beim einzelnen Schwarzarbeiter erhöht werden soll. Es gibt Gedankenspiele, die Kontrolle der Sozialleistungsempfänger zu erhöhen. Es wird davon geredet, die Meldepflicht z.B. von Arbeitslosengeldempfängern zu erhöhen. Es wird davon geredet, den Abstand zwischen Lohn und Transferleistung immer größer werden zu lassen, also die Transferleistung (z. B. das Arbeitslosengeld) zu senken. Es wird nicht davon geredet – und schon gar nicht in der Absicht, etwas zu tun –, Firmen, die Schwarzarbeiter beschäftigen, beispielsweise von der Vergabe öffentlicher Aufträge auszuschließen. Über Zusammenhänge wird im Regelfall nicht aufgeklärt.

Scheinselbständige

Ein weiterer Bereich, der zu illegaler Beschäftigung zu zählen ist, besteht darin, daß in immer mehr Branchen die Arbeitnehmer nicht mehr mit Arbeitsverträgen, sondern mit Hilfe von Werkverträgen als Selbständige tätig sind. So werden z. B. die Botendienste bei Siemens in München nicht mehr von regulär Beschäftigten, sondern von sogenannten Selbständigen erledigt. Im Baubereich ist die Scheinselbständigkeit gang und gäbe.

Der Vorteil für die Arbeitgeber liegt auf der Hand. Für Selbständige sind keine Sozialabgaben zu zahlen; Selbständige unterliegen nicht den arbeitsrechtlichen Schutzbestimmungen; das Unternehmerrisiko wird auf diese Beschäftigten völlig überwälzt.

Etwas anderes liegt mit gleicher Klarheit auf der Hand: Bei den Beschäftigten handelt es sich in Wirklichkeit nicht um Selbständige, sondern um klassische Arbeitnehmer. Sie sind keineswegs frei in der Gestaltung ihrer Arbeit, in der Wahl ihrer Arbeitszeit, in der Art und Weise, wie sie ihre Tätigkeit ausführen. Sie arbeiten weisungsabhängig innerhalb eines Kompetenzgefüges. Sie unterscheiden sich tatsächlich nicht von klassischen Arbeitnehmern.

Der vermeintliche Vorteil, der viele Beschäftigte bewegt, sich auf die Scheinselbständigkeit einzulassen, nämlich der, daß sie während der Beschäftigungszeit ein höheres Entgelt erlangen, da ja weder Lohnsteuer noch andere Sozialabgaben abgezogen werden, entpuppt sich spätestens nach Auslaufen des Werkvertrags, wenn ihnen eröffnet wird, daß sie keinerlei Möglichkeit haben, ihre Beschäftigung zu sichern, als Trugschluß. Die massiven Nachteile werden allerspätestens dann klar, wenn sich die Betroffenen beim Arbeitsamt arbeitslos melden und Arbeitslosengeld beanspruchen. Dann bemerken sie, daß sie, da sie nicht abhängig beschäftigt waren, auch keinen Anspruch auf soziale Transferleistungen erlangt haben.

Die Zahl solcher Beschäftigten wird derzeit in der Bundesrepublik auf 500000 bis 750000 geschätzt.

Hinzu treten noch, insbesondere im Baubereich, die Scheinselbstädigen aus den EU-Ländern, insbesondere aus Großbritannien. Für sie gilt das Gleiche wie für deutsche Arbeitnehmer.

Politisch ist darauf zu achten, daß wir in der Debatte um Schwarzarbeit nicht der staatlichen Stimmungsmache auf den Leim kriechen dürfen, die Vorwürfe immer gegen den einzelnen Schwarzarbeiter richtet und ihn als Begründung dafür mißbraucht, weitere Einschnitte ins soziale Netz zu legitimieren. Zu betonen ist, daß es ausdrückliche wirtschaftliche Interessen an der Schwarzarbeit gibt. Sie erschweren die staatliche Bekämpfung der Schwarzarbeit an ihren Wurzeln, nämlich dort, wo wirtschaftliche Vorteile tatsächlich sitzen. Gerade aus gewerkschaftlicher Position heraus ist auf diese wirtschaftliche Dimension hinzuweisen, um deutlich zu machen, daß das Problem nicht über individuellen Druck auf die Leistungsempfänger gelöst werden kann, sondern – soweit ernsthafter Wille zur Lösung vorhanden ist – nur dadurch, daß den Nutznießern der Nutzen genommen wird. Damit würde die Debatte auf das richtige Gleis gesetzt.

»Ein Normalbürger, der mehrere Autos zerkratzt, bekommt zwei Jahre Haft ohne Bewährung, ein Wirtschaftskrimineller läuft mitunter frei herum.«

Erhard Rex, Leiter der Staatsanwaltschaft Hannover (»Neue Presse« Hannover vom 26.10.1996).

Hans Reich

Was ist sittenwidrig? Erfahrungen aus der Schuldnerberatung

Die privaten Haushalte werden nicht nur durch Kürzung von Arbeitseinkommen, Sozial-, Versicherungs- und Ersatzleistungen abgezockt, sondern auch in ihren alltäglichen Geschäften, Vereinbarungen und Verträgen. Hier kann der Begriff der Sittenwidrigkeit helfen. Im Strafrecht ist er wenig relevant, um so mehr im Zivilrecht, das das Verhältnis des einzelnen zu seinen Mitmenschen regelt; es garantiert Eigentums- und Vertragsfreiheit und geht von einer ausgewogenen, gleichgewichteten, rationalen und autonomen Vertragspartnerschaft aus.

Im Gegensatz zum (wirtschafts-)kriminellen Straftatbestand fehlen der Sittenwidrigkeit die offensichtlichen, wesentlichen Merkmale eines Betruges wie

- die betrügerische Absicht;
- das planmäßige Vorgehen;
- die wissentlichen, mehr als grob fahrlässigen falschen Angaben;
- das gezielte und bewußte Inkaufnehmen einer Schädigung oder Gefährdung eines Betroffenen oder des Allgemeinwohls.

Ein Rechtsgeschäft wird sittenwidrig, wenn es das Anstandsgefühl verletzt und gegen die Billigkeit eines gerechten Denkens verstößt. Kriterien sind:

- der objektive Wucher, also die unverhältnismäßige Überhöhung von Forderungen in Leistungsvereinbarungen im Vergleich zu marktüblichen Angeboten;
- der Verstoß gegen die Gebote von Treue und Glauben – durch unangemessene Benachteiligung einer Seite/eines Vertragspartners – und gegen die guten Sitten;
- die Unverhältnismäßigkeit zwischen Leistungsangebot, Leistungsumfang und Leistungsfähigkeit der Vertragspartner.

Soll im Klageverfahren ein Vertrag als sittenwidrig bewertet und für insgesamt nichtig erklärt werden, kommt es auf das Gesamtbild der getroffenen Vereinbarungen an.

Die Praxis

Der Bundesgerichtshof hat 1982 die Bemessung der Überhöhungsgrenzen für einen Bankkredit erst- und letztmalig geregelt. Ein Mißverhältnis zwischen Leistung und Gegenleistung entsteht danach erst, wenn der relative Zinsunterschied nachweislich 100 Prozent, der absolute Unterschied zwischen Vertrags- und Marktzins zwölf Prozent beträgt. In der Konsequenz dieses Urteils änderte sich das Anbieterverhalten bei der Vergabe von Krediten. So wurde in der Praxis versucht, Provisions- und Maklergebühr und zusätzliche Kosten zu verschleiern, um so die BGH-Entscheidung zu unterlaufen. Weitere Urteile des Bundesgerichtshofs schufen dann die Grundlagen, auf denen es dem Kreditnehmer heute möglich ist, sich vor überhöhten Forderungen zu schützen.

Andererseits erlaubt diese rein materielle Urteilsbegründung den Anbietern von Krediten und Darlehen, mit Hilfe ihrer Rechenautomaten jeweils ganz knapp unterhalb der Grenzen sittenwidriger Überhöhung zu bleiben. Die Überhöhung eines Kreditzinses um relative 99 Prozent und absolute 11,9 Prozent im Verhältnis zu ansonsten auf dem Markt üblichen Bedingungen gilt nun nicht nur als legitim, sondern auch als legal.

Über dieses Urteil hinaus haben die Bundesgerichte einzelne Vertragsbestandteile vor allem von bankgemäßen Kreditvereinbarungen für sittenwidrig erklärt, die zwar nicht zur Nichtigkeit des gesamten Vertrages, aber zumindest zur Unwirksamkeit einiger Leistungsverpflichtungen von Schuldnern geführt haben.

Weil sich die ökonomische Wirklichkeit offenkundig nicht immer nach der rechtlichen Theorie richtet, nach der alle Marktteilnehmer gleich sind, hat das Bundesverfassungsgericht ausgeführt, daß ein Vertrag in allen Fällen zu überprüfen ist, in denen eine »strukturell ungleiche Verhandlungsstärke« erkennbar und die Folgen für den unterlegenen Vertragsteil ungewöhnlich belastend sind.

So können heute die Gerichte die Vertragsbestandteile für sittenwidrig erklären, die die Mithaftung und Bürgschaftsverpflichtungen zweiter und dritter Vertragsteilnehmer regeln, die bereits bei Abschluß des Vertrages erkennbar nicht leistungsfähig waren und die im Falle der Regulierung eines Schadens unverhältnismäßig in Anspruch genommen würden. Auch die Maßnahmen zur Durchsetzung der Schadensregulierung können dann für sittenwidrig erklärt werden.

Doch weiterhin bleibt es in der persönlichen Vermutung eines Betroffenen, ob eine Forderung sittenwidrig ist und ob er sich mit Aussicht auf Erfolg dagegen wehren kann. Und wer verfügt über das erforderliche Wissen und den Zugang zu den rechtlichen Mitteln, mit denen er seine Ansprüche durchsetzen könnte? In der Regel wird ein Betroffener auf die Hilfe von Rechtsanwälten angewiesen sein. Er wird sich also zu der unangenehmen Entscheidung aufraffen müssen, einen Anwalt einzuschalten; zweitens wird er einen Anwalt finden müssen, der ausreichend kompetent ist; drittens wird dieser Anwalt bereit sein müssen, keine Vorkasse von ihm zu verlangen, sondern die Leistung über die mögliche Beratungskostenhilfe abzurechnen; und viertens müßte der Anwalt engagiert, motiviert, versiert und zielorientiert für ihn eintreten. Leider kommt, wie wir feststellen müssen, die Summe von 1 bis 4 sehr häufig nicht zustande.

Die Möglichkeiten, mit sittenwidrigen Geschäftspraktiken unterhalb der Schwelle krimineller Geschäfte (wie Steuerhinterziehung, Subventionsschwindel, Geldanlage- und Aktienbetrug) Milliardenbeträge abzuzocken, also dem produktiven volkswirtschaftlichen Markt zu entziehen, zu akkumulieren und dem spekulativen Fluchtkapital oder einfach dem privaten Geldvermögen einzelner zuzuführen, waren noch nie so gut wie heute. Gerichte, zuständige Behörden, aber auch die Schuldnerberatungsstellen sind heillos überlastet und wegen der Komplexität der Materie auch überfordert.

Gesellschaftlicher Wandel

Sittenwidriges Handeln und Kriminalität brauchen wie Pilze einen Nährboden, um wachsen und sich ausbreiten zu können. In der Schuldnerberatung erleben wir deutlich die gesellschaftlichen Veränderungen, die zu Normenwandel und Werteverlust führen.

In der kommerzialisierten Dienstleistungsgesellschaft, auf einem universalisierten Markt wird alles, was die Menschen brauchen, zur Ware. Traditionelle soziale Bindungen, Orientierungen und Lebensgestaltungsmuster lösen sich auf, dafür verstärken sich Abhängigkeiten von materiellen Werten und finanziellem Erfolg. Gesellschaftliche Geltung, Position und Kompetenz symbolisieren sich zunehmend im Besitz oder Nichtbesitz bestimmter Konsumgüter. Der sozial isolierte einzelne ist zunehmend überfordert, ausreichend rational im Rahmen seiner rechtlichen und wirtschaftlichen Möglichkeiten zu handeln.

Individuelle Bildungs-, Wissens-, Verhaltens- und Entscheidungsdefizite können dann leicht zu Auslösern für soziale Konflikte werden. Im Grunde genommen entfällt bereits damit die Annahme einer ausgewogenen, gleichgewichteten Vertragspartnerschaft, wenn sich Arbeitgeber, Anbieter von Waren und Dienstleistungen, ja sogar Behörden diese Hilflosigkeit zu Nutze machen. Viele unter solchen Bedingungen abgeschlossene Alltagsgeschäfte müßten als sittenwidrig gelten – wenn nicht juristisch, so doch moralisch.

Wer sein laufendes monatliches Einkommen fast restlos ausgeben hat, sein Konto überziehen mußte, um laufende Kosten zu decken (und sei es nur die Zuzahlung zum Zahnersatz), Rückstände auszugleichen hat, krank oder arbeitslos wird, sich von seiner Familie trennt oder ein Kind erwartet, der wird sehr schnell auf die Idee kommen, die in den Medien inserierten Kreditangebote einzuholen, wenn die Hausbank keine weitere Überziehung oder die Aufstockung eines Kredites zuläßt und wenn soziale Hilfen versagt werden. Kreditantragsunterlagen werden zugeschickt oder ein Vermittler kündigt seinen Besuch an. Der Kunde äußert seine Wünsche, der Kredit wird ihm in Aussicht gestellt, er unterschreibt den Antrag. Über den Kredit hinaus wird ihm womöglich ein Paket an Versicherungsleistungen verkauft; ihm wird weisgemacht, dies sei verbindlicher Bestandteil der Kreditvereinbarung und diene seiner Sicherung. Zusätzlich unterschreibt der Kunde eine Einzugsermächtigung über eine Kreditvermittlungsgebühr von mehreren hundert Mark, oder er bezahlt diese direkt bei dem Vermittler. Nach einwöchiger Widerrufsfrist werden auf jeden Fall die Versicherungsverträge wirksam. Aber es kommt häufig vor, daß nach der Zahlung der Vermittlungsgebühr die Agentur mitteilt, der Kredit komme leider nicht zustande.

Viele Kunden wissen nicht, daß nach dem Verbraucherkreditgesetz keine Vermittlungsgebühren und Kosten fällig werden, wenn ein Vertrag nicht zustande kommt. Dies hindert die Kreditvermittlungsagenturen nicht daran, die Gebühren anzumahnen und Inkasso-Büros mit der außergerichtlichen Eintreibung zu beauftragen. Sollte auch dies nicht erfolgreich sein, werden die Forderungen inklusive der zumeist unnötigen Inkassokosten auf dem Weg des gerichtlichen Mahn- und Vollstreckungsverfahrens gesichert.

Spätestens wenn einem Betroffenen mitgeteilt wird, daß er keinen Kredit erhält, hätte er die Möglichkeit, eine gezahlte Vermittlungsgebühr zurückzuverlangen, den Einzug von seinem Konto zu widerrufen, die Rückzahlung anzumahnen. Doch selbst dann muß er damit rechnen, daß die Agentur die Rückzahlung verweigert.

Bei der Kombination von Kreditvermittlungskosten, nicht zustande gekommenen Krediten und zusätzlichen Versicherungen setzt sich langsam aber sicher eine Rechtsauffassung durch, daß diese Geschäftspraktiken über eine Sittenwidrigkeit hinausgehen und der Tatbestand des Betruges zu prüfen ist. Doch wenn dann die Staatsanwaltschaft ein Ermittlungsverfahren einleitet, werden die Untersuchungen wegen organisierten Kreditbetruges einen langen Zeitraum in Anspruch nehmen. In der Regel melden sich nur sehr wenige Betroffene, um Anzeige zu erstatten. Und über den Nachweis hinaus, daß bewußt Tatsachen verschwiegen oder falsch wiedergegeben und daß regelmäßig bewußt unlautere Nebenabsprachen getroffen wurden, wird sich ein betrügerisches Interesse der Anbieter möglicherweise nicht beweisen lassen.

In den Schuldnerberatungsstellen häufen sich inzwischen die Fälle, in denen solche unseriösen Kreditvermittlungsgeschäfte bei bereits bestehender Verschuldung abgeschlossen wurden und nicht nur die in diesem Zusammenhang abgeschlossenen Versicherungsverträge in Rückstand gerieten, sondern auch die unnötigen Kreditvermittlungskosten inklusive unnötiger Inkassokosten im gerichtlichen Mahnverfahren vollstreckbar tituliert wurden. In der Regel sind dann, wenn sich die Betroffenen bei uns in der Schuldnerberatung melden, auch die Einspruchsfristen gegen einen Vollstreckungsbescheid abgelaufen.

Unsere bisherigen Bemühungen, auf außergerichtlichem Wege Einfluß auf die Kreditvermittlungsagenturen und ihre Inkasso-Dienste zu nehmen und keinen Gebrauch von den vollstreckbaren Forderungen zu machen, sind gescheitert. Zur Zeit prüfen wir, ob in diesem Zusammenhang die Erlangung des Vollstreckungsbescheides für sittenwidrig erklärt werden kann und die Forderung praktisch unwirksam würde. Dies könnte unter Umständen mit der Argumentation ermöglicht werden, daß sich der betroffene Kunde erkennbar in einer strukturell ungleich schwachen Verhandlungsposition befand und daher zum Zeitpunkt des Verfahrens nicht in der Lage war, adäquat seine Rechte fristgerecht und damit erfolgreich wahrzunehmen.

Ob wir damit gegen die beutelschneiderischen Praktiken durchkommen werden, ist nicht absehbar. Nach wie vor besteht bei den Instanzgerichten die Tendenz, gerade in den Fällen, wo ein Gläubiger bereits einen rechtswirksamen Vollstreckungsbescheid erlangt hat, das

Sicherungsinteresse über das Eigentum eines Anbieters und seine Schutzwürdigkeit höher zu bewerten als das Interesse eines Schuldners an der Abwendung von Forderungen.

Recht vor Gerechtigkeit?

Ich halte es für unverhältnismäßig, also vom Grundprinzip her für sittenwidrig, wenn eine in der herkömmlichen Rechtsauffassung gleichwertig einzustufende Seite/Partei ihre Position und ihren Status allein deswegen durchsetzen kann, weil sie von der Unwissenheit der Gegenseite ausgehen darf, und wenn letztendlich aus rein formalen Gründen die legitimen Einwendungen und Ansprüche, die ein Betroffener vorbringen kann, zum Scheitern verurteilt werden.

Ein Beispiel: Ein Gläubiger mit einem Vollstreckungsbescheid/Titel für eine legitime Forderung geht gegen eine Schuldnerin vor, die von Sozialhilfeleistungen in einer Genossenschaftswohnung lebt. Er beantragt die Pfändung der Genossenschaftsanteile; dadurch wird die Wohnung kündbar, und sie wird gekündigt. Die Sozialhilfeempfängerin beantragt Beratungs- und Prozeßkostenhilfe, die ihr zusteht, sowie den gesetzlich möglichen Vollstreckungsschutz, wobei sie das Vorgehen des Gläubigers als sittenwidrig angreift. Resultat: Das Amtsgericht Braunschweig entscheidet, die Vollstreckung lasse keine besonderen Umstände einer Härte erkennen, Vollstreckungsschutz im Sinne der Betroffenen würde die Schutzwürdigkeit des Gläubigers in Frage stellen. (Merke: Die Würde des Menschen ist antastbar!)

Der Forderung von Politikern – selbst FDP-Liberalen – nach der gläsernen Bank sind die Institute inzwischen gerne nachgekommen: Es gibt wohl kein Bankhaus, das in den letzten Jahren nicht erhebliche Summen in die Verglasung der Fassaden investiert hätte. Derweil steigt die Zahl der Zwangsversteigerungen privaten Immobilieneigentums in Deutschland ständig. Zwangsverkäufe und Versteigerungen durch die finanzierenden Banken bringen in der Regel Beträge weit unter einem geschätzten Preis, so daß die Schuldner weiterhin bei der Bank verschuldet bleiben. Zwangsversteigerung lohnt sich für die Bank vor allem dann, wenn sie selbst die Immobilie ersteigern oder abkaufen und mit Gewinn weiter veräußern kann. Private Interessenten erhalten auffällig oft dann den Kaufzuschlag, wenn sie den Erwerb wiederum durch Darlehen bei der beteiligten Bank finanzieren.

Die so erzielten zusätzlichen Zinsgewinne werden nicht an die Betroffenen weitergeben.

Nach wie vor ist es gängige Praxis der Banken, selbst bei erkennbarer Zahlungsunfähigkeit der Kunden laufend die Kreditraten vom Girokonto über den vereinbarten Dispositionsrahmen hinaus abzuziehen und dabei andere Daueraufträge, wie die existentiell notwendigen Mietüberweisungen, zu stornieren. Der Kunde zahlt nicht nur Zinsen der Raten seines Kredites, sondern auch die Zinsen aus der nicht genehmigten Kontoüberziehung, ohne daß ein im Bürgerlichen Gesetzbuch (BGB) gebotenes Zinseszinsverbot berührt zu sein scheint.

Seit Jahren fordern Verbände und Initiativen ohne Erfolg ein Verbot der Kontopfändungen. Will ein Gläubiger oder sein Vertreter einen Schuldner unter Druck setzen, macht er von diesem Mittel Gebrauch, weil er weiß, daß die kontoführende Bank den Druck an den Betroffenen weitergibt: Konto-Kündigung androht, Daueraufträge gegen erhebliche Kosten storniert und so zum endgültigen Kollaps beiträgt. Die Betroffenen haben meist keine Vorstellung, wie sie über die verschlungenen Wege der Justiz zu einer Klärung kommen können. Sind sie ihr Girokonto los, lassen Konsequenzen wie Arbeitsplatzverlust und neue Schulden nicht lange auf sich warten.

Wir hören immer wieder von Betroffenen, daß sie von Banken direkt aufgefordert werden, vorrangig ihre Raten für Kredite zu zahlen; die Miete würde irgendwann das Sozialamt übernehmen.

Schneller als ein Vermieter reagieren die städtischen Versorgungsunternehmen. Sie schalten Strom, Gas und Wasser ab. Die Wiederaufnahme der Versorgung erfolgt in der Regel nur gegen die Zahlung des Gesamtrückstandes, auch wenn sichergestellt wird, daß Abschlagszahlungen wiederaufgenommen werden. Bleiben nach einem Umzug Rechnungen aus der ehemaligen Verbrauchsstelle offen, oder sind Nachzahlungen zu leisten, schalten die Unternehmen häufig die Zufuhr an der neuen Verbrauchsstelle ab, um die Erfüllung ihrer Forderungen zu erzwingen. Besonders in den neuen Bundesländern ist das vielfach Praxis. Wer – außer dem Unternehmen selbst – weiß schon, daß dies unverhältnismäßig und unzulässig ist, solange laufend Abschläge gezahlt werden und Raten zur Tilgung der alten Forderung zu vereinbaren wären?

Zu den Gläubigern, mit denen wir uns auseinanderzusetzen haben, gehören auch Versicherungen, die rückständige Beiträge – in manchen Fällen bereits seit mehreren Jahren rückständig – auf dem Wege des gerichtlichen Mahn- und Vollstreckungsverfahrens einfordern. Niemand soll denken, daß z.B. Haftpflicht-, Unfall-, private Kranken- und Rechtschutzversicherungen nach Ablauf einer bestimmten Frist gekündigt werden, wenn die Beiträge ausbleiben. Das Gegenteil ist der Fall. Die Versicherungsverträge laufen weiter, ohne daß der Versicherungsnehmer daraus Rechte ableiten kann. Die Versicherungsbeiträge werden weiterhin in Rechnung gestellt und im gerichtlichen Mahnverfahren gesichert, und die Gerichtsvollzieher werden mit der Eintreibung beauftragt. Ein gutes Geschäft für die Versicherung: Sie erhebt ganz legal Forderungen, für die es keine Gegenleistung mehr geben wird.

Immer mehr Banken, Versicherungen, Versandhäuser und andere Gläubiger gehen dazu über, eigene Mahn-, ja sogar Rechtsabteilungen zu schließen; sie geben die in Verzug geratenen Forderungen an Inkasso-Dienste ab. Neben ihrem eigenen Aufwand bürden sie die dadurch entstehenden zusätzlichen Kosten dem Schuldner auf. Mit im Boot rudern Rechtsanwälte, die ausschließlich für Inkasso-Dienste oder als Mahnanwälte tätig sind. Aus eigenem Erleben wissen sie, wie die Gerichte in Widerspruchs- und Einspruchsverfahren des Mahnweges zugunsten der Schuldner entscheiden, aber sie richten sich nicht danach, obwohl sie nach dem BGB (Paragraph 252) in besonderem Maße zur Schadensminderung verpflichtet sind. Wie sich dies mit einem hohen – vor allem hochgehaltenen – ständischen Berufsethos in Einklang bringen läßt, kann ich nicht beantworten.

Wenn der Betroffene nicht rechtzeitig interveniert, werden sich die Kosten zu seinen Lasten einfach verdoppeln, ohne daß dabei der geringste Vorteil für ihn entstände. Undurchschaubar für ihn bleibt, ob bzw. in welcher Höhe sie die Beträge, die sie nach Höchstsätzen der rechtsanwaltlichen Gebührenordnung berechnen und in Rechnung stellen, intern mit ihren Auftraggebern abrechnen und wie diese wiederum die »Transferleistungen« in ihren betrieblichen und steuerlichen Bilanzen verwenden. Wer ahnt denn überhaupt, wie Gläubiger insgesamt mit den unendlich vielfältigen Möglichkeiten des Kostenbilanzierens, Wertberichtigens, Rückstellens und Verrechnens eingehender Beträge aus in Verzug geratenen Forderungen umgehen? Erst im Zuge der Ermittlungen gegen die Commerzbank wegen der Zinserträge für Steuerflüchtlinge nach Luxemburg fielen zufällig falsche Wertstellungen, Rückstellungsauflösungen und damit falsche Steuererklärungen auf. Vermutlich mit einer Bemerkung wie »Entschuldigung, war ein Versehen, soll nicht wieder vorkommen« überwies die Bank zweistellige Millionenbeträge an den Fiskus. Ein Einzelfall?

Legt man die in der Schuldnerberatung bekannte Masse berechneter Inkasso-Kosten zugrunde und multipliziert diese realistischerweise mit dem Faktor 10, weil uns die meisten Fällen nicht erreichen, berücksichtigt man dann, daß immer mehr Unternehmen auf Inkasso-Dienste zurückgreifen, betrachtet den hohen Organisationsgrad, die gefestigten Strukturen in diesem Gewerbe und bedenkt bei alldem, daß die Gerichte regelmäßig gegen die Inkasso-Kosten entscheiden, was niemandem besser bekannt ist als den Akteuren, dann ist der Verdacht schwer abzuweisen, daß hier unterhalb der Schwelle der Strafbarkeit organisiert gegen die guten Sitten verstoßen wird.

Natürlich reagiert ein Betroffener mehr als erleichtert, wenn ihm vor dem gerichtlichen Verfahren der Inkasso-Dienst freundlich eine Teilzahlungsvereinbarung anbietet. Die wenigsten werden bemerken, daß es sich bei diesen Formularen um Abtretungserklärungen mit erheblichen rechtlichen Konsequenzen handelt und daß sie damit nicht nur die eigentlichen Forderungen anerkennen würden, sondern auch hohe Zinsbeträge und Zinssätze sowie die unnötigen Inkasso-Kosten. Leider ist bisher kein Gerichtsbeschluß bekannt, der die rechtliche Unerfahrenheit des Unterzeichners berücksichtigen und ein solches Anerkenntnis außer Kraft setzen würde. Unberücksichtigt bleiben auch die Umstände: wie z. B. ein Inkasso-Außendienstmitarbeiter mit dem Habitus eines Gerichtsvollziehers oder mit starken Drohungen auftritt und das Anerkenntnis an der Haustür unterschreiben läßt. Nein, die Justiz bleibt bei der Fiktion, daß auch dies ein Vertrag ist, der auf der Grundlage der Autonomie beider Beteiligter geschlossen wurde und, weil er dem legitimen Eigentumssicherungsinteresse und Schutzbedürfnis des Anbieters dient, nicht zu beanstanden ist.

Der gute Ton, die guten Sitten

Höflichkeit und angemessene Umgangsformen gehören zu den guten Sitten einer aufgeklärten Gesellschaft. Was auf Vorstandsetagen gang und gebe ist, gilt nicht im Umgang mit einem Schuldner. Er wird beschimpft, verunglimpft, in der Öffentlichkeit angebrüllt. Ich weiß nicht, in welchem Rhetorikkurs oder auf welcher Schulung Bankangestellte, Mitarbeiter von Mahnabteilungen und Behörden gelernt haben, daß Bedrohung und Einschüchterung legitime Mittel zur Klärung und Lösung von finanziellen Problemen seien. Vielleicht sichert in einer Leistungsgesellschaft neuester Prägung verbale Lautstärke Aufstiegschancen ...? Wenn schon die sozialen Verhaltensweisen des einzelnen Mitarbeiters im geschäftlichen Umgang die Menschenwürde verletzen, wird es schwierig, an seine soziale Verantwortung und die Pflicht zur Schadensminderung zu appellieren.

Für mich als Sozialpädagogen mit wertkonservativer, aber emanzipatorischer Einstellung sind die geschilderten Geschäfte durch und durch sittenwidrig. Bei den Verantwortlichen und Betreibern dagegen scheint das sittliche Unrechtsbewußtsein davon abhängig zu sein, ob sie befürchten müssen, daß die Betroffenen öffentlich Klage erheben. Und wenn geklagt wird, verhält sich die Rechtsprechung nach gesetzlichen Vorgaben systemstabilisierend: Das auf Gewinnmaximierung ausgerichtete neoliberale Marktsystem wird nicht in Frage gestellt. Bürgerliches Recht und Rechtsprechung sind darauf angelegt, eine Kriminalisierung sozial- und volkswirtschaftlich schädigender Prozesse zu verhindern – mit der Folge, daß diese Praktiken auch weitgehend der gesellschaftlichen, politischen und sozialen Kontrolle entzogen werden, so daß die Skandalisierung unterbleibt, ohne die es schwerlich zu einer verbindlichen Ächtung und Sanktionierung kommen kann. Was so immer wieder legalisiert und legitimiert wird, wird faktisch normativ.

Daß ethische und moralische Prinzipien ständig verletzt, Normen und Werte zu Gunsten des individuellen Vorteils verschoben werden, daß Macht und Geld dazu dienen, die Bedürfnisse, Abhängigkeiten und Probleme der Mitbürger auszunutzen, und daß sich der Eindruck verbreitet, dies sei legitim und erstrebenswert, das ist in meinen Augen das eigentlich Sittenwidrige, das alltäglich geworden ist.

Wenn wir dieser Entwicklung entgegenwirken, neue Gesprächspartner finden, neue Allianzen schaffen wollen, müssen vor allem Erfahrungen vermittelt werden. Falsch wäre es, nur nach einer Reform des Strafrechts zu rufen, denn Bestrafen allein nützt nichts. Wichtiger ist eine Reform des BGB, das von wilhelminischen, unzeitgemäß gewordenen Regelungen befreit und den Problemen einer veränderten Gesellschaft angepaßt werden muß. Es versteht sich, daß eine solche Reform nur gegen den entschiedenen Widerstand der Berufsstände und Lobbyisten durchzusetzen sein wird, die von der bestehenden Rechts- und Wirtschaftsordnung profitieren.

IV. Wirtschaftskriminalität bekämpfen – wie?

Wolfgang J. Schaupensteiner

Korruption in Deutschland – das Prinzip der offenen Hand

1. These: Korruption nimmt (auch) in Deutschland zu

Geschmiert wird nicht nur im Ausland. Korruptionsbrennpunkte gibt es auch hierzulande. »Frankfurt ist überall«. Korruptionsanfällig sind die »Nahtstellen« zwischen Verwaltung und dem einzelnen Bürger bzw. dem Unternehmen. Einfallstore für korruptive Praktiken sind das Beschaffungs- und Auftragsvergabewesen, gebührenpflichtige Dienstleistungen, Genehmigungen, Kontrollen und die Vergabe von öffentlichen Fördermitteln. Besonders korruptionsgefährdet ist das private wie öffentliche Bauwesen. Hier werden korruptive Methoden und betrügerische Manipulationen planmäßig und gezielt zur Gewinnmaximierung eingesetzt.

Die durch Korruption und Absprachebetrug verursachten wirtschaftlichen Schäden werden allein für das öffentliche Bauwesen auf fünf bis zehn Milliarden DM jährlich geschätzt. Die immateriellen Schäden sind nicht in Geld zu messen. So erschüttert die verbreitete Käuflichkeit von Amtsträgern in besonderem Maße das Vertrauen der Rechtsgemeinschaft in die Lauterkeit des öffentlichen Dienstes. Korruption verzerrt darüber hinaus den freien Leistungswettbewerb. In einem Klima der Korruption wird es den Straftätern der Organisierten Kriminalität (O.K.) leicht gemacht, über korrumpierte Vorteilsnehmer als »Brückenköpfe des Verbrechens« in Staat und Gesellschaft einzudringen. Der in Behörden und Betriebe einsickernde Schmiergeldstrom ist das Fahrwasser des organisierten Verbrechens.

2. *These: Korruptionsbekämpfung läßt sich verbessern*

Die in einer behördenübergreifenden Zusammenarbeit von Staatsanwaltschaften, Kartell- und Finanzbehörden, Rechnungshöfen und der betroffenen Verwaltung selbst liegende Effizienzsteigerung (»Prinzip der Mehrspurigkeit«) wird bisher nur unzureichend genutzt und verfügt über keine institutionelle Geschäftsgrundlage. Knappe personelle Ressourcen und fehlende Finanzmittel werden unter Verletzung des Verfassungsgebots, für eine effektive Strafverfolgung zu sorgen, zum Maßstab der Verbrechensbekämpfung gemacht.

3. *These: Korruption kann durch Präventionsstrategien eingedämmt werden*

Korruptionsbekämpfung ist nicht Aufgabe der Justiz allein. Prävention durch verbesserte Kontrollen steht im Vordergrund.

- »Korruptions-Kontrolle«: Verbesserung der internen Kontrollsysteme. Technisch qualifizierte, unabhängige Kontrolleure. Kontrollen müssen auf Abwehr und Aufdeckung von Korruption und Betrug angelegt sein: EDV-gestützte Auftragsdateien; baubegleitende Kontrollen; mobile Prüfgruppen; anonymen Hinweisen nachgehen. Schaffung mißbrauchsresistenter Verwaltungsabläufe: strikte Einhaltung der Verdingungsordnung für Bauleistungen (VOB) und andere Leistungen (VOL); Trennung von Planung, Vergabe, Ausführung; Angebotsunterlagen mechanisch ausfüllen und zweifach abgeben; keine »Erbhöfe« für Auftragnehmer und Ingenieurbüros; Vertragsstrafen auch für Gesetzes- und Wettbewerbsverstöße; Korruptionsbeauftragte; vertrauliches Telefon für Hinweisgeber.
- Flankierende Maßnahmen: Grundsätzliches Verbot der Annahme von Geschenken; Erlaubnisvorbehalt bei allen Nebentätigkeiten; Verhaltenskodex; konsequente Reaktion bei Fehlverhalten, vor allem befristete Aussperrung; Sensibilisierung vor den Gefahren der Korruption durch Fortbildung.

– »Erst unterrichten, dann untersuchen«: Massive Verdachtsfälle nicht intern aufzuklären suchen, sondern mit den Strafverfolgern.

4. These: Die Ursachen der Korruption sind Ausdruck der gegenwärtigen gesellschaftlichen Verfassung

Wie das Verbrechen im allgemeinen kann Korruption im besonderen nur im gesamtgesellschaftlichen Zusammenhang erklärt werden. Die Ursachen für die Ausbreitung von Korruption sind vielschichtig: Der Abbau sogenannter Sekundärtugenden, der egoistische Materialismus, das Vorteilsstreben auf Kosten anderer und massenhafte Rechtsverstöße sind nur einige Schlagworte aus den gebotenen Erklärungsversuchen. Mit der Zunahme von Korruption nimmt zugleich das Unrechtsbewußtsein ab. Die verbreitete Übung, die Pflege geschäftlicher Beziehungen zum Anlaß privater Vorteile zu nehmen, und nicht zuletzt das Steuerrecht verleihen den Schmiergeldpraktiken eine Aura des Erlaubten. Korruption ist vielfach Bestandteil unternehmerischer Geschäftspolitik geworden. Das Entdeckungsrisiko wirtschaftskrimineller Machenschaften ist gering, weil Kontrollen versagen und die Strafverfolgung unzureichend ist.

5. These: Korruptionsbekämpfungsgesetze sind geeignet, den Korruptionssumpf trockenzulegen

Keiner stellt ernsthaft in Frage, daß das Strafrecht die »ultima ratio« zur Lösung gesellschaftlicher Probleme ist. Vor dem Ruf nach einer Änderung des Strafrechts, der mit der populistischen Forderung nach höheren Strafen einherzugehen pflegt, stehen daher in Sachen Eindämmung des Bestechungswesens präventive Maßnahmen, die das Entstehen von Korruptionsstrukturen verhindern. Dazu gehört auch die konsequente Anwendung der vorhandenen Rechts- und Kontrollinstrumentarien.

Beste Kontrollen schließen aber nun mal keine Gesetzeslücken. Nach jahrelangem Zaudern hat der Gesetzgeber endlich gehandelt und mit dem Anspruch, Korruption in Deutschland mit allen dem Rechtsstaat zur Verfügung stehenden Mitteln bekämpfen zu wollen, verschiedene Gesetzentwürfe vorgelegt.

Nach langen, im wesentlichen einvernehmlichen Beratungen im Rechtsausschuß konnte der Bundestag am 26.6.1997 das Anti-Korruptionsgesetz verabschieden, das am 4.7.1997 den Bundesrat passierte. Das Anti-Korruptionsgesetz stopft die Schlupflöcher der Korrupten und erhöht das Risiko strafrechtlicher Verfolgung.

– *»Anfüttern«:* Der kriminalpolitische Schwerpunkt des Gesetzes ist die Schaffung eines erweiterten Grundtatbestandes der Vorteilsannahme bzw. -gewährung (331, 333 StGB), wonach künftig bereits alle »für die Dienstausübung« gewährten Vorteile unter Strafe gestellt sind, auch wenn eine konkrete Diensthandlung als Gegenleistung nicht nachgewiesen ist. Bisher war der planvolle Aufbau eines korruptiven Beziehungsverhältnisses durch die Gewährung von kleinen Aufmerksamkeiten, deren Annahme leicht gemacht wird, bis hin zu wertvollen Geschenken strafrechtlich ohne Bedeutung, solange der Nachweis einer Gegenleistung im Sinne eines »do ut des« nicht erbracht war. Damit konnte ein Amtsträger gefahrlos »angefüttert« werden, bis er an der Angel hing und das Ziel des Vorteilgebers, nämlich eine bevorzugte Auftragserteilung, Konzessionen, Insiderinformationen usw., erreicht war. Von dem neuen Gesetz werden daher neben dem »Anfüttern« auch die Zahlungen zur Klimapflege, Motivationszahlungen und andere Machenschaften erfaßt, die alle darauf abzielen, sich das Wohlverhalten des Amtsträgers im Interesse des Vorteilsgebers zu erkaufen. – Nach der neuen Gesetzeslage werden auch künftig geringwertige Geschenke und kleinere Aufmerksamkeiten, die nicht zu beanstandenden gesellschaftlichen oder geschäftlichen Gepflogenheiten entsprechen, strafrechtlich nicht erfaßt.

– *Drittbegünstigung:* Straflos war bisher auch die Gewährung von Vorteilen, solange der Amtsträger nicht persönlich, sondern ein Dritter bereichert wurde, etwa seine Lebensgefährtin oder eine ihm nahestehende (parteipolitische) Organisation. Umgehungsstrategien zur Verschleierung des tatsächlichen Vorteilsempfängers wurden durch diese, gefestigter Rechtsprechung folgenden Rechtslage geradezu herausgefordert. Auch diesem Schlupfloch hat das neue Gesetz einen Riegel vorgeschoben.

– *Vorteilsannahme und -gewährung* können künftig »spiegelbildlich« bestraft werden. Bisher war der Vorteilsgeber für das nachträgliche »Dankeschön« straflos, obwohl aufwendige Geschenke den Verdacht nahelegten, daß diese vorher ausgemacht waren oder dazu dienten, die

Korruptionsgeneigtheit des Beschenkten für künftige Fälle abzutasten.

- Der Einsicht folgend, daß das häufig erst durch Korruption ermöglichte Absprachеunwesen, insbesondere in der Bauwirtschaft, hohe volkswirtschaftliche Schäden verursacht und der freie Leistungwettbewerb als der große Verlierer auf der Strecke zu bleiben droht, hat der Gesetzgeber nach jahrzehntelanger Diskussion einen neuen Tatbestand des *Ausschreibungsbetruges* in das Kernstrafrecht eingerückt (298 StGB - neu).

- Die Bestechung unter Privaten *(Angestelltenbestechung*, bisher 12 UWG) wird ebenfalls in das Strafrecht unter Erhöhung des Strafrahmens übernommen (299 StGB - neu). Die Ermittlungen werden künftig auch ohne Strafantrag (was aus Gründen der Glashaustheorie und der Imagebeschädigung selten geschah) von Amtswegen geführt, wenn ein besonderes Interesse an der Strafverfolgung besteht.

- *Strafverschärfung:* Besonders schwere Fälle der Amtskorruption sind künftig mit Freiheitsstrafe von einem bis zu zehn (bei der Angestelltenbestechung bis zu fünf; 300 StGB - neu) Jahren bedroht, wenn sich die Tat »auf einen Vorteil großen Ausmaßes bezieht«, die Täter gewerbsmäßig oder als Mitglied einer Bande handeln (335 StGB - neu).

- In den besonders schweren Fällen der *privaten* und der *Amtskorruption* wird durch die Anwendbarkeit der Vorschriften über die Vermögensstrafe und den Erweiterten Verfall der Zugriff auf das kriminelle Vermögen erleichtert (302, 338 StGB - neu). Korruption darf sich nicht lohnen.

- *Amtsträgerbegriff:* Die Tendenz zur Privatisierung gerade der korruptionsgeneigten staatlichen Leistungsverwaltung (z. B. die Umwandlung kommunaler Stadtwerke oder Abfallentsorgungsbetriebe in Gesellschaften mit beschränkter Haftung und Aktiengesellschaften) führt zu einer Freistellung strafrechtlicher Verantwortlichkeit bei unveränderter Aufgabenstellung. Daher wird in 11 Abs. 1 Nr. 2, Buchst. c StGB klargestellt, daß jeder als Amtsträger im strafrechtlichen Sinn gilt (und bei Korruption mit entsprechend hoher Bestrafung zu rechnen hat), der Aufgaben der öffentlichen Verwaltung wahrnimmt, »unbeschadet der zur Aufgabenerfüllung gewählten Organisationsform«.

Mit seinem *strafrechtlichen* Teil gibt das Anti-Korruptionsgesetz der Strafjustiz damit ein alles in allem wirksames Instrumentarium an die Hand, um die Korrupten besser als in der Vergangenheit zur Verantwortung ziehen zu können. Der Wille des Staates, die gesetzlichen Voraussetzungen für eine durchgreifende Strafverfolgung zu schaffen, dokumentiert sich allerdings in den Tataufklärungsmitteln, die er den Verfolgungsbehörden bereitstellt. Hier greift das Gesetz zu kurz und bleibt hinter seinem Anspruch zurück, die Korruptionsfahnder in allen Bereichen umfassend unterstützen zu wollen. So bestanden bei Teilen der SPD-Fraktion und der Koalition Vorbehalte gegen die von den Ländern geforderte Telefonüberwachung und die Kleine Kronzeugenregelung.

– Korruption ist ein Kommunikationsdelikt. Schriftliche Aufzeichnungen sind selten. Die *Überwachung des Fernmeldeverkehrs* (100 a StPO) eröffnet daher neue Wege der Tataufklärung gerade auch im Grenzbereich zur Organisierten Kriminalität. Es scheint nur dem Gesetzgeber plausibel zu sein, warum Telefonüberwachung (TÜ) zwar bei gewerblichem Diebstahl und bei Fahnenflucht zulässig sein soll, nicht aber bei gewerbsmäßiger Korruption, über deren erhebliche Sozialschädlichkeit kein Zweifel besteht.

– Korruption kennt nur Täter und keine Zeugen. Sie ist gekennzeichnet durch das konspirative Vorgehen der Beteiligten, das von Anbeginn an auf die Verschleierung des Tatgeschehens angelegt ist. Der Tatnachweis ist daher häufig nur mittels eines umfassenden Geständnisses zu führen. Mit der von den Ländern vorgeschlagenen *Kleinen Kronzeugenregelung,* die das Europäische Parlament bereits 1995 gefordert hatte, soll die Hand der Justiz demjenigen gereicht werden, der sich aus dem Korruptionssumpf befreien will und bei der Aufdeckung weiterer Straftaten mithilft. Diesem Anliegen ist das Anti-Korruptionsgesetz leider nicht gefolgt. Indem es die freiwillige Offenbarung künftig nur den beamteten (!) Vorteilsnehmern im Rahmen dienstrechtlicher Konsequenzen gutschreibt, wird nicht nur übersehen, daß zur Korruption immer zwei gehören, denen eine Strafvergünstigung gleichermaßen anzubieten ist, sondern obendrein ein wenig sinnvolles »Beamtenprivileg« bei der Verbrechensbekämpfung geschaffen.

6. *These: Es besteht weiterer Handlungsbedarf für den Gesetzgeber*

Die Praxis hat über die in den beiden Gesetzentwürfen geregelten Bereiche hinaus Handlungsbedarf zur Bekämpfung von Korruption und Wirtschaftskriminalität angemeldet. Beispielhaft erwähnt seien:
- Generelles Verbot der *steuerlichen Absetzbarkeit* von Schmiergeldern als Akt der Korruptionshygiene.
- Klarstellung, daß das *Steuergeheimnis* bei schwerwiegenden Straftaten einschließlich Korruptionsdelikten zurücktritt (§ 30 AO).
- Strafbarkeit der Bestechung von *Amtsträgern im EU-Ausland* einschließlich der Institutionen der Europäischen Union.
- *Anzeigepflicht* der Verwaltung (einschließlich Finanzverwaltung) und der Rechnungshöfe bei Verdacht auf erhebliche Straftaten.
- Neuer Straftatbestand gegen die *Verschwendung öffentlicher Gelder.* Der Untreuetatbestand des § 266 StGB ist auf die vorsätzliche Verschwendung öffentlicher Gelder zu erweitern.
- Erweiterung des Tatbestands der *Abgeordnetenbestechung* (§ 108 e StGB) auf alle parlamentarischen Tätigkeiten.
- Die Offenlegung aller Nebeneinkünfte der gewählten Volksvertreter *(»gläserne Abgeordnete«)* dient der korruptionshemmenden Transparenz verdeckter Interessenvertretungen.
- *Einziehung von wirtschaftskriminell agierenden Unternehmen.* Unternehmen, die (überwiegend) der Begehung oder Vorbereitung von Straftaten dienen, sind wie ein Tatwerkzeug entsprechend § 74 StGB einzuziehen.
- Klarstellung des Haftgrundes der *Verdunkelungsgefahr.* Gesetzesänderungen zur Verbesserung der Korruptionsbekämpfung verfehlen ihr Ziel, wenn die Rechtsprechung übersteigerte Anforderungen an den Haftgrund der Verdunkelungsgefahr stellt.
- Schaffung ländergestützter *Zentralstellen* zur Bekämpfung von Wirtschaftskriminalität und Korruptionsdelinquenz (länderübergreifende Ermittlungen und Informationsaustausch, Datensammlung, Aus- und Bewertung von Kriminalitätsstrukturen, Anlauf- und Beratungsstelle).
- Einrichtung von *Korruptionskatastern* auf Länder- und Bundesebene als Ausfluß der ordnungspolitischen Aufgabe des Staates, nur seriösen Unternehmen den Zugang zum Auftragsmarkt zu eröffnen. Wirtschaftskriminell agierende Personen und Unternehmen werden von der Wettbewerbsteilnahme ausgeschlossen. Gesperrte Unterneh-

men können sich von öffentlich beauftragten Sequestern im Interesse der Arbeitsplatzsicherung und Schadenswiedergutmachung bis zur Wiederzulassung verwalten lassen.

7. These: Gesamtgesellschaftliche Ächtung der Korruption contra Amigo-Verhältnisse

Korruption höhlt den Rechtsstaat von innen aus. Diesen Angriff auf das Gemeinwesen abzuwehren, ist Aufgabe aller Verantwortlichen in Politik, Wirtschaft und Gesellschaft. Zur Stärkung der sozialethischen Mißbilligung von Korruption und ihren verdeckten Spielarten wie Ämterpatronage, Amigo-Verhältnisse und andere Seilschaften sollten sich die Repräsentanten von Staat und Gesellschaft ihrer Vorbildfunktion bewußt werden und entsprechend vorbildlich handeln.

Um das Anti-Korruptionsgesetz in die Praxis umzusetzen und die Verfolgung der Organisierten Wirtschaftskriminalität zu intensivieren, ist auch für eine ausreichende personelle Ausstattung der Behörden zu sorgen.

Das Korruptionsthema wird die Öffentlichkeit weiter beschäftigen. Es werden neue Affären skandalisiert werden, die der Lackmustest für die Praxistauglichkeit des Anti-Korruptionsgesetzes sein werden. Es besteht also für den Gesetzgeber kein Anlaß, die Hände in den Schoß zu legen. Die Straftäter werden es jedenfalls nicht tun.

»Bei der Strafverfolgung im Umweltschutz sind wir am Tiefpunkt angelangt.«

Erich Schöndorf, von 1986 bis 1996 Umweltstaatsanwalt in Frankfurt a. M. (»Frankfurter Rundschau« vom 30.11.1996).

Manfred Such

Korruptionsbekämpfung – Probleme und Vorschläge

Es herrscht eine Unsicherheit über den Begriff der Korruption und über die Legalität oder moralische Legitimität gewisser Austauschbeziehungen. Viele Amtsträger, Wirtschaftsbeteiligte und die Öffentlichkeit müssen prüfen und aktuell bestimmen, wo die Grenzen des zulässigen Verhaltens untereinander verlaufen.

Außerdem besteht offenbar immer noch eine Neigung, das Ausmaß von Korruption zu unterschätzen. Es scheint schwer vorstellbar zu sein, daß es korruptive Beziehungen zum Beispiel auch innerhalb des Bundesministeriums des Innern (BMI) geben könnte, also in der Behörde, der ein Wächteramt für den Öffentlichen Dienst und die Federführung im Kampf gegen Korruption zukommt.

Im September 1996 habe ich namens meiner Fraktion Bündnis 90/Die Grünen im Bundestag eine Kleine Anfrage zum Verdacht von Unregelmäßigkeiten unter Mitarbeiterinnen und Mitarbeitern des Bundesgrenzschutzes und dessen Personalreferats im Bundesinnenministerium eingereicht. Es geht um Austauschbeziehungen folgender Art (knapp und flapsig formuliert):

- Läßt Du Dich auf ein intimes Verhältnis ein, bearbeite ich Disziplinarverfahren gegen Dich wohlwollend.
- Übernimmst Du den heimlichen Transfer hoher Geldspenden, sorge ich für Deine gute dienstliche Beurteilung.
- Leihst Du mir dienstliche Ausstattung für einen Betriebsausflug oder für private Zwecke, setze ich mich für Deine schnelle Beförderung ein.

Ich überschrieb die Anfrage: »Korruptionsverdacht im BMI«. Die Bundestagsverwaltung wendete dagegen mit Verweis auf gängige Medienberichte zunächst ein, unter Korruption sei doch nur Vorteilsannahme oder -vergabe bei Beteiligung von Privatpersonen zu verstehen, nicht jedoch von Amtsträgern untereinander. Dieses Mißverständnis konnte nach einigen Diskussionen mit Hilfe eines Strafgesetzbuch-Kommentars aufgeklärt werden. Es belegt jedoch exemplarisch die eingangs festgestellte Verunsicherung. (Zu den Vorgängen selbst: Die Bundesregierung hat sie inzwischen überwiegend eingeräumt, aber eine Unrechtsvereinbarung der Beteiligten sowie den Verdacht »korruptiver Entwicklungen« dementiert.)

Bedrohen nun die genannte Unsicherheit zum Begriff »Korruption« und bekannt gewordene korruptive Praktiken die moralischen Grundlagen unserer Gesellschaft? Sind letztere Voraussetzung oder nur Ausdruck des vielzitierten »Wertewandels«?

Ich meine, diese Betrachtungsweisen haben jeweils ihre Berechtigung und ergänzen einander. Zur anhaltenden Auflösung traditioneller Pflicht- und Akzeptanzwerte tragen korruptive Handlungen sicherlich bei, wenn auch nicht entscheidend. Es beruht auf mancherlei weiteren Gründen, daß heute viele – obgleich nicht alle – Menschen, statt diesen Werten, der persönlichen und wirtschaftlichen Selbstverwirklichung zunehmende Bedeutung beimessen.

Anderseits ist einzuräumen, daß gewisse korruptive Praktiken gerade im Wirtschaftsleben nicht der Grund, sondern nur eine Folge dieses sogenannten moralischen Verfalls zu sein scheinen. Den hierzulande grundsätzlich anerkannten Verhaltensprinzipien ökonomischer Vernunft und Effektivität entsprechen solche Verhaltensweisen vordergründig durchaus.

Ich kann diese grundsätzlichen Fragen, welche Maßnahmen gegen Korruption ergriffen werden sollten, an dieser Stelle leider nur skizzieren. Ich bin mit Blick auf diese Fragen aber von Folgendem fest überzeugt:

Das Thema Korruption eignet sich nicht für die Art kontroverser Debatte, wie sie gerade auch im Bereich der Kriminalpolitik vielfach mit etwas schrillem Ton letztverbindlicher Überzeugungen zwischen Koalition und Opposition geführt werden. Vielmehr sollte man sich im Bewußtsein der gesamtgesellschaftlichen Ursachen und Rahmenbedingungen für Korruption möglichst gemeinsam um Lösungsansätze bemühen, die diesen Umständen Rechnung tragen und in der Bevölkerung nachvollziehbar sind.

Deshalb sind die schon im März 1995 unterbreiteten Vorschläge meiner Fraktion zu diesem Thema sowie meine folgenden Bemerkungen als Beiträge zu einer gemeinsamen (fraktionsübergreifenden) Diskussion in dem genannten Sinne zu verstehen.

1. Daß die Koalitionsmehrheit den umfangreichen Antrag meiner Fraktion gegen Korruption bereits Ende 1995 in den Ausschüssen des

Bundestages kurzerhand abgelehnt hat, bedaure ich. Ich stelle jedoch mit einer gewissen Befriedigung fest, daß Union und FDP den Ansatz unserer Vorschläge offenbar übernommen und dies jetzt auch in ihrem Gesetzentwurf herausgestellt haben. Der Schwerpunkt erfolgversprechender Schritte gegen Korruption muß tatsächlich im präventiven, organisatorischen sowie personalwirtschaftlichen Bereich liegen. Dienst- und strafrechtlichen Regelungen kommt daneben nur ergänzende Funktion zu.

Auf dem Gebiet präventiver Maßnahmen halten wir es für erforderlich, in Betrieben und Verwaltungen zunächst organisationsbedingte Barrieren gegenüber der Korruptionsbekämpfung zu beseitigen. Ferner ist die Vorbildfunktion von Führungskräften und die berufsethische Sensibilität des Personals zu stärken.

Diese Ziele legen zum Beispiel folgende Schritte nahe:

Befehlshierarchien müssen verflacht werden, da sie erschweren, daß Mitarbeiter korruptive Handlungsweisen von Vorgesetzten entdecken und zur Sprache bringen können.

Wenn vor allem in Unternehmen mehr quantitative Leistungsziele denn geschäfts-ethische Prinzipien vorgegeben werden, muß der dazwischen bestehende Zielkonflikt offen problematisiert werden. Die ethischen Prinzipien müssen aufgewertet, präzisiert und in Fortbildungen praktisch vermittelt werden.

Die gängige Informationspolitik, etwaige Korruptionsfälle noch nicht einmal intern bekannt zu machen, ist kontraproduktiv und muß zugunsten von mehr Transparenz und aktiver Öffentlichkeitsarbeit aufgegeben werden.

Behörden, Wirtschafts- und Berufsverbände sollten institutionell abgesicherte Ethik-Richtlinien zur Sensibilisierung und Handlungsregulierung erlassen.

Auch die Mitarbeiter korruptionsanfälliger Arbeitsbereiche oder Organisationseinheiten sind aufgefordert, ihr Berufsbild sowie entsprechende Selbstverpflichtungen verbindlich festzulegen und Vertrauensleute oder Korruptionsbeauftragte zu bestellen.

Zu den nötigen Präventivmaßnahmen gegen Korruption gehören ferner eine Ausweitung der Dienstaufsicht, Job-Rotation und Teamarbeit, um nach dem Vier- oder Sechs-Augen-Prinzip gegenseitige Kontrollmechanismen bei der Abwicklung öffentlicher Aufträge und Verwaltungsverfahren zu nutzen.

Bei der Korruptionsbekämpfung kommt es entscheidend auf die

Kontroll*dichte* an. Dazu zählt unter anderem eine Stärkung der Rechnungshöfe und Rechnungsprüfungsämter sowie die Einrichtung spezifischer Innenrevisionsgruppen in den Behörden.

Über solche Schritte, die ich an dieser Stelle nur beispielhaft nennen kann, dürfte relativ rasch Konsens herzustellen sein.

2. Schwieriger scheint es zu sein, die von Bündnis 90/Die Grünen grundsätzlich begrüßte Forderung der Finanzministerkonferenz umzusetzen, in ein bundesweit geführtes Anti-Korruptionsregister auffällig gewordene Unternehmen aufzunehmen und von der Vergabe öffentlicher Aufträge zu sperren. Daß dies jedenfalls befristet geschehen könne und solle, wurde in 1996 auch auf dem Deutschen Juristentag befürwortet. Zudem hat das Bundesbauministerium bereits 1994 begonnen, ein solches Verfahren immerhin bei überregional bedeutsamen Preisabsprachen zu praktizieren. Deshalb ist es erstaunlich, daß dies im Gesetzentwurf der Bundesregierung bzw. der Koalitionsfraktionen nicht aufgegriffen wird.

3. Flankierend ist es unseres Erachtens notwendig, die steuerliche Absetzbarkeit von Schmiergeldern komplett zu streichen. Es fällt auf, wie hinhaltend sich Regierung und Koalition dieser Forderung widersetzen. Der mit dem Jahressteuergesetz 1996 eingeführte Ausschluß der steuerlichen Absetzbarkeit nur für den Fall, daß die Behörden zufällig von der Schmiergeldzahlung erfahren und deswegen ein Straf- oder Bußgeldverfahren durchgeführt haben, reicht nicht aus. Kein Verständnis kann ich auch dafür aufbringen, daß im Ausland gezahlte Schmiergelder – entgegen den Empfehlungen der OECD – in Deutschland immer noch steuerlich abgesetzt werden können. Deren Zahlung schädigt nach Beobachtungen von Entwicklungshilfeorganisationen die Volkswirtschaften vor allem von Ländern der Dritten Welt nachhaltig.

4. Was die strafrechtlichen Vorschläge zur Korruptionsbekämpfung betrifft, so ist grundsätzlich an folgendes zu erinnern: Nach allen vorliegenden Erfahrungen ist von einer Erweiterung von Straftatbeständen ebensowenig wie von einer Ausdehnung der Strafrahmen eine generalpräventive Wirkung zu erwarten. Außerdem müssen die Konturen von Straftatbeständen nach dem grundgesetzlichen Bestimmtheitsprinzip klar erkennbar bleiben, damit die Bürgerinnen und Bürger die Grenzen zulässigen Handelns nachvollziehen können, aber auch, damit die Strafjustiz nicht Steine statt Brot erhält.

In diesem Zusammenhang ergeben sich Bedenken, wenn zum Beispiel vorgeschlagen wird, die Gewährung von Vorteilen ohne konkrete Unrechtsvereinbarung der Beteiligten strafbar zu stellen - sei es in Gestalt zweckfreier Zuwendungen (also das sogenannte Anfüttern[1]) oder aber nach bereits vorgenommenen rechtmäßigen Diensthandlungen. Solche Zuwendungen mögen sich im Einzelfall zu korruptiver Verstrickung auswachsen können. Gleichwohl meine ich, daß dem durch andere als strafrechtliche Maßnahmen angemessener und auch erfolgversprechender entgegenwirkt werden kann, etwa durch dienstrechtliche Präzisierung des Verbots der Geschenkannahme.

Auch der vorgeschlagene Sondertatbestand des Ausschreibungsbetrugs erscheint weder notwendig noch angemessen und praktikabel zu sein. Denn Preisabsprachen dürften vielfach bereits über den vorhandenen Betrugstatbestand erfaßt sein. Die Rechtsprechung dazu geht weiter, als etwa der Bundesratsentwurf nahelegt.

Außerdem: Wenn der Bundesrat die Strafbarkeit bereits auf eine Beteiligung an Absprachen erstrecken will, ohne daß überhaupt ein Angebot abgegeben zu werden braucht, sind neben Fragen der Schadensdefinition absehbare erhebliche Beweisschwierigkeiten zu bedenken. Auch gegen Ausschreibungsbetrug erscheinen mir daher nichtstrafrechtliche Maßnahmen vorzugswürdig.

5. Bedenken sind schließlich anzumelden gegen die vor allem vom Bundesrat, aber auch von Koalition und SPD geforderte Erweiterung der Telefon- und sonstigen technischen Überwachungsbefugnis, der Kronzeugenregelung sowie von Vermögensstrafe und erweitertem Verfall. Ich sehe keinen Anlaß zu der Hoffnung, daß all diese Vorschriften - anders als in den bisherigen Anwendungsbereichen - nun im Einsatz gegen Korruption auf einmal durchgreifende Erfolge und weniger Probleme bringen könnten.

Ungeachtet der skizzierten Bedenken gegenüber Einzelmaßnahmen sind Bündnis 90/Die Grünen gewillt, in konstruktivem Dialog die notwendigen Schritte gegen Korruption in all ihren Schattierungen rasch voranzutreiben. Ebenso wie in den Landtagen (vor allem im Berliner Abgeordnetenhaus) haben Bündnis 90/Die Grünen auch im Bundestag die Debatte über Korruption überhaupt erst angestoßen. Daher wird das Thema auch zukünftig mit aller Entschiedenheit weiterverfolgt werden.

---

1 »Anfüttern«: Hineinziehen in den Korruptionssumpf zunächst durch Geschenke etc. ohne Gegenleistung - d. Hg.

Rolf Gössner

Waffengleichheit mit dem Organisierten Verbrechen? Oder sozialverträgliche Lösungsansätze?

»Explosionsartiger Anstieg der Kriminalität aus dem Osten«, Organisiertes Verbrechen in »nie gekanntem Ausmaß«, »Fernöstliche kriminelle Banden im Vormarsch«, »Deutschland – ein Mafia-Dorado«, ein »Paradies für Kriminelle« – so oder ähnlich lauten die täglichen Schlagzeilen der Massenmedien, die unablässig auf die Bevölkerung einpeitschen. Sicherheitspolitiker fast aller Couleur reiten auf dieser Welle politischer Dramatisierung und bieten der so verängstigten Bevölkerung ihre wohlfeilen »Patentrezepte« an: Polizeiaufrüstung, Strafrechtsverschärfung, Verdeckte Ermittler, Kronzeugenregelung, Großer Lauschangriff, Beweislastumkehr – als könnten die der (organisierten) Kriminalität zugrundeliegenden sozialen, wirtschaftlichen und psychosozialen Probleme und Mißstände rein polizeilich und strafrechtlich behoben werden.

1992 ist das »Gesetz zur Bekämpfung der Organisierten Kriminalität« (OrgKG) in Kraft getreten. Seine Autoren gingen davon aus, daß es in der Bundesrepublik in zunehmendem Maße »Organisierte Kriminalität« (OK) gebe, die zu einer »Herausforderung für Staat und Gesellschaft« geworden sei. Diese Wachstumsentwicklung habe sich seit der deutschen Vereinigung, dem Umbruch in Osteuropa, dem Andrang von Flüchtlingen, der Grenzöffnung in Europa dermaßen verstärkt, daß mit den traditionellen polizeilichen Ermittlungsmöglichkeiten keine »Waffengleichheit« mehr zu gewährleisten sei. Deshalb habe man sich gezwungen gesehen, gesetzlich nachzurüsten – was seitdem in schöner Regelmäßigkeit passiert: OrgKG (1992), Geldwäschegesetz (1993), »Verbrechensbekämpfungsgesetz« (1994) und Internationale Kooperation – demnächst Antikorruptionsgesetz, Großer Lauschangriff, Europol usw. Ein Zwang ohne Ende.

OK – ein Phantombegriff mit hohem Gebrauchswert

Was wird hier eigentlich so vehement mit immer neuen gesetzlichen, polizeilichen und geheimdienstlichen Mitteln und Methoden bekämpft? Die Definitionsversuche und Meinungen darüber, was unter dem Kürzel OK zu verstehen sei, gehen weit auseinander.[1] Die Existenz der OK ist schwer meßbar, wissenschaftlich und kriminalstatistisch kaum belegbar. Die Kriminalstatistiken geben wenig her, denn bei den registrierten Straftaten ist nicht ersichtlich, ob sie organisiert begangen worden sind. Auch das OrgKG vernebelt in der Definitionsfrage mehr, als daß es klärt – jedenfalls gibt es sich mit einer hinreichend exakten Legaldefinition, die eingrenzende Wirkung zeitigen könnte, erst gar nicht ab. Von Normenklarheit kann keine Rede sein.

Nun wissen wir allerdings aus der Kriminalberichterstattung und aus einschlägigen Gerichtsverfahren, daß es in bestimmten Regionen und in recht unterschiedlichen Kriminalitätsbereichen durchaus Organisationsstrukturen (nicht selten mit internationalen Bezügen) gibt, die mehr oder weniger systematisch zur Begehung von Straftaten genutzt werden oder aber speziell hierfür aufgebaut wurden. Insbesondere in den Bereichen Drogenkriminalität, Waffenhandel, Prostitution bis hin zu Einbruchsdiebstahl, Subventionsbetrug und Menschenhandel lassen sich solche Strukturen ausmachen.

Meine These: Es gibt in der Bundesrepublik – ungeachtet der vorherrschenden Begriffsverwirrung – zwar in bestimmten Bereichen ernst zu nehmende Ansätze und auch ausgebaute Formen von OK, allerdings nur selten langfristig angelegte hierarchisch-kriminelle Organisationen oder eigenständige Mafia-Strukturen. Vielfach handelt es sich um Formen altbekannter Bandenkriminalität – etwa Autoschieber-Banden, Hütchen-Spieler etc. –, die heute bevorzugt unter OK gefaßt werden und damit den Begriff bis zur Unkenntlichkeit aufblähen.

Kapitalistisches Wirtschaftshandeln: Legal – scheinlegal – illegal

Doch alle Lagebeschreibungen und Definitionsversuche verdecken ein wesentliches Problem: In so manchen der genannten einschlägigen Kriminalitätsbereiche ist der Übergang von illegalen zu noch legalen

1 Siehe dazu den Beitrag von Hans See in diesem Buch – d. Hg.

Geschäften äußerst fließend. Die Grenzen zwischen organisierter Kriminalität, Wirtschaftskriminalität, Korruption und legalem Wirtschaftshandeln von x-beliebigen Unternehmen sind derart durchlässig, daß bislang sämtliche Definitionsversuche gescheitert sind, ja scheitern mußten. Illegalität, also die Begehung von Straftaten, als einziges Unterscheidungsmerkmal, scheint insofern ungenügend und unpraktikabel, als alle anderen Kriterien, die bislang zur Kennzeichnung der OK genannt werden, letztlich auf legal-organisiertes Wirtschaftshandeln verweisen: Gewinnstreben, Arbeitsteiligkeit, auf längere oder unbestimmte Dauer angelegt, Verwendung gewerblicher oder geschäftsähnlicher Strukturen, Ausnutzung moderner Infrastrukturen, Einflußnahme auf Politik, Medien, öffentliche Verwaltung, die Kriterien »Machtaufbau und Machterhalt«. Dabei ist nicht etwa die »planmäßige Begehung von Straftaten« - das einzige Unterscheidungsmerkmal - das *Ziel* der OK, sondern maximaler Profit - und in dieser Zielsetzung treffen sich beide Formen wirtschaftlicher Betätigung. Strafbare Handlungen sind indes - neben den legalen Handlungen - lediglich die Mittel zur Erreichung dieses Zieles - vorzufinden ebenfalls bei beiden Formen wirtschaftlich-organisierten Handelns, wenn auch in je unterschiedlicher Gewichtung (zu erinnern ist etwa an: Steuerhinterziehung, Versicherungsbetrügereien, Subventionsbetrug, Bestechung/Korruption, Wettbewerbsverstöße, Umweltverseuchung etc.).

Sicht der »Oberwelt«: OK als klassische »Unterwelt«-Kriminalität

Definitorische Schärfe ist bislang nicht erzielt worden und läßt sich womöglich in dieser Gemengelage auch nicht erzielen. Im übrigen führt die immer noch vorherrschende Konzentration des OK-Begriffs auf die »klassische Unterwelt« - also Drogensyndikate, Rotlicht-Milieu, illegales Glücksspiel, Falschgeld-Herstellung, Schutzgelderpressung, Einbruchsdiebstahl etc. - letztlich dazu, den legalen und scheinlegalen Formen der Ausbeutung und des Handelns etwa mit gesundheitsgefährdenden und todbringenden Produkten der legalen Wirtschaft einen »Persilschein« auszustellen: Umweltverseuchung, Giftmüllschieberei, Waffenhandel mit Diktaturen, Export von hierzulande verbotenen Pharma-Produkten in die Dritte Welt sind nur einige wenige Beispiele dafür, daß Legalität nicht unbedingt auch ein soziales und moralisch-ethisches Gütezeichen ist und daß die OK im

Vergleich zum legal organisierten Wirtschaften nicht unbedingt verwerflicher, gefährlicher, schadensintensiver, »krimineller« sein muß.

Wenn schon von organisiertem kriminellem Handeln die Rede ist, so dürften langfristig die größten Gefahren und höchsten Schadenssummen im Bereich der »Oberwelt«-Wirtschaftskriminalität auszumachen sein; insbesondere da, wo kriminelle Strukturen in die Sphäre der (nationalen und internationalen) Politik und in die Sphäre der staatlichen Institutionen hineinreichen oder gar umgekehrt von ihnen ausgehen, d.h. unheilvolle Einflußnahmen und Verquickungen bis hin zu Korruption entstehen oder bereits entstanden sind. Beispiele sind die grassierende Korruption zwischen Teilen der Bauwirtschaft, politischen Entscheidungsträgern und Administration; staatlich lizenzierter oder gedeckter Waffenhandel am Rande der Legalität; Atomfilz; Umweltvergiftung; Pharma-Skandale; Parteispenden-Affären.

Etliche der mit dem OrgKG legalisierten Spezialermächtigungen für die Ermittlungsorgane, auf die ich noch zu sprechen kommen werde, sind kaum auf Wirtschaftskriminalität oder auf die angesprochenen Fälle in der Grauzone zwischen Illegalität und Legalität zugeschnitten und dürften dort auch keine Anwendung finden: Der Verdeckte Ermittler Schimanski als Bürobote oder Ministerialrat in einem Ministerium oder als Spion im Bundesnachrichtendienst oder als Direktionsassistent in der Chefetage der chemischen Industrie oder einer internationalen Bank – wohl eher eine phantastische Vorstellung!

OK-Debatte als Sicherheitskampagne

Das Gefahrenpotential der »Unterwelt«-OK wurde in den vergangenen Jahren politisch dramatisiert und für eine angsterregende Sicherheitskampagne instrumentalisiert. Die OK wurde zu einem politischen Kampfbegriff, mit dem (noch) liberale Kräfte (und die SPD) unter massiven politischen Druck gesetzt werden konnten. Die OK wurde zur populären Legitimation für staatliche Aufrüstungsmaßnahmen und Gesetzesverschärfungen – vergleichbar den anderen großen Legitimationsformeln der vergangenen Jahrzehnte: der »Gefahr des Kommunismus« in den 50er und 60er Jahren, dem »Linksextremismus« und insbesondere dem (Links-)»Terrorismus« in den 70er und 80er Jahren, mit dessen politischer Dramatisierung ebenfalls innere Angst- und Aufrüstungspolitik betrieben worden ist.

Das OK-Sonderrechtssystem

Diese Politik führte seinerzeit zu einem höchst problematischen Anti-Terror-Sonderrechtssystem, das den liberalen Rechtsstaat erheblich demontierte. Mit dem OrgKG, dem Verbrechensbekämpfungsgesetz und den neuen Länderpolizeigesetzen ist der Grundstein für ein neues, ausbaufähiges Anti-OK-Sonderrechtssystem gelegt worden, mit dem im wesentlichen geheimpolizeiliche bzw. nachrichtendienstliche Mittel und Methoden der staatlichen Überwachung, Konspiration und Infiltration weit im Vorfeld von strafbaren Handlungen legalisiert worden sind: Verdeckte Ermittler mit falscher Identität (Legenden), Tarnnamen und Tarnpapieren; V-Leute aus kriminellen Milieus; Lausch- und Spähangriffe mit Wanzen, Richtmikrophonen, Peilsendern, Videokameras etc.; Rasterfahndung und langfristige polizeiliche Beobachtung mit der Möglichkeit, Persönlichkeitsprofile und Bewegungsbilder von Verdächtigen, Kontakt- und Begleitpersonen zu erstellen; die bislang nur für den Drogen- und »Terrorismus«-Bereich geltende, höchst umstrittene Kronzeugenregelung sowie der Zeugenschutz, d. h. die Ermöglichung der Geheimhaltung der Identität und des Wohn- bzw. Aufenthaltsortes eines gefährdeten Verdeckten Ermittlers oder einer V-Person vor Gericht – mit der Folge tendenzieller Geheimprozesse. Der Einsatz geheimer polizeilicher bzw. nachrichtendienstlicher Methoden führt zwangsläufig zu geheimjustitiellen Folgen.

Diese Legalisierungen stehen für die Entwicklung eines neuen Anti-OK-Sonderrechtssystems, das demnächst von einer Großen Koalition der Inneren Sicherheit (aus CDU, FDP und SPD) mit dem Großen Lauschangriff in und aus Wohnungen gekrönt werden soll. Hierfür muß das Grundrecht der Unverletzlichkeit der Wohnung in der Verfassung eingeschränkt werden. Die bereits legalisierten Verdeckten Ermittler sollen darüber hinaus künftig legal sog. milieubedingte Straftaten begehen dürfen – womit staatliche Anstiftung zu Straftaten, die Begehung von Straftaten durch staatliche Ermittlungsorgane und damit die in der Praxis bereits stattfindende Verflechtung zwischen Kriminalpolizei und kriminellen Szenen legalisiert würden. Die Sicherstellung oder sogar entschädigungslose Enteignung von Vermögen wird erwogen, falls der Beschuldigte die »auf tatsächliche Anhaltspunkte gestützte Vermutung« nicht widerlegen kann, daß sein Vermögen aus schweren Straftaten herrührt oder dafür verwendet werden soll. Eine solche Regelung würde eine rechtsstaatlich höchst bedenkliche Umkehr der Beweislast bedeuten: ein klarer Verstoß gegen das verfassungsrechtliche Gebot der Unschuldsvermutung.

Die Geheimdienste Bundesnachrichtendienst (BND)[2] und »Verfassungsschutz« erhielten bereits – systemwidrig – eigenständige Kompetenzen zur Bekämpfung der OK, die eigentlich uneingeschränkt Sache der Strafverfolgungsorgane ist. Mit dieser Vermengung von Aufgaben, die zudem mit ähnlichen oder gar gleichen Mitteln und Methoden erledigt werden, sind nicht nur Konflikte und Pannen zwischen den Ämtern und Diensten vorprogrammiert, sondern verfassungsmäßige Prinzipien tangiert.

Zum Verständnis der hier angesprochenen Problematik sei kurz auf den historischen Hintergrund verwiesen: Aufgrund der leidvollen Erfahrungen mit der Gestapo im Nationalsozialismus, die allumfassend nachrichtendienstlich und vollziehend tätig war, sollte in der Bundesrepublik eine strikte Trennung zwischen polizeilicher und geheimdienstlicher Tätigkeit gelten, um einer undemokratischen Machtkonzentration vorzubeugen. Abgesehen von einer permanenten Durchlöcherung dieses verfassungsrechtlichen Trennungsgebotes durch eine intensive Zusammenarbeit und Arbeitsteilung im Laufe der Jahrzehnte wurden die Aufgabenfelder der Polizei weit ins Vorfeld strafbarer Handlungen ausgedehnt. Mit den neuen Legalisierungen hat die Polizei in ihren Händen sowohl exekutive (vollziehende) als auch nachrichtendienstliche Machtmittel angehäuft – wodurch in diesem Bereich das Trennungsgebot praktisch aufgehoben ist. Die demokratisch-öffentliche Kontrolle der Polizei konnte mit dieser Entwicklung in keiner Weise Schritt halten.

Mit der Übertragung von Kompetenzen der OK-Bekämpfung an die Geheimdienste machen sich auf der einen Seite BND und Verfassungsschutz – insbesondere in Bayern[3] – und Polizei auf der anderen Seite nicht mehr nur in den Bereichen des sog. Terrorismus, des

---

2 Der Bundesnachrichtendienst (BND) wird gesetzlich ermächtigt, im Ausland bzw. durch das Abhören internationaler Fernmeldenetze gewonnene geheimdienstliche Erkenntnisse über sog. Organisierte Kriminalität den Strafverfolgungsbehörden (Polizei/Staatsanwaltschaften) zuzuliefern. Mithilfe der sog. strategischen Kontrolle des BND nach bestimmten verdächtig klingenden »Suchbegriffen« werden die entsprechenden Verdachtsmomente erfaßt (»Staubsauger im Äther«).

3 Hier wurde dem »Verfassungsschutz« über Einzelbefugnisse hinaus per Gesetz – systemwidrig – die Aufgabe der OK-Aufklärung und -Bekämpfung im Vorfeld zugesprochen.

Links- und Rechtsextremismus (Staatsschutz) praktisch mit den gleichen Mitteln Konkurrenz, sondern nun auch zunehmend im Bereich der OK – wenn auch mit unterschiedlichen Erkenntnisperspektiven und -interessen.

Eine nicht zu unterschätzende Gefahr der »Organisierten Kriminalität« ist m. E. gerade in ihrer Bekämpfung mittels solcher Spezialermächtigungen zu sehen. Denn mit ihrer Hilfe wird in Grundprinzipien der Verfassung, des Strafprozesses und des Datenschutzes eingegriffen – zu Lasten der Beschuldigten, aber auch einer Vielzahl gänzlich unbeteiligter oder unschuldiger Dritter.

Geheim-Polizei als staatlich organisierte Gegen-Mafia

Die Betreiber dieser unbeirrten Verschärfungs- und Aufrüstungspolitik, die nach Waffengleichheit mit dem (organisierten) Verbrechen – besser: nach Waffenüberlegenheit – streben, scheuen weder bürgerrechtliche Kosten noch kennen sie die Pflicht zur Darlegung der Notwendigkeit und zur Kontrolle der Effizienz ihrer Maßnahmen. Einen überzeugenden Nachweis für die Effizienz der gravierendsten verdeckten Ermittlungsmethoden gibt es bis heute nicht. Aber dafür einen hohen freiheitsgefährdenden Preis: nämlich eine wachsende staatliche Kontrolldichte. Der Mensch mutiert unter der Herrschaft dieser Sicherheitsideologie und -praxis zu einem potentiellen Sicherheitsrisiko, der bürgerliche Rechtsstaat hat sich auf den Weg von der Disziplinar- zur Kontrollgesellschaft gemacht, einer Gesellschaft, die präventiv kontrolliert und Überwachungsdaten auf Vorrat sammelt und verarbeitet. Vorbeugende und repressive »Kriminalitätsbekämpfung« gerät zur inneren Feindbekämpfung, deren Betreiber bestens nach angepaßt und abweichend, nach gut und böse, nach arm und reich, links und rechts zu sortieren und zu urteilen verstehen.

Was die Bekämpfung der »Organisierten Kriminalität« anbelangt, so kann sich dieses Land keine staatlich organisierte »Gegen-Mafia« leisten, die mit der OK Schritt hält und sie bis zur Verwechselbarkeit zu durchdringen versucht. Dieses Land verträgt – schon aus historischen Gründen – keine Geheim-Polizei, die in der Lage ist, gesellschaftliche Bereiche zu infiltrieren, und die sich der öffentlichen Kontrolle mehr und mehr entziehen kann. Denn im Rechtsstaat kann es keine »Waffengleichheit« mit dem organisierten Verbrechen geben, es sei denn um den Preis von staatlich (mit-)organisierter Kriminalität (die es teilweise schon gibt), von staatlicher Machtkonzentration zu Lasten der Bürgerrechte, um den Preis einer nicht mehr kontrollierbaren Polizei und einer partiellen Geheimjustiz. Der befürchtete negative Einfluß der OK auf die Politik, auf die öffentliche Verwaltung und die Sicherheitsorgane wurde möglicherweise mit dem OrgKG und den Folgegesetzen bereits in die Wege geleitet.

Wann endlich wird sich die historische Erkenntnis durchsetzen, daß systematische Gefahren für Menschen und Bürgerrechte nicht zuletzt auch von staatlicher Seite, vom staatlich organisierten Gewaltapparat drohen können?

Kontraproduktiv und inhuman: Das Elend polizeilicher Lösungsversuche

Mit permanenten Gesetzesverschärfungen und Aufrüstungsmaßnahmen ist das gesellschaftliche und internationale Phänomen (organisierte) Kriminalität nicht zu bewältigen. Hier sind die Strafverfolgungsorgane prinzipiell überfordert, da sie keinerlei Einfluß auf die Entstehungs- und Wachstumsbedingungen von OK (bzw. Wirtschaftskriminalität) haben.

Ein Beispiel ist die grandios gescheiterte repressive Drogenpolitik, die Kriminalität erst schafft und dann mit viel polizeilichem und justitiellem Aufwand und wenig Effizienz verwaltet. Hier werden allzu viele Kräfte der Polizei und Justiz gebunden – die allerdings nichts bewältigen, sondern die Situation vor Ort noch verschärfen, etwa durch Vertreibung der Drogenabhängigen oder durch Drogen-Beschlagnahmungen – mit der Folge, daß die Schwarzmarktpreise in die Höhe gehen, was wiederum zu verstärkter Beschaffungskriminalität und Verelendung der Drogenabhängigen führt.

Dieser Teufelskreis muß endlich durchbrochen, die Polizei aus diesem Bereich weitgehend herausgezogen werden, zumal sie sich mit ihren klandestinen Mitteln und Methoden schon heillos in die kriminellen Szenen verstrickt hat. Die Drogenkonsum-Szenen und nicht die Drogen-Kartelle sind durchsetzt mit V-Leuten, Verdeckten Ermittlern und »agents provocateurs« der Polizei. Hier kommt es zu regelrechten Verflechtungen. Geschäfte werden von polizeilichen Schein(ver)käufern angezettelt, und auf diese Weise werden kleine Fische (Kleindealer) zu größeren oder großen Fischen befördert. Doch an die Drogenbosse und Drahtzieher ist offenbar mit solchen Mitteln nicht heranzukommen; das zeigen auch die Erfahrungen aus anderen Ländern. Solange die Prohibition fortbesteht und der so geschaffene schwarze Markt solche Profite abwirft wie im Drogenbereich, wird sich jedenfalls nicht viel ändern lassen.

Der nach wie vor expandierende illegale Drogenhandel bildet mit bis zu 60 Prozent den Kern dessen, was als sogenannte OK gilt; und die Beschaffungskriminalität, eine der gravierenden Folgen der prohibitiven Drogenpolitik, bildet zumindest in Ballungsgebieten mit über 50 Prozent das Schwergewicht der gestiegenen Alltags- bzw. Massenkriminalität. Gerade hier und an der zunehmenden Verelendung der Drogenabhängigen wird deutlich, wie kontraproduktiv und letztlich inhuman sich der »starke Staat«, der besonders in Krisenzeiten gefragt ist, auswirken kann. Nur eine Politik der Liberalisierung und behutsamen Entkriminalisierung wird hier etwas verändern und dem harten Kern der OK sowie der Massenkriminalität mit sozialverträglichen Methoden die Geschäftsgrundlage entziehen können.

Aber ausgerechnet diejenigen, die vorgeblich am vehementesten gegen die OK kämpfen, verweigern ebenso vehement eine sozialverträgliche und ursächlich wirkende Politik der Entkriminalisierung und Haftvermeidung im Drogenbereich – eine Politik, die insbesondere auch den Suchtkranken zugute käme: Die zwangsläufige Verelendung der Drogenabhängigen könnte aufgehalten, die Therapieangebote könnten verbessert und die Todesfälle erheblich reduziert werden.

Ursachenerforschung und sozialverträgliche Lösungsansätze

Anzusetzen ist also prinzipiell an den Ursachen, den Entstehungs- und Wachstumsbedingungen von (organisierter) Kriminalität, an den spezifischen kriminogenen und kriminalitätsfördernden Strukturen der kapitalistischen, auf ökonomisch-sozialer Ungleichheit und damit Ungerechtigkeit basierenden Wirtschaftsgesellschaft. Doch hier sind Polizei, Staatsanwaltschaften und Geheimdienste prinzipiell fehl am Platze; sie sind mit ihren spezifischen Mitteln und Methoden eher kontraproduktiv. Die permante Nachrüstung, die geradezu hilflos erscheinende Einfallslosigkeit des »more of the same« ist kläglich gescheitert – schließlich ist gleichwohl die (Massen- und Gewalt-) Kriminalität weiter angewachsen und haben sich Phänome gebildet, die heute als sog. Organisierte Kriminalität die neue Legitimation abgeben für das beharrliche Weiterschrauben an der Rüstungsspirale. Wo soll das alles enden? Eine wahrlich bange Frage, wenn man bedenkt, daß ein demokratischer Rechtsstaat nicht alles können dürfen soll, was denkbar und machbar erscheint, weil er sonst in ein autoritäres Regime abgleitet.

Sicher sind wirksame polizeiliche und strafjustitielle Eingriffe – schon zum Schutz der (potentiellen) Opfer – nicht obsolet, doch dürfen weder ihre Risiken und Nebenwirkungen für die Bürgerrechte und einen liberalen Rechtsstaat aus den Augen verloren werden, noch dürfen die polizeispezifischen Vorgehensweisen ursächlich wirkende Ansätze ersticken, die auf mehr soziale Gerechtigkeit zielen. Denn was dieses Land vor allem benötigt, ist eine sozial gerechte Umverteilung von Arbeit und Vermögen – statt der herrschenden Politik eines rigorosen Sozialstaatsabbaus und einer Umverteilung von unten nach oben, die die Schere zwischen Arm und Reich bedrohlich auseinanderklaffen läßt. Ohne einen tiefgreifenden Umbau der sich abzeichnenden Zweidrittel-Gesellschaft, ohne eine Beendigung der fortschreitenden sozialen Desintegration und Entsolidarisierung, ohne einen wirksamen Schutz sozialer und politischer Minderheiten wird sich auch im (organisierten) Kriminalitätssektor nichts zum Besseren wenden.

Hierfür ist darüber hinaus eine krisenfeste Absicherung der Bürgerrechte vonnöten – statt deren permanenter Aushöhlung. Außerdem könnte der konsequente Ausbau demokratischer Strukturen, die Verbesserung von Transparenz und demokratischer Kontrolle in Staat und Wirtschaft die strukturellen Entstehungs- und Wachstumsbedingungen für OK und Wirtschaftskriminalität erheblich verschlechtern. In diesem Zusammenhang sollte auch verstärkt über betriebliche Sanktionen – etwa Widerruf von Genehmigungen, verstärkte Betriebsprüfungen, Begleitkontrollen, Dokumentationspflichten, Zwang zur Offenlegung, erhöhte Bußgelder – nachgedacht werden.

Wir brauchen ökonomische und gesellschaftliche Strukturen, die Problemlösungen und Konfliktbewältigung unter verstärkter Bürgerbeteiligung aus allen gesellschaftlichen Schichten und Bereichen ermöglichen – etwa über Runde Tische, (nicht polizeilich dominierte) Präventionsräte und Elemente direkter Demokratie. Teilhabe- und verstärkte Mitbestimmungsrechte könnten Wirtschaftskriminalität und Mißbrauch von ökonomischer Macht zumindest eindämmen.

Friedrich Heckmann

Gesetz oder Moral?

»Und die Moral von der Geschicht'?« ist eine immer häufiger gestellte Anfrage an die Ethik. Wo gesellschaftliche Verhältnisse unübersichtlich werden, wächst der Bedarf an Orientierung. Das zeigt sich vor allem an bestimmten Problemfeldern, wo deswegen eigene »Bindestrich-Ethiken« entstanden sind: Bioethik, Genethik, medizinische Ethik, technische Ethik und auch Wirtschaftsethik. Aber eine Bindestrich-Ethik ist allemal eine Teil-Ethik; und so führt Wirtschaftsethik bestenfalls zu halbherzigen Maßnahmen gegen Wirtschaftskriminalität.

Wirtschaftskriminalität ist in unserer Gesellschaft, wie Hans See gezeigt hat, ein weitgehend tabuisiertes Thema. Wenn jedoch darüber geredet wird, steht am Ende der Diskussion zuallermeist der Ruf nach dem Staatsanwalt und schärferen Gesetzen, nach einem anderen Recht und stärkerer Bestrafung. Ich will das nicht als sinnlos abtun. Es würde schon Sinn machen, die Staatsanwaltschaften und die Finanzbehörden mit mehr Man-power, ökonomischem Know-how und technischen Hilfsmitteln auszustatten. Aber es würde grundsätzlich nichts ändern. In den hier vorgelegten Thesen ist dies mein Ausgangspunkt, nicht um eine andere, eine neue wirtschaftsresistente Moral zu proklamieren, sondern um der herrschenden marktwirtschaftlichen Ethik einen anderen ethischen Diskurs entgegenzusetzen.

Zu offensichtlich stehen wir am Beginn einer Zeit, in der der Mensch sich in den sozialen Formen, d.h. vor allem in der Wirtschaft, nicht mehr so selbstsüchtig verhalten darf wie bisher. Die Krise der globalen Wirtschaft, die letztlich nur ein Merkmal, ein Anzeichen der Krise der menschlichen Evolution ist, bedarf einer neuen Ethik menschlichen und mitweltlichen Zusammenlebens. Im Zusammenhang einer solchen Ethik – und eines gelebten Ethos infolge dieser Ethik – wird sich natürlich das wirtschaftliche Handeln und auch das Wirtschaftsrecht verändern. Es wird veränderte Maßstäbe geben, was kriminell ist und was auch als kriminell bezeichnet und geahndet werden muß.

These 1:

Die Frage nach der Beurteilung wirtschaftlichen Handelns – auch danach, ob es »kriminell« ist – ist immer auch eine ethische, insofern nach der Geltung der Normen gefragt wird, nach denen gehandelt wird.

Ethik als eine Wissenschaft, die einerseits nach den Normen für menschliches Tun und Lassen fragt und andererseits menschliche Lebensformen beschreibt, um daraus Folgerungen für einen besseren Weg oder Zustand abzuleiten, stellt die Frage nach »gut« und »böse«, nach »richtig« und »falsch« einer bestimmten Handlung oder Situation.

In meinen Ethikvorlesungen und Ethikkursen innerhalb und außerhalb der Hochschule begegne ich einer großen Scheu, etwas als »gut« und »böse« zu qualifizieren. Dies ist sicher auch Ergebnis einer repressiven Moral vergangener Zeiten, die nicht als Hilfe zum Leben, sondern als Unterdrückungsinstrument gebraucht und erlebt wurde. (Aus diesem Grunde benutze ich auch lieber den Begriff Ethos oder gelebtes Ethos, das sich aus einer bestimmten Ethik, einer ethischen Analyse oder Auffassung herleitet.) Gesellschaftlich wirkt es sich nun fatal aus, wenn Menschen nur noch individualethisch denken wollen (»Das stimmt für mich« oder »Das ist für mich nicht in Ordnung«), aber nicht bereit sind, sich auf einen ethischen Diskurs einzulassen, in dem gesellschaftliche Übereinstimmung darüber gesucht wird, was richtig oder falsch ist. Nur um Mißverständnisse zu vermeiden, füge ich hinzu, daß es natürlich nicht darum geht, ein solches Urteil endgültig und für immer zu fällen, sondern darum, in einen Prozeß der Auseinandersetzung zu kommen, der dann punktuelle und situative Ergebnisse zeitigt.

These 2:

Wenn wir fragen, wie wir handeln sollen, fragen wir danach, welche Normen für unser Handeln gelten sollen: allgemein moralische, sozialethische oder rechtliche Normen.

Hinter der Unterscheidung, ob ein Handeln moralisch einwandfrei, sozialethisch richtig oder einfach nur legal ist, steht die unterschiedliche Geltungsweise von Normen.

Moralische Normen haben ihre Geltung im Gewissen des einzelnen, sozialethische Normen entsprechen den Vorstellungen einer

Gemeinschaft oder Gesellschaft, rechtliche Normen können in einem juristischen Verfahren angewandt und durchgesetzt werden.

Nachdem der Geltungsbereich einer Norm feststeht und ich bestimmt habe, wie ich sie gesellschaftlich vorfinde und sie auch analysiere, kann ich ein ethisches Urteil darüber abzugeben versuchen, ob sie z. B. sinnvoll und kommunikabel ist.

These 3:

Wenn wir uns also die Frage nach Gesetz oder Moral stellen, ist das immer auch eine Frage nach dem Geltungsbereich dessen, was wir für richtig halten. Gehen wir davon aus, daß wirtschaftliches Fehlverhalten einzelne und unsere Gesellschaft schädigt, dann stellen wir Normen eines anderen, besseren, ja richtigen Verhaltens auf. Wo aber kann diese Norm wirksam werden, Geltung erlangen? Im Gewissen einzelner? Kann diese Vorstellung gesellschaftliche Geltung erlangen? Oder läßt sie sich juristisch durchsetzen?

Am einfachsten ist es mit Normverstößen, die nach geltendem Recht kriminell sind: Waffenexporte in Spannungsgebiete oder Verstöße gegen geltendes Umweltrecht durch gesetzwidrige Entsorgung oder Massentierhaltung mit Verstößen gegen das Tierschutzgesetz. Diese Normverstöße können in einem obrigkeitlichen Verfahren geahndet werden. Einschränkend ist allerdings festzustellen, daß die Wirksamkeit einer solchen Ahndung zweifelhaft bleibt, wenn andere gesellschaftliche Normen die übertretenen rechtlichen Normen relativieren. Ein Beispiel wäre die gesellschaftlich weitgehend akzeptierte Norm des Erhalts von Arbeitsplätzen. Im Zusammenspiel mit der Norm der Kapitalsicherung bzw. der Kapitalmaximierung ist sie zur Zeit kaum hinterfragbar. Das gilt auch, wenn der Preis sehr hoch ist und die Menschen buchstäblich zum Wahnsinn treibt, wie am Beispiel der völlig irrationalen britischen und europäischen Agrarpolitik und der Rinderseuche BSE deutlich wird.

These 4:

Eine hohe Akzeptanz von Normen liegt dann vor, wenn der durch die juridische Gesetzgebung mögliche Zwang auch weggelassen werden kann und die jeweilige Rechtsnorm sich dennoch durchsetzt, weil die Idee dieser Norm allein ausreicht, Triebfeder für richtiges, d.h. gutes Handeln zu sein. So erreicht eine rechtliche Norm moralische Geltung.

Wenn sich eine bestimmte Norm – und das ist sicher bei einem hohen Anteil unserer Steuergesetze so, aber nicht nur bei ihnen – nur durch die Zwangsdrohung Gehör verschaffen kann, so wirkt sie nur als ein »bedingtes Müssen«. Im gegenwärtigen Wirtschaftssystem scheint dieses »bedingte Müssen« die einzige regulierende Größe eines ansonsten kaum kontrollierbaren und beeinflußbaren Systems zu sein.

Eine Pflicht zum »guten« Handeln, da ja die Wirtschaft dem Allgemeinwohl zu dienen hat, wie bei Adam Smith nachzulesen ist, scheint in der Ökonomie und im alltäglichen wirtschaftlichen Tun veraltet und antiquiert. Sie ist keine vorstellbare Kategorie wirtschaftlichen Handelns in Zeiten der globalen Kapitalakkumulation.

Hierhin gehört auch die persönliche Verantwortung des einzelnen und damit auch die Frage, ob es etwas grundsätzlich verändert, wenn ich einzelne zur Rechenschaft ziehen kann.

These 5:

Es bleibt als dritter Geltungsbereich der Bereich der sozialethischen Reflexion und des damit verbundenen herrschenden Sozialethos. Ohne die in einer Gemeinschaft gültigen, lebendigen und immer weiter tradierten sozialen Normen und Sinnvorstellungen sind gesellschaftliche Prozesse in Kontinuität und Diskontinuität nicht denkbar.

Wenn also das »gute Handeln« des einzelnen keine Möglichkeit für ethisch richtiges Wirtschaftshandeln darstellt, müssen wir neu nach dem Subjekt eines solchen Wirtschaftshandelns fragen.

Max Weber ging Anfang des Jahrhunderts davon aus, daß Ethik in der Wirtschaft nur auf der institutionellen Ebene möglich ist. Es hat also keinen Sinn, an verantwortliche Unternehmer oder Bankenvertreter in Aufsichtsgremien zu appellieren. Notwendig ist eine Veränderung auf institutioneller Ebene, das bedeutet Partizipation an Entscheidungen und Demokratisierung von Wirtschaft.

These 6:

Soziale Grundrechte wie das Recht auf Arbeit, das Recht auf soziale Sicherheit oder das Recht der Familie auf sozialen, gesetzlichen und wirtschaftlichen Schutz sind Teil der Menschenrechte (Sozialcharta).

Jegliche Menschenrechtsvorstellung gründet in einer bestimmten Anthropologie und zielt auf einen bestimmten Zustand im menschlichen Sein.

Menschenrechte und menschenrechtliche Zielvorstellungen werden ethisch begründet und sind Teil eines anzustrebenden – ethisch bestimmbaren – Zustandes.

Menschenrechte gehören nicht zu den Rechten und Normen, die Menschen schon immer ausgebildet haben, insbesondere nicht die sozialen Grundrechte. Dies macht ihre Durchsetzung gerade gegenüber einem sich anscheinend selbst erklärenden Wirtschaftshandeln schwierig.

These 7:

Die große Akzeptanz wirtschaftlicher Normen und Regeln läßt danach fragen, ob im Wettbewerb alles erlaubt ist, was nicht verboten ist. In einem zweiten Schritt ist dies die Frage danach, welche Möglichkeiten in gesetzlichen und rechtlichen Regelungen liegen, wirtschaftlichen »Fehlentwicklungen« vorzubeugen. In einem dritten Schritt ergibt sich die Frage nach der Tauglichkeit des Strafrechts beim Kampf gegen Wirtschaftskriminalität.

In Teilbereichen kommt die Gesellschaft ohne das Strafrecht aus. Eine Lockerung entsprechender Bestimmungen hat nicht, wie häufig befürchtet wird, einen Niedergang der öffentlichen Moral zur Folge. Insofern können wir deutlich mehr Gelassenheit im Umgang mit Alltagskriminalität und auch wirtschaftlicher Kleinkriminalität entwikkeln.

Im Bereich der Wirtschaft im Ganzen aber ist eine höhere Sensibilität notwendig. Auch der Einzelne, der in einem Wirtschaftsunternehmen Verantwortung trägt, muß sich fragen lassen, ob ein mögliches Geschäft, das unter zweifelhaften Bedingungen zustande kommen kann, wirklich abgeschlossen werden soll oder ob nicht ein kleiner Schritt zu einem Ort unethischen Verhaltens in der Gesellschaft größere Schritte nach sich zieht. Hier ist es durchaus auch sinnvoll, einzelne, z. B. bei Konkursen oder größeren Wirtschaftsdelikten, zur Rechenschaft zu ziehen. Nur darf man sich davon, wie ich in These 5 ausgeführt habe, keine Veränderung oder »Besserung« des Wirtschaftsethos erhoffen. Innerhalb der Rahmenordnung einer freien Marktwirtschaft gibt es verschiedene ethische Positionen. Die eine Position läßt sich so beschreiben, das alles erlaubt ist, solange es nicht verboten wird (Waffenexport, umweltunverträgliche Produktionsmethoden, Ausbeutung von Arbeitnehmern und Arbeitnehmerinnen).

Die zweite Position geht davon aus, daß die Freiheit in einer wirklich freien Wirtschaft nicht dazu mißbraucht wird, daß man das Böse, ethisch gesprochen, solange tun darf, wie es nicht geahndet und verfolgt wird. Diese Position geht davon aus, daß zur Freiheit immer Verantwortung gehört und ein Konkurrenzkampf, wie er momentan auf den globalen Märkten zu herrschen scheint, dann auch kein freier Wettbewerb mehr wäre.

Wenn in der freien Wirtschaft Freiheit auch Verantwortung bedeutet, dann wäre die Konsequenz daraus, daß die Verantwortung für wirtschaftliches Handeln nicht nur von der Kapitalseite übernommen werden kann, sondern von allen, die mit den wirtschaftlichen Prozessen in einer Nationalökonomie oder in der überstaatlichen Ökonomie zu tun haben oder von ihnen betroffen sind. Letztlich ginge es also um Demokratisierung von Wirtschaftsentscheidungen, um eine Demokratisierung unserer freien Wirtschaft, wenn sie denn wirklich frei sein soll. So kann die Wirtschaft auch wieder dem Allgemeinwohl dienen.

These 8:

Im Gegensatz zu landläufigen Vorurteilen läßt sich in ethischen Diskursen eine große Vorsicht feststellen, ethische Folgerungen zu formulieren. So wurden besonders im Bereich der Wirtschaftsethik selten materialethische Sollensansprüche aufgestellt. Dies ist so nicht mehr angemessen.

Wirtschaftsethik wird beispielsweise das Verhältnis von Tauschgerechtigkeit und Verteilungsgerechtigkeit zu thematisieren und Position zu beziehen haben, wie wir es im Januar 1996 auf unserem Kongreß in Hamburg »Geld ist genug da. Reichtum in Deutschland«[1] getan haben, weil die Aspekte der Solidarität und der Brüderlichkeit in bestimmten ethischen und politischen aber auch rechtsphilosophischen Traditionen unaufgebbar sind.

Die kommunitaristische Debatte in den USA hat uns zumindest daran erinnert, daß es legitim ist, die Frage nach Gerechtigkeit zu stellen – und das ist für mich heute mehr denn je die Frage nach der Verteilungsgerechtigkeit – und die ethische oder sagen wir ruhig morali-

---

1 Die Texte dieses von der Bürgerinitiative für Sozialismus veranstalteten Kongresses sind dokumentiert in: H. Schui/E. Spoo (Hg.): Geld ist genug da. Reichtum in Deutschland, Heilbronn 1996.

sche Forderung der Verwirklichung von Gerechtigkeit und Wahrnehmung von Verantwortung zu erheben.

These 9:

Die Suche nach Maßstäben für wirtschaftliches Handeln geht über den Bereich von Recht und Moral hinaus. Strafrecht und Moral dekken sich nicht. Sie bilden höchstens eine Schnittmenge. So gibt es Verhaltensweisen, die nicht verfolgt werden, obgleich sie durch die Moral in Frage gestellt werden. Letztlich jedoch läßt sich Ethik nicht in Rechtsformeln fassen, auch nicht im Wirtschaftsbereich. Was ethisch geboten ist, verändert sich. Wenn es in Gesetzesformeln gegossen wird, ist es deutlich etwas anderes als das, was ethisch geboten ist. Niemand kann durch Gesetze dazu gezwungen werden, das Gute zu tun, sich also ethisch zu verhalten. Gesetze und Strafverfolgungen dienen allein dazu, bestimmte Verhaltensweisen, die als schädlich zu bezeichnen sind, zu verfolgen. Insofern können Polizei und Staatsanwaltschaft lediglich das »ethische Minimum« sichern. Ethik muß zu einer Regelung wirtschaftlicher Belange immer wieder auf politisches Handeln verweisen und einen Diskurs eröffnen. Durch den politischen Diskurs und seinen Niederschlag in der Gesellschaft werden Normen verändert und kann sich ein neues Ethos herausbilden. Das schließt ein Verständnis von Politik ein, das Politik nicht als bloße Administration und Recht nicht als bloßes Instrumentarium staatlicher Lenkung und Steuerung wirtschaftlicher und anderer gesellschaftlicher Prozesse versteht.

Träger und Trägerinnen eines neuen Ethos, das nicht der herrschenden marktwirtschaftlichen Ethik entlehnt ist, werden sich dann durchsetzen, wenn sich ein institutioneller Rahmen finden läßt und wenn die Demokratisierung unserer Gesellschaft – und das heißt die der Wirtschaft – wieder thematisiert wird. Verbraucherinitiativen und soziale Bewegungen, aber auch Gewerkschaften und Kirchen können sowohl zu einem solchen Rahmen beitragen als auch Träger und Trägerinnen sein. Unter dem Druck wachsender Verelendung und ökologischer Katastrophen werden sie es sein müssen.

Das derzeitige industrielle Wirtschaftsmodell ist kein Leitbild für die Zukunft unserer Gesellschaft und das Fortbestehen der menschlichen Gattung auf der Erde. Deshalb ist ein Festhalten an diesem Modell ethisch illegitim.

Johannes Ludwig

(Wirtschafts-)Kritische Öffentlichkeit – Möglichkeiten eines professionelleren Journalismus

Nachdem es mehrere Jahrhunderte gedauert hat, bis sich erst Menschenrechte, dann immer mehr Freiheitsrechte und im 20. Jahrhundert auch politische Gleichheitsrechte haben durchsetzen können und in allen Demokratien das Prinzip »one man/one wife – one vote« gilt, steht ein ähnlicher Grad an Partizipation am gesellschaftlichen Leben, soweit es die wirtschaftliche Seite betrifft, noch aus: Im Gegensatz zur politischen Teilhabe ist die Teilnahmefähigkeit am Markt, also an allem, was über dieses allokative Organisationsmodell verteilt wird, von der individuellen Kaufkraft abhängig, genauer gesagt, von der Einkommensverteilung, und entspricht damit kaum einer sozialen Gleichheit.

Da derzeit praktisch alle gesellschaftlich-ökonomischen Rahmendaten (Arbeitsmarkt und Realeinkommensentwicklung, Rentenversorgungs- und Gesundheitssysteme usw.) nicht mehr die Prosperitätszuwächse aufweisen wie in der Vergangenheit über mehrere Jahrzehnte hinweg, kann man davon ausgehen, daß die öffentliche »Sensibilität« allein schon aufgrund der zunehmenden individuellen Einschränkungen, etwa durch die staatliche Abgabenbelastungen, sowie aufgrund der sich abzeichnenden Umverteilung an Lebensqualität deutlich zunehmen wird.

Inwieweit sich diese Trends in Handlungsmöglichkeiten transformieren lassen, über mehr Öffentlichkeit auch ein Mehr an Partizipation am politischen und wirtschaftlichen Leben und dessen Kontrolle, etwa in Bezug auf die Sozialschädlichkeit von wirtschaftskriminellen Verhaltensweisen, herzustellen, soll Gegenstand der nachfolgenden Überlegungen sein.

Das grundsätzliche Problem

Daß Wirtschaftskriminalität – im Gegensatz etwa zum Kapitalverbrechen – gesellschaftlich kaum wahrgenommenen wird, läßt sich auf drei Ebenen orten.

Die *erste Ebene* läßt sich als Marktversagen im weitesten Sinne ausmachen, wobei unter Markt alle Organisationsformen verstanden werden. Daß Allokationsmechanismen wie Bürokratie, Korruption, Betrug oder Erpressung wenig an die Öffentlichkeit dringen, liegt in ihrem außerordentlich hohen Grad an Unmerklichkeit für (zunächst) Unbeteiligte begründet. Korruption beispielsweise spielt sich eigentlich nur zwischen zwei Tätern bzw. Tauschpartnern ab und kennt so gesehen keine Opfer. Frust, Widerstand oder gar (strafrechtliche) Klagen kommen zumindest nicht von dritter Seite, die sich irgendwie geschädigt fühlen könnte – ganz im Gegensatz zu Diebstahl, Körperverletzung oder auch einem »schönen Mord«.[1] Ähnlich funktionieren Kapitalflucht oder Steuerhinterziehung.[2] Allen Fällen ist gemeinsam, daß der Mechanismus der Schädigung bzw. Benachteiligung »Unbeteiligter« kompliziert verläuft, kaum sichtbar ist und vor allem lautlos geschieht. Darin liegt die erste Restriktion der öffentlichen Wahrnehmung.

Die *zweite Ebene* läßt sich als Politikversagen bezeichnen, weil das Problem der ersten Ebene nicht (ausreichend) »reguliert« wird, um diesen politischen und wissenschaftlichen Modebegriff einmal aufzugreifen. Dies beginnt im parlamentarischen Bereich, der sog. Legislative, wo man diesem Phänomen kaum Beachtung schenkt, obwohl die »Wirtschaftskriminalität größere materielle Schäden als die Summe aller sonstigen gegenständlichen Kriminalität anrichtet«,[3] die aber von jenen, die stellvertretend mit der Gestaltung (und eben auch Verbesserung) der Lebensumstände betraut sind, nicht wahrgenommen werden. Das Wahrnehmungsproblem setzt sich fort auf judikativer

1 So ein Buchtitel von E. Mandel, der unter diesem Motto dem Widerspruch zwischen der gesellschaftlich akzeptierten Verabscheuungswürdigkeit solcher Verbrechen und der allgemeinen Lesebegierde darüber nachgeht: Ein schöner Mord. Sozialgeschichte des Kriminalromans, Frankfurt a. M. 1987.

2 Vgl. J. Ludwig: Steuern ohne Ende. Von der Mehrwert- bis zur Mineralölsteuer, Frankfurt a.M. 1991, Kap. 5: »Gegenstrategien. Steuermoral, Steuerwiderstand und Steuerkriminalität« bzw. S. 51–82.

3 So der Strafrechtler und (Wirtschafts-)Kriminologe Klaus Tiedemann vom Institut für Kriminologie und Wirtschaftsstrafrecht an der Uni Freiburg.

Ebene, konkret im Justizapparat, der einem Filter gleicht, weil von 1000 Tätern höchstens 100 in diese vergleichsweise noch weit geöffnete Öffnung fallen, bevor die modellimmanente Selektion beginnt: Von 100 Ermittlungen gelangen höchstens zehn zu einem (bereits hinsichtlich des Ermittlungsumfanges meist erheblich reduzierten) strafrechtlich relevanten Abschluß, bevor dann die Mühlen der richterlichen Würdigungen zu mahlen beginnen, deren Ergebnis in drei völlig belanglosen Urteilen[4] und allenfalls in einem einzigen Fall in einer ernster zu nehmenden Verurteilung besteht. Die Transparenz der sozialschädlichen Vorgänge bewegt sich damit im absoluten Promillebereich.[5] Was die sog. Exekutive anbelangt, so zeichnen sich so gut wie alle Behördenstrukturen durch Informationsbarrieren aus. Während etwa in den USA der »Freedom of Information-Act« jedem Bürger den verfassungsrechtlich abgesicherten Zugang zu praktisch allen relevanten Informationen auf staatlicher Behördenebene sichert, ist das mehr »obrigkeitsorientierte« und im Vergleich zu den USA weit weniger demokratisierte Staatsgebilde Bundesrepublik durch Transparenzschranken gekennzeichnet, egal ob diese Dienstgeheimnis, Steuergeheimnis,[6] Bankgeheimnis[7] oder Datenschutz heißen. Alle

---

4 Zum Beispiel Geldstrafen in Höhe von einigen (wenigen) Tausend Mark oder Freiheitsstrafen auf Bewährung.

5 Zudem stellt die strafrechtliche Abarbeitung bis hin zur Strafbemessung genau nicht auf die Sozialschädlichkeit der Wirkungen ab, sondern auf (wenige) kodifizierte Normenverletzungen (wie z. B. Untreue, Konkursvergehen, Abgabenhinterziehung u. a. m.), die sich ohne großen Aufwand ermitteln, klar feststellen und sich hinsichtlich ihres Grades an Abweichung von der Normalnorm leicht beurteilen lassen. Vorrangiges Ziel des Strafrechts ist die Bestrafung und weniger eine Wiedergutmachung. Auf der zivilrechtlichen Ebene sieht dies ein wenig anders aus. Zwar geht es hier grundsätzlich und theoretisch um Schadensregulierung, diese läßt sich aber vergleichsweise selten durchsetzen: Oftmals scheitert der zivilrechtliche Durchgriff von Geschädigten am Nichtzustandekommen der Strafverfahren, weshalb viele reale Ansprüche obsolet werden. Zum zweiten muß der Geschädigte selbst die Aufgaben der Recherchen und Beweisfindung/Beweisführung übernehmen, ohne über administrative und polizeiliche Ermittlungsmöglichkeiten wie die eines Staatsanwalts zu verfügen. Zum dritten ist dies vorrangig oft auch eine Frage der Finanzierungsmöglichkeiten jener, die – oft finanziell total ruiniert – den Verwaltungsaufwand hoher Streitwerte über nicht kalkulierbare Zeiträume hinweg vorfinanzieren müßten, und dies zudem mit dem Risiko des völlig offenen Ausgangs. Diese vielen Restriktionen schrecken viele potentielle Kläger ab. Vgl. J. Ludwig: Wirtschaftskriminalität. Schleichwege zum großen Geld, Frankfurt a. M. 1992, Kap. 1 sowie 6–9.

6 Es schützt den Betrug an der Allgemeinheit vor der Öffentlichkeit; vgl. J. Ludwig:

daraus erwachsenden Mentalitätsstrukturen lassen sich im Ergebnis so charakterisieren: Auch beim Phänomen Wirtschaftskriminalität steht hinsichtlich der Aufklärung und der Transparenz der Folgeschäden der Schutz der »Täter« höher als der der Opfer, konkret das legitim begründbare Interesse der Allgemeinheit. Auch dies sicherlich als Folge einer eingeschränkten Wahrnehmung.

Damit sind wir bei der *dritten Ebene,* die man als Medienversagen charakterisieren könnte.[8] Da den Medien in einem demokratischen Staat nach allgemeinem Konsens eine öffentliche Aufgabe zukommt – manche sprechen sogar von »Vierter Gewalt« –, muß sich unzureichende Funktionstüchtigkeit unmittelbar auf alle drei anderen »Gewalten« bzw. unmittelbar auch auf die Probleme der hier so bezeichneten ersten und zweiten Problemebene auswirken. Dies betrifft zunächst Fragen der Wahrnehmung und der Herstellung von Öffentlichkeit, in zweiter Linie Fragen von Kontrolle und potentiellen Veränderungs-, sprich Verbesserungsmöglichkeiten. Da gerade auch bei bzw. über bestimmte Medien vielfach unzutreffende Voreinstellungen (Vorurteile) bestehen, die ebenfalls ein Ergebnis selektiver Wahrnehmung aufgrund mangelnder Transparenz[9] sind, soll das weite Spektrum journalistisch-professioneller Aufgabendefinition und Aufgabenbewältigung anhand zweier gegensätzlicher Beispiele skizziert werden. Da gibt es zunächst den »Spiegel«, der immer noch vom Mythos seiner unerreichten Kontrollfunktion[10] als publizistisches Wirtschaftsunternehmen mit knapp einer halben Milliarde DM Jahresum-

Wirtschaftskriminalität ..., a. a. O., S. 54–56; und ders.: Steuern ohne Ende, a. a. O., S. 125 bzw. Fn 102.

7 Es hängt mit dem Steuergeheimnis eng zusammen, hatte früher (nur) die Rechtsqualität eines Ministererlasses an die Finanzbehörden und hat seit 1989 Gesetzesrang. Zur politischen Enstehungsgeschichte vgl. J. Ludwig: Steuern ohne Ende, a. a. O., S. 59; und ders.: Das falsche Spiel mit der Lohn- und Einkommenssteuer, Frankfurt a. M. 1991, S. 50–56.

8 Müller-Schöll/Ruß-Mohl sprechen von »Journalismus-Versagen«, betonen aber, daß »Fehler« oder unzureichende Wahrnehmung der öffentlichen Medienfunktion auch institutionell begründet sein können; vgl. U. Müller-Schöll/St. Ruß-Mohl: Journalismus und Ethik, in: O. Jarren (Hg.): Medien und Journalismus I., Opladen 1994, S. 273.

9 Und natürlich auch Ergebnis begrenzter individueller Aufnahme- und Verarbeitungskapazitäten (vgl. die Vielfachangebote an relevanten Zeitungs- und Zeitschriftentiteln oder an politischen Fernsehmagazinen).

10 Rudolf Augstein bezeichnete seine Zeitschrift einmal als »Sturmgeschütz der Demokratie«.

satz, rund 900 Mitarbeitern (darunter ca. 250 Journalisten/Redakteure und 75 Dokumentationsjournalisten) und mit einer Auflage von über einer Million verkaufter Exemplare im Jahresdurchschnitt so viel Geld verdienen kann, daß sich das Leben eines typischen »Spiegel«-Journalisten durch vergleichsweise wenig Textproduzieren bei gleichzeitigem sehr gutem Geldverdienen auszeichnet.[11] Macht Geld auf der einen Seite, wie man sagt, sinnlich, so macht es auf der anderen Seite träge, insbesondere dann, wenn es fast von selbst fließt und die Motivation zu eigenen Rechercheleistungen bei vielen »Spiegel«-Redakteuren aufgrund der arbeitsteiligen und anonymen Produktion eines »Nachrichtenmagazins« nicht sonderlich ausgeprägt zu sein scheint. Anders kann man nicht erklären, daß viele Informationen, die später zu großen Enthüllungsgeschichten und Skandalen wurden, dem Quasi- Monopolisten »Spiegel« zwar als erstem angeboten wurden, dieser aber nichts daraus gemacht hatte. Dies betrifft beispielsweise den Fall Balsam/Procedo, der zwei Jahre danach im ZDF-Magazin »frontal« publik wurde, oder aber auch die Affäre von verbotenem Technologietransfer des Thyssen-Konzerns in den Irak, die dann die Illustrierte »stern« veröffentlichte.[12]

Mit dem »Spiegel« verbindet sich bis heute die Erinnerung an solche Affären wie die um Barschel oder die Neue Heimat, aber diese Geschichten wurden dem »Spiegel« von außen zugetragen. Die eigene Rechercheleistung fällt vergleichsweise gering aus, und die journalistische Kontrollfunktion ist in hohem Maße von Zufälligkeiten geprägt.[13] Im selben Jahr, als der »Spiegel« den Fall Balsam/Procedo verschlief, nahm eine Redakteurin der »Rhein-Neckar-Zeitung« im Raum Heidelberg aus Interesse an einer Verlosungsaktion teil, die sich

---

11 Je nach Dauer der Betriebszugehörigkeit, hierarchischer Eingliederung u. a. m. verdiente ein Journalist 1992 zwischen 8 000 und 15 000 DM. Dazu addierten sich 1992 weitere 55 000 DM aus der Gewinnausschüttung. Der Gewinn betrug 100 Millionen DM. Umgerechnet entfielen auf jedes verkaufte Exemplar, das 5 DM kostet, 1,65 DM Gewinn. Vgl. J. Ludwig: Kosten, Preise und Gewinne. Zur Betriebswirtschaft von Medienunternehmen: Das Beispiel DER SPIEGEL, in: K.-D. Altmeppen (Hg.): Ökonomie der Medien und des Mediensystems, Opladen 1996, insbes. S. 94–99.

12 Vgl. dazu und zu anderen Beispielen: ebd., S. 97 ff.

13 Die Neue-Heimat-Story beispielsweise wurde erst dem »stern« angetragen, der aber noch so stark unter dem Schock seiner »Hitler-Tagebücher« stand, daß er sich nicht an die vorgelegten Dokumente heranwagte. Erst danach wurden die umfangreichen Materialien dem »Spiegel« angeboten, der dann herzhaft zugriff.

schnell als getarnte Anwerbungs- und Schulungsaktion eines Time-Sharing-Unternehmens entpuppte, bei der die Journalistin die ersten Phasen anonym mitspielte, um die dubiosen Praktiken aus eigener Erfahrung kennen zu lernen. Ein erster vorsichtig lancierter Versuchsballon in Gestalt eines hinterfragenden Artikels löste unmittelbar eine Lawine aus, als sich mehrere Leser meldeten, die sich von dem fraglichen Unternehmen getäuscht fühlten, aber noch keine konkreten Beweise für die betrügerischen Absichten in Händen hielten. Die Redakteurin war dadurch imstande, weitere, detailliertere Informationen über die Geschäftspraktiken publik zu machen, die dann zur Bildung einer Schutzgemeinschaft führten. In der Zusammenarbeit sammelte sich immer mehr Wissen an, das nunmehr der gesamten Öffentlichkeit zur Verfügung stand. So endete die Geschichte fast wie im Märchen: Das fragliche Unternehmen ging in Konkurs, der Geschäftsführer wurde verurteilt, die Mitglieder der Interessensgemeinschaft konnten wenigstens einen Teil ihrer Gelder retten. Die durch Konkurs untergegangene Firma tauchte flugs danach unter neuem Namen mit neuen Strohmännern im benachbarten Mannheim auf, hatte dort aber kein Glück: Die »Rhein-Neckar-Zeitung« hatte die Kollegen vom »Mannheimer Morgen« längst vorgewarnt. Müßig zu erwähnen, daß daraufhin das Time-Sharing-Unternehmen weiter nach Karlsruhe zog, aber auch dort gibt es eine Tageszeitung ...[14]

Vergleicht man beide Beispiele unter Kriterien wie investigative und publizistische Leistung oder aufklärerische Aufgabenerfüllung, also unter dem Aspekt der kontrollierenden und hier sogar präventiven Schutzfunktion, so fällt eine Bewertung eindeutig zugunsten der (im Vergleich zum großen »Spiegel«) kleinen Regionalzeitung aus.

Medienversagen und seine Gründe

Daß die meisten Medien aus der Sicht ihrer Macher trotz ihres selbstgesetzten hohen Anspruchs nicht alles das leisten (können), was sie sich vorgenommen haben, hat vielfältige Ursachen. Eine davon ist, daß es Journalisten und Redakteuren nicht immer gelingt, publizistische Ansprüche gegen ökonomische Restriktionen oder Notwendigkeiten durchzusetzen.

---

14 Die Affäre ist teilweise in einem Artikel erwähnt, der das Thema Time-Sharing generell problematisiert: Th. Bogatz: Ferienimmobilien: Wenn der Traumurlaub zum Alptraum wird, in: Das Geldbuch, Freiburg 1993, S. 157–181.

Am stärksten und häufigsten tritt dieser systembedingte Zielkonflikt zwischen dem »System Publizistik/Journalistik« und dem »System Wirtschaft«[15] bei privatwirtschaftlich organisierten Medien auf. Die Intensität des Dilemmas hängt allerdings von der jeweiligen Gewichtung der beiden konträren medialen Unternehmensziele ab: Profit und/oder Informationsvermittlung. So verstehen sich die privatwirtschaftlichen Fernsehanbieter in erster Linie als Wirtschaftsunternehmen, die ihr Geld vor allem mittels Werbung und dazu passende Unterhaltung einspielen wollen und daher publizistische Kontrollfunktionen nur im Huckepack anbieten.[16] Bei den ebenfalls auf der Basis marktwirtschaftlichen Austausches operierenden Tageszeitungen sind die publizistisch-journalistischen Ansprüche weit höher gewichtet und halten sich zumindest die Waage mit ökonomischen Gewinnzielen. Da die bundesdeutsche Zeitungslandschaft in ihrer ökonomisch-publizistischen Topographie jedoch sehr unterschiedlich entstanden und gewachsen ist und die konkrete Wettbewerbssituation sich von Region zu Region unterscheidet,[17] läßt sich ein einheitliches Bild nicht ausmachen. Außer den rechtlichen Inhaberverhältnissen und der Unternehmensphilosophie wird das Gesicht einer Zeitung auch maßgeblich vom Organisationssystem Redaktion geprägt. Das gleiche gilt für die in größeren Zeitabständen erscheinenden Zeitschriften.

Etwas anders sieht es bei den öffentlich-rechtlichen Sendeanstalten aus, die weniger nach Akzeptanz in Form gebündelter Nachfragemasse, sprich Einschaltquoten, gieren müssen,[18] aber in vielen Fällen

---

15 Ausführlicher diskutiert bei J. Heinrich: Medienökonomie, Opladen 1994, S. 87ff., insbes. S. 91–98.

16 Diese sind sogar politisch vorgegeben. So mußte sich etwa der Sender RTL, um die Sendelizenz zu erhalten, verpflichten, bestimmte »Fenster«, d. h. bestimmte Sendeplätze, für Informationssendungen zu reservieren, die beispielsweise von der Fa. dctp (Mitinhaber ist der Filmemacher Alexander Kluge) gefüllt werden. Im dctp-Fenster wird z. B. »Spiegel-TV« gesendet.

17 1993 gab es in der Bundesrepublik in 55 Prozent aller Kreise nur noch eine einzige Zeitung. Dies betrifft immerhin 38 Prozent der bundesdeutschen Bevölkerung, die den lokalen Monopolangeboten nicht ausweichen kann. Vgl. W. J. Schütz: Deutsche Tagespresse 1993, in: Media Perspektiven (1994), S. 193. Dies kann sich, wie die kommunikationswissenschaftliche Forschung nahezu übereinstimmend ergibt, auf die journalistische Qualität auswirken.

18 Bezeichnenderweise sind die öffentlich-rechtlichen Anstalten nicht von den betrügerischen journalistischen Machenschaften des TV-Journalisten Michael Born betroffen, dessen Prozeß wegen Betruges vor dem Landgericht Koblenz 1996 bundesweit

bei ihren Rechercheaktivitäten und Informationsangeboten vor den unüberwindlichen Hürden kameralistischer Haushaltsvorschriften stehen, die aus der Ära des »Alten Fritz« datieren.

Zusammengefaßt läßt sich ein sehr buntes Bild der Medien und ihrer eigenen Ansprüche konstatieren. Vor diesem Hintergrund gestalten sich die Probleme im Detail.

Die beiden bedeutsamsten Restriktionen heißen erstens Zeit zum Recherchieren und Ausarbeiten und zweitens Platz zum Veröffentlichen – Probleme, die vermutlich so alt sind wie die Medien selbst. Die Medienunternehmen können sie nur intern lösen. Wenn Medienmacher solche Einschränkungen überhaupt als solche empfinden, so sind dies meist die Vertreter des »Systems Publizistik« und seltener die Vertreter des besitzenden Kapitals. Es sei denn, publizistische Zielsetzungen liefen, etwa aufgrund einer entsprechenden Konkurrenzsituation, mit ökonomischen parallel.[19]

Zeitrestriktionen und die Hektik des journalistischen Alltags prägen auch die mangelnde Koordination einer nach »klassischen« Ressorts arbeitsteilig aufgebauten Zeitungsproduktion. Davon bleiben selbst so renommierte Blätter wie die »Süddeutsche Zeitung« nicht unberührt. Als Anfang der 90er Jahre das Unternehmen Siemens im Zusammenhang mit Bestechung und Korruption bei der Erlangung öffentlicher Aufträge in die Schlagzeilen geriet (Münchner »Elektromafia«) und mehrere Manager hinter Gitter mußten, war die Wahrnehmung in der Öffentlichkeit über den Siemens-Konzern von sehr unterschiedlichen, aber ausgesprochen typischen Formen journalistischer Berichterstattung bestimmt:

Im Wirtschaftsteil war die Rede von der Erfreulichkeit der Geschäftsentwicklung im allgemeinen (»Siemens weiter nach vorne«) sowie der Wertentwicklung der Aktienkurse im speziellen; der Polizeireporter breitete die Prozeßinterna im Lokalteil aus (»Schweigende Ehrenmänner und ein kleiner Beamter«), und die innenpolitischen Redakteure, die die Einflußnahme des Großkonzerns auf die Politik

---

Aufsehen erregte. Hauptabnehmer der vergleichsweise simplen Fälschungen waren »stern-tv« und »Spiegel-TV«.

19 Dies ist etwa dann der Fall, wenn ein Monopolunternehmen mit zwei sehr gegensätzlichen Blättern das gesamte Meinungsspektrum ökonomisch dadurch abzuschöpfen versucht, daß es eine regierungsfreundliche und eine regierungskritische Zeitung herausgibt. Mit diesem Modell operiert z. B. die Zeitungsgruppe WAZ in NRW.

und die Justiz verfolgten (»Siemens und die Amigos in der Staatskanzlei«; »Der Kommissar, der zuviel aufdeckt«), bestückten die »Seite Drei«. Ein Gesamtbild des Problems, wie sich ein Konzern zwischen dem (vermeintlichen) Zwang zu immer mehr Wachstum und der Auftragsaquisition um jeden Preis verstrickt und wie sich korrupte Kartellpraktiken auf die zusätzliche Inanspruchnahme öffentlicher Gelder auswirken, was wiederum langfristig Folgen für die staatlichen Handlungsspielräume auf der Ausgaben- wie Einnahmenseite nach sich zieht, konnte sich beim Leser nicht aufbauen. Übergreifende Zusammenhänge wurden nicht dargestellt, die öffentliche Wahrnehmung darüber konnte sich allenfalls eingeschränkt und dies auch nur in Raten entwickeln. Dennoch gehörte die Berichterstattung der SZ, schon aufgrund der räumlichen Nähe, zur intensivsten, kritischsten und kontinuierlichsten bundesweit. Insgesamt kann man zu dem Ergebnis gelangen, daß sich Medienversagen als stabiles und sich immer wieder perpetuierendes Phänomen darstellen kann, selbst bei Medien, die ihren eigenen Anspruch sehr hoch ansetzen.

Kritische Öffentlichkeit. Oder: Mediennutzer als Medienmacher

Will man nun die Wahrnehmung der Sozialschädlichkeit wirtschaftlicher Verhaltensweisen durch mehr Öffentlichkeit verbessern, so bieten grundsätzlich alle drei Problemebenen (Wirtschaft, Politik/Justiz, Mediensystem) Ansatzpunkte. Auf eine Entwicklung jeweils von innen heraus zu setzen (und darauf zu warten), ist eine Möglichkeit. Eine andere besteht in legitimen und legalen Einwirkungen von außen, die sich vor allem über die Zugänglichkeit und demokratische Beeinflussungsmöglichkeiten auf allen drei (Problem-)Ebenen definieren.

Der Zugang zum Markt, etwa um mittels Marktmacht »Zeichen zu setzen« oder gar (weniger sozialschädliche) Verhaltensnormen durchzudrücken, hängt von der Verfügbarkeit der dazu notwendigen Ressourcen ab, sprich Geld. Auf politischer Ebene besteht in parlamentarischen Demokratien ein Zugangsrecht zur politische Willensbildung passiv nur in Form von Wahlen oder in aktiver Mitarbeit in Parteien. Das Mediensystem hingegen ist am wenigsten verschlossen und daher die demokratischste Institution. Um es zu nutzen, muß man dessen innere Funktionsmechanismen kennen.

Das System »Journalismus« wird intern und extern von drei relevanten Ressourcen gesteuert: 1) dem geltenden Recht, 2) ethischen

Normen und darauf aufbauenden publizistischen Ansprüchen sowie 3) vom Markt.[20] Der rechtliche Rahmen, bestehend aus Gesetzen und Presserechtsprechung, ist zunächst eine von außen vorgegebene politische Größe, die hierzulande recht gut funktioniert.[21] Die Orientierung an Normen und selbstdefinierten journalistischen Konzepten, die sich intern vollzieht, ist nach allen bisher bekannt gewordenen Untersuchungen von der Gestalt, daß sich Journalisten im eigenen Selbstverständnis einerseits als »neutrale Vermittler« von gesellschaftlich relevanten Diskursen verstehen (»politische Tagesordnung beeinflussen«), andererseits aber auch ihre Kontrollfunktionen anvisieren (»Gegenpart« zu Wirtschaft und »offiziellen politischen Stellen«);[22] insofern funktioniert bereits eine zweite Voraussetzung zur Herstellung von kritischer Öffentlichkeit. Die dritte Steuerungsgröße, der Markt, wirkt von außen nach innen und zwar unmittelbar. Steuerungsgröße zwei und drei lassen sich daher als geeignete Ansatzpunkte interpretieren, (wirtschafts-)kritische Öffentlichkeit zu organisieren und Möglichkeiten eines professionelleren Journalismus auszuloten - zum einen auf journalistischer, zum anderen auf ökonomischer Ebene.

Ansatzpunkt Nummer 1 könnte darin bestehen, Informationen, die vereinzelt bei Individuen existieren, öffentlich zu machen. Konkret bedeutet das aus Sicht der Medien, ihre (Informations-)Beschaffungsmärkte auf bisher völlig ungenutzte, weil noch nie angesprochene potentielle Informationsressourcen auszuweiten (vgl. das obige Beispiel der »Rhein-Neckar-Zeitung«[23]), und aus der Sicht der Mediennutzer, ihr Wissen zielgerichtet in den Prozeß der Öffentlichkeitsherstellung einzubringen. Dies setzt allerdings Fertigkeiten in gewissen Präsentations- und Darstellungstechniken sowie die Kenntnis bestimmter Arbeitsabläufe auf seiten der Medien voraus, die über das formale Abfassen einer Presseerklärung hinausgehen, aber grundsätzlich aneignungsfähig sind.

Lief die erste Überlegung aus der Sicht der Medien auf den Beschaf-

---

20 Vgl. Müller-Schöll/Ruß-Mohl: Journalismus und Ethik, in: O. Jarren (Hg.), a. a. O., S. 270.

21 Vgl. U. Branahl: Medienrecht, Opladen 1992.

22 Vgl. S. Weischenberg/M. Löffelholz/A. Scholl: Journalismus in Deutschland II, in: Media Perspektiven (1994), S. 154, 161.

23 Zu einem anderen Beispiel in Bochum, wo ein Redakteur der WAZ, der ähnlich vorging, ein Filzkartell auseinandernahm und für seine kontinuierliche Berichterstattung den begehrten »Wächterpreis der deutschen Tagespresse« zuerkannt bekam; vgl. J. Ludwig: Die deutsche Wohnmisere, Reinbek 1995, S. 296–298.

fungsmarkt hinaus, so betrifft Ansatzpunkt Nummer 2 den Abnehmermarkt oder, aus der Perspektive der Nachfrager betrachtet, den eigentlichen Markt der Medien, der sich aus kaufbereiten Nutzern zusammensetzt.[24] Deren Fähigkeit und Bereitschaft, mit dem Medium einen wie auch immer gearteten Kontakt zu halten (regelmäßiges Einsenden der jeweiligen Kreuzworträtsellösung, punktuelles Leserbriefschreiben aus dem Affekt heraus u.a.), sind verschiedenartig und wurden bisher unzureichend erkundet. Zwar führen einige Medien ab und an Copytests durch, die die Meinung und Nachfragewünsche der Nutzer eruieren sollen, so daß die Medienunternehmen eine ungefähre Vorstellung nicht nur über die sozio-ökonomischen Lebensbedingungen ihrer Nutzer haben, sondern auch deren Nutzungsgewohnheiten kennen.

Indes, die Aussagekraft solcher Befragungen ist schon aufgrund des knappen Fragenkatalogs beschränkt: Über welche aktuellen Themen und Probleme die Nutzer informiert werden wollen und welche sie bevorzugen, geht daraus nicht hervor, so daß »der Nachfrager« aus der Sicht der Medien immer im diffusen und unscharfen Halbdunkel verbleibt. Darum müßten konkret geäußerte Wunschvorstellungen und nachvollziehbare Blattkritiken den Redaktionen willkommen sein. Informationsbedürfnisse könnten in unterschiedlichen Formen von außen nach innen vermittelt werden: von einzelnen Schreiben (in der Regel völlig wirkungslos) über Unterschriftenlisten bis hin zu konzertierten Telefon- und/oder Brief-Aktionen, inklusive einer parallel organisierten Welle von Abonnementkündigungen, wenn Medienmacher auf klar geäußerte und begründete Vorstellungen überhaupt nicht eingehen. Die ultima ratio in diesem letzteren Fall wäre das Ausspielen des marktwirtschaftlichen Elements »Nachfragemacht«.[25] Ein ungleich realistischeres Szenario besteht allerdings we-

24 Beim Privatfernsehen ist die Situation komplizierter, weil die Zuschauer keine direkten Kunden des Fernsehsenders sind und daher auch nicht für die in Anspruch genommene Leistung zahlen. Vielmehr sind sie indirekt die potentiellen Kunden der werbetreibenden Wirtschaft, die sich ihre Aufwendungen über die Produktpreise von den Käufern erstatten läßt. So gesehen liegt ein diffiziler Verrechnungsmechanismus vor, der nahezu unmerklich wirkt. Über die damit verbundenen Konsequenzen hinsichtlich der imer wieder geforderten Konsumentensouveränität seitens der Fernsehnachfrager hat man in der Kommunikationswissenschaft bisher nicht nachgedacht; vgl. J. Ludwig: Medienökonomie, in: O. Jarren (Hg.): Medien und Journalismus I, a.a.O., S. 176–178.

25 Diese kann nur funktionieren, wenn dies auf der Gegenseite, also beim Medium, als

niger in der Ausübung ökonomischen Drucks als vielmehr in einem inhaltlichen Austausch von Meinungen und Gegenmeinungen bzw. eigenen Vorstellungen zur Herstellung von Öffentlichkeit und Möglichkeiten der Medien, solche umzusetzen, sprich in einer kooperierenden Diskussion über neue Wege zur Herstellung (wirtschafts-)kritischer Öffentlichkeit.[26]

Watching: professionalisierte kritische Öffentlichkeit

Eine eigenständige Ebene kritischer Öffentlichkeit hat sich in Form sog. Watching-Organisationen herausgebildet, die sich von den traditionellen Ebenen Wirtschaftssystem, Politiksystem und Mediensystem in so gut wie allen Punkten unterscheiden.[27] Der Watching-Gedanke entspringt einem Selbsthilfe-Kalkül, Informationen, die man für gesellschaftlich relevant hält, breit zu streuen – unabhängig von

---

geballte Macht ankommt. Vereinzelte Aktionen verpuffen wirkungslos. Werden Kündigungen indes zeitlich und mengenmäßig gebündelt (beispielsweise jeweils anläßlich bestimmter oder auch unterlassener Berichterstattungen), so wird die von außen kommende Artikulierung vorhandener Wünsche intern schon weit schneller und nachhaltiger wahrgenommen. Übrigens muß man dann nicht auf das fragliche Medium verzichten: Tageszeitungen kann man auch am Kiosk kaufen. Trotzdem wirkt sich eine solche Verweigerungshaltung beim Medium finanziell aus: Die Erlöse aus dem Einzelverkauf sind bei Print-Medien erheblich geringer als aus Abonnements, weil hier die hohen Gewinnspannen im Groß- und Einzelhandel entfallen. In jedem Fall sollte man bei solchen Schritten das fragliche Medium von den Gründen des eigenen Vorgehens unterrichten, da sonst der notwendige ökonomische Druck nicht zustande kommen kann.

26 Daß eine grundsätzliche Bereitschaft auf Seiten der Medien besteht, auch von der »Gegenseite«, sprich den »Kunden« zu lernen bzw. umsetzbare Vorstellungen und Anregungen ernsthaft aufzunehmen, hat sich u. a. auch als Ergebnis von zwei jeweils insgesamt achttägigen Seminaren zum Thema »Wirtschaftskriminalität & Korruption: Täter, Opfer, Medien« bestätigt, die im Rahmen des Studiengangs Journalisten-Weiterbildung an der Freien Universität Berlin 1994 und 1995 vom Verfasser durchgeführt wurden.

27 Bekannte professionell arbeitende Watching-Organisationen sind z. B. die »Kritischen Aktionäre« mit Sitz in Köln; die »Coordination gegen BAYER-Gefahren« in Düsseldorf; die »BUKO-Kampagnen«, Bielefeld und Hamburg; »BankWatch«, c/o Inst. f. Finanzdienstleistungen in Hamburg; »EURODAD European Network on Debt and Development«, Brüssel; das »Internationale Computernetz für Frieden, Ökologie, Soziales und Menschenrechte«, Hannover; »Public Citizen's Congress Watch« in Washington/USA; »Worldwatch Institute« in Washington/USA; »Statewatching« in London; »Transparency International« Berlin; »BCC« in Maintal/ Frankfurt a. M.

marktwirtschaftlicher Zweckrationalität und Profitüberlegungen. Der Zugang ist daher weder an die Verfügbarkeit über Geld, noch an die Zufälligkeit von Wahlterminen und auch nicht an kompliziertere Verhandlungsprozesse mit Medienunternehmen bzw. Redaktionen gebunden. So gesehen gibt diese Art öffentlicher Foren (»Märkte«), auf denen Information und Meinungen ausgetauscht und gebündelt werden können, um damit eine Art Gegenmacht zu etablierten Systemen aufzubauen, jenen Trend vor, mit dem eingangs die absehbar zukünftig verstärkte Teilhabe der Öffentlichkeit an immer mehr relevanten Gesellschaftsbereichen begründet wurde, namentlich auch die engagiertere Partizipation an Entscheidungen des wirtschaftlichen Lebens. Zunehmende computervermittelte Kommunikation und öffentliche Informationsverarbeitung etwa im Internet wird diesen Entwicklungen einen erheblichen Schub verleihen. Die Einsatzmöglichkeiten sind derzeit im Detail überhaupt noch nicht vorhersehbar.

Sicher ist nur, daß dies die Herstellung von (wirtschafts-)kritischer Öffentlichkeit und potentieller Einflußnahme auf die traditionellen Entscheidungssysteme Wirtschaft, Politik und Medien technisch-organisatorisch und damit auch finanziell erheblich vereinfachen und vermutlich deshalb auch vervielfachen wird. Bedeutsam werden solche virtuellen Foren für das Zustandekommen, sprich für die Bündelung von Verbraucher-, Mediennutzer- und aller sonstigen Nachfragerinteressen, deren Organisationsfähigkeit bisher immer am Problem der Eruierbarkeit und direkten Ansprechbarkeit der großen, aber völlig anonymen Anzahl Gleichgesinnter scheitern mußte.

Inwieweit sich die Medien an dieser absehbaren Etablierung von Öffentlichkeit beteiligen, wird von ihnen selbst und ihren jeweiligen Kommunikationsprinzipien im Umgang mit ihren Nutzern abhängen. Nicht weniger absehbar ist, daß gerade über das Rechercheprinzip »watching« gebündelte Informationen ein ausgesprochen interessantes Recherchepotential darstellen und neue Wege der Kommunikation ermöglichen. Kommunizieren indes ist die unabdingbare Voraussetzung für jegliche Art von Öffentlichkeit. Im übrigen können Medien immer nur so gut sein wie ihre Informationen und Informanten. Umgekehrt ausgedrückt können Medien immer nur so (lange) schlecht sein, wie dies die (kritischen) Mediennutzer akzeptieren.

Anton Andreas Guha

Aufklärung als Prävention gegen Wirtschaftsverbrechen?

Der Begriff Aufklärung wird hier nicht in erster Linie als kriminologisch-detektivischer, sondern als publizistischer, vielleicht sogar und eher noch als philosophischer verstanden. Gemeint ist, und dies wird als vorläufige Hypothese unterstellt, daß umfassende Information und Unterrichtung der Öffentlichkeit über das Faktum Wirtschaftsverbrechen eine präventive – d. h. auch abschreckende – Wirkung habe, sogar haben müsse. Denn erst der öffentliche Diskurs löse entsprechendes (kommunikatives) Handeln aus, indem er z. B. die Politik veranlasse, die Justiz und Polizei personell und materiell so auszustatten, daß eine wirksame Verbrechensbekämpfung möglich werde. Gleichzeitig zeige er, daß eine Gesellschaft ein bestimmtes Verhalten und bestimmte Entwicklungen nicht zu tolerieren bereit ist, sondern sie womöglich gar ächtet. Der Übeltäter könne mithin nicht darauf vertrauen, unentdeckt zu bleiben oder ohne Sanktionen davonzukommen.

Die damit gleichzeitig intendierte philosophische Bedeutung meint, daß Information, also Beseitigung von Unkenntnis über moralisches Verhalten und Weckung von Einsicht in ethische Normen, zu einem praktisch-vernünftigen Verhalten führen könne (nach Kant sogar müsse); gegen das an sich für richtig Erkannte könne ein potentieller »Maleficant« schlechterdings nicht handeln. Aufklärung trage damit, so diese Begriffsinterpretation, zum moralischen Fortschritt bei, nicht zuletzt dadurch, daß sie die Bildung moralisch-ethischer Kategorien befördert, die sich dann als Werte und Normen tradieren lassen.

Beide Begriffsverständnisse sind problematisch. Das publizistisch-mediale Verständnis des Begriffs Aufklärung muß dadurch eingeschränkt werden, daß immer wieder die Erfahrung zu machen ist, wie wenig die Medien zur öffentlichen Aufklärung über bestimmte Sachzusammenhänge beitragen, zumindest diese Aufklärung nicht initiieren. Die aufgestauten Reformdefizite Ende der 60er Jahre beispielsweise wurden nicht von den Medien, sondern – teils gegen deren erbitterten, ja teilweise denunziatorischen Widerstand – von Studenten aufgedeckt und zum Gegenstand eines öffentlichen Diskurses gemacht. Ähnliches ließe sich von der Friedensbewegung sagen, von der Umweltbewegung, der Frauenbewegung. Öffentlichkeit wird häufig ohne oder gegen die »etablierten« Medien hergestellt. Das hat bestimmte Gründe, über die noch zu reden sein wird.

Das ethische Begriffsverständnis konfrontiert uns sofort mit einem unaufhebbaren Widerspruch, der sich in den Namen Aristoteles und Immanuel Kant manifestiert. Aristoteles bestritt bekanntlich die Möglichkeit eines moralischen »Fortschritts«, weil ethisches Handeln nicht unbedingt an Information und Einsicht gebunden sei, auch nicht durch die Vernunft. Was gut und böse sei, wisse man und könne es auch formulieren.

Gerade die Möglichkeit eines moralischen Fortschritts aber behauptet Kant mit seinem Kategorischen Imperativ: Eben weil moralisches Handeln vernünftig ist, will ich aufgrund autonomer Einsicht, daß es allgemeinverbindlich gelte; also muß ich moralisch handeln.

Nun ist offenkundig, daß es über Buddha, Konfuzius, Christus, Mohammed und auch schon über Sokrates hinaus keine ethisch-moralische Weiterentwicklung gegeben hat, die als »Fortschritt« zu bezeichnen wäre, sei es im Sinne von Wissensakkumulation, sei es im Sinne einer umfassenderen Befolgung moralischer Regeln. Aus der Kriegsforschung wissen wir (eine Art negativer Beweis), daß die Fähigkeit und die Bereitschaft des Menschen zu grausamen Verhaltensweisen durch die Jahrtausende hinweg konstant geblieben ist. Die Soldaten des mesopotamischen Königs Lugalzagesi (um 2230 v. Chr.) schlachteten Frauen und Kinder ebenso ab wie die Legionäre Caesars, die Gotteskrieger Gottfried von Bouillons, die SS, moderne Bomberpiloten, fanatisierte Moslems oder Hutus. Diese Tatsache macht aber den Fortschritt der Waffenentwicklung zum Problem. Das moralische Bewußtsein ist offenbar an den Erfolg gekoppelt, ist eine Variable des Erfolgs: Je größer der Erfolg, hier die Wirkung einer Waffe, desto niedriger die Barriere der moralischen Bedenken (wobei Erfolg auch aus einer fanatisierenden Idee resultieren kann oder aus einer Produktion, etwa Kinderpornographie). Im 12. Jahrhundert ächtete ein Konzil der Katholischen Kirche die grausame und heimtückische Armbrust. Vor hundert Jahren lehnten Offiziere wie Lord Kitchener das Maschinengewehr ab (derselbe Kitchener setzte es dann sehr bald und mit größter Wirkung gegen die Rebellen des Mahdi-Aufstandes ein). Und heute legitimieren auch die Kirchen den Einsatz von Atomwaffen als ultimatives Mittel der »Verteidigung«.

Wie können wir uns nun mit einem ethischen Anspruch auf Aufklärung ausgerechnet der Wirtschaft nähern, die Handeln nach ethischen Kategorien immer weniger zu kennen scheint? Zwar schossen in den letzten Jahren Lehrstühle für Wirtschaftsethik wie Pilze aus dem Boden, doch ist nicht erkennbar, daß sich die Wirtschaft an ethischen Kategorien orientierte. Eher wären viele Beispiele für eine gegenteilige Feststellung aufzählbar. Die Wirtschaft, insbesondere in ihrer Variante des Kapitalismus, scheint sogar unfähig zu sein, eklatant sie selbst und darüber hinaus ganze Gesellschaften, ja die Menschheit bedrohende Gefahren, die sich aus ihrer Tätigkeit ergeben, abzuwenden, wenn nicht der Staat mit prohibitiven und kanalisierenden Gesetzen einschritte. Das vielfältige Beispiel der drohenden Umweltkatastrophe belegt dies. Und nur dem zähen Kampf der organisierten Arbeiterschaft und einem Sozialstaatsverständnis, das sich, zumindest zeitweilig, auch bei konservativen Parteien durchsetzte, ist die soziale Komponente der Marktwirtschaft zu verdanken. Wer indes die gegenwärtige Globalisierungsdebatte aufmerksam verfolgt, kann sich des Eindrucks nicht erwehren, als wäre eine Art sozialdarwinistischer Evolutionskampf im Gange: Der Stärkste, Leistungsfähigste, Innovativste, Fitteste, Diszipliniertestе, Rücksichtsloseste, Schlaueste usw. gewinnt diesen Kampf »aller gegen alle«, sowohl als Induviduum wie auch als Gesellschaft. Zwar gibt es ihn noch, den ehrbaren Kaufmann, aber die ethischen Maximen, nach denen in der kapitalistischen Wirtschaft als der ökonomischen Struktur einer demokratisch verfaßten Industriegesellschaft gehandelt wird, sind nicht die (und waren es auch nie), die Gustav Freitag oder Thomas Mann beschreiben.

Verbindliche Normen sind im gesellschaftlichen Raum kaum noch festzustellen – sie nivellieren sich zu zahllosen Individualethiken. Bestenfalls lassen sich ethische Fragestellungen nur noch von außen an den Bereich der Wirtschaft stellen, als vage Rahmenbedingungen. Dann allerdings können sich interessante Probleme ergeben. Wie reagiert ein wichtiger gesellschaftlicher Bereich auf ethische Fragen, der sich am Grundprinzip der Produktion (Adam Smith) und/oder der möglichst rentablen Kapitalverwertung orientiert, ohne von sich aus in der Lage (oder verpflichtet) zu sein, die Konsequenzen für andere, etwa Arbeitslose (und ihre Familien), den Staat, die Gesellschaft (zumindest Teile von ihr) zu beachten, und der den Arbeitnehmer, wie es ein prominenter Unternehmensberater formulierte, als »Mittel für die Optimierung von Gewinn betrachtet und verwendet«? Die Dynamik dieses Systems besteht in seinem »Freiheitsanspruch«: Es muß potentiell die »Freiheit« besitzen, alles in rentable Produktion oder Dienstleistung, also optimale Kapitalverwertung umsetzen zu können, ohne Rücksicht auf moralische oder sonstige Grenzen. Grenzen liegen allein im Gesetz, doch enge Grenzen gefährden in der Tat die Dynamik dieses Systems. Der Hinweis von Habermas, der Markt sei das wichtigste Beispiel »für die normfreie Regelung von Kooperationszusammenhängen« (und damit für eine entsprachlichte), deutet darüber hinaus auch die Risiken an, die Gesellschaften mit einem solchen Wirtschaftsystem eingehen, das auch schwerste, globale Risiken nach der momentanen Chance der Kapitalverwertung beurteilt. Daß unter solchen Bedingungen ein günstiger Nährboden für amoralisches, unmoralisches, juristisch ungeklärtes, zweideutiges, illegales, verbrecherisches Handeln gegeben ist, wird aus diesen wenigen Bemerkungen offenkundig.

Wir Journalisten stehen schon lange im Verdacht, uns an einem falsch gewordenen politischen Weltbild zu orientieren. Die (sogenannte seriöse) Presse steht immer noch in der Tradition des bürgerlichen Emanzipationskampfes gegen den Staat des absoluten Fürstentums und des Feudaladels. Diese Emanzipation führte zu einer vom Staat unabhängigen Presse – eine Freiheit, die sich in der Verfassung (Art. 5 GG) niedergeschlagen hat. Bestärkt von der axiomatischen Voraussetzung jeder Demokratie-Theorie, daß sich im Parlament, der Legislative, das Volk als oberster Souverän wiederfinde, glauben wir, daß die zukunftsdeterminierenden, gesellschaftsgestaltenden, also in engerem Sinne politischen Entscheidungen vom Staat, zumindest auf Veranlassung des Staates, gefällt würden.

Das stimmt natürlich noch, aber immer weniger. Zukunftsdeterminierende Entscheidungen und gesellschaftsgestaltende Entwicklungen werden in immer stärkerem und vor allem rascheren Maße von Wissenschaft und Technik sowie der sie verwertenden Wirtschaft gefällt. Dieser Prozeß verlief bisher notwendigerweise anarchisch, ohne konkrete, absichtsvolle Planung, Zielvorstellung und Gestaltung. Grundsätzlich wären viele »Zukünfte« denkbar. Der Staat aber verwaltet in der Regel die bei diesem anarchischen Prozeß erzeugten gesellschaftlichen Aporien, sozialen Widersprüche und konkreten Schäden, indem er z.B. die vom Produktionsprozeß Ausgeschlossenen sozial über Wasser hält, um sozialen Protest zu dämpfen, oder die allergröbsten Gefahren für die Umwelt zu mildern sucht. Ziel staatlichen Handelns, das ja nicht unabhängig ist von spezifischen Parteiinteressen, ist, gerade bei auftauchenden Problemen eine situationsunabhängige Massenloyalität sicherzustellen.

Die Medien aber sind überfordert, ihrem Selbstanspruch zu genügen und ihrer Kontrollfunktion gerecht zu werden: Sie können aus dem Bereich Wissenschaft und Technik und der sie verwertenden Wirtschaft nicht jenes Maß an verstehbarer Information bereitstellen, das Öffentlichkeit über diese ausschlaggebenden »Produktionsfaktoren« (die den Produktionsfaktor Arbeit immer bedeutungsloser werden lassen) herstellen und öffentliche Diskurse initiieren könnte. Insofern kann die Presse auch nur in geringem Maße dazu beitragen, daß wissenschaftlich-technische - und damit neuerdings immer auch: gesellschaftliche - Fehlentwicklungen in statu nascendi, während sie entstehen, korrigierbar werden. Es fehlt schlicht an Kompetenz, und bisher weiß auch niemand, wie allein die sprachlich-stilistischen Möglichkeiten aussehen könnten, um Nachrichten aus dem Bereich von Wissenschaft und Technik als politisch verstehbar und spannend zu vermitteln. Dieser Bereich von enormer politischer Bedeutung wird publizistisch nicht kontolliert, seine Prozesse spielen sich weitgehend ohne kritische Öffentlichkeit ab.

Zu befürchten ist - wenn man kritischen Fachleuten, die nicht im Verdacht des Übertreibens stehen, vertrauen darf -, daß auch dem Wirtschaftsverbrechen ähnlich wie Wissenschaft und Technik eine zukunftsdeterminierende Wirkung zugeschrieben werden muß. Wirtschaftsverbrechen allgemein - und keineswegs nur die sogenannte Organisierte Kriminalität - haben so zugenommen und sind mit staatlichen Strukturen so verwoben, daß sie die demokratische Ordnung akut gefährden. Die Dynamik der Wirtschaftskriminalität (einschließlich des Organisierten Verbrechens), die Gelder, die sie bewegt, der oftmals hohe Rang wirtschaftskrimineller Persönlichkeiten, ihre Fähigkeit, Helfer und Förderer aus allen gesellschaftlichen Schichten und Funktionsbereichen zu rekrutieren, setzen sie instand, Staat und Behörden - aber auch die Medien - zumindest in Teilbereichen - und ohne daß es erkannt würde - zu unterwandern und ihnen ihren Willen aufzuzwingen.

Und wie bei Wissenschaft und Technik haben die Medien auch beim Problem Wirtschaftskriminalität erhebliche Kompetenzprobleme. Erstens scheinen Umfang und Bedeutung des Wirtschaftsverbrechens noch nicht voll erkannt zu sein, zum Teil deshalb, weil die Komplexität der Materie – wirtschaftspolitisch- und finanztechnisch, juristisch, gesetzestechnisch, moralisch-ethisch, gesellschaftspolitisch – außerordentlich hoch ist. Zweitens stellen Wirtschaftsverbrechen aus der Sicht der Medien immer Ausnahmefälle dar, »ereignisaktuelle« Fälle. Für die Medien wäre es problematisch, Wirtschaftsverbrechen als »zustandsaktuelles« Phänomen, das quasi zur Systembedingung geworden ist, zu betrachten, solange dies nicht auch die Ansicht anderer Instanzen, zumindest etwa der Justiz, darüber hinaus aber auch des öffentlichen Diskurses ist, etwa als Aussage einer Gesellschaftstheorie. Die Medien können einen öffentlichen Diskurs nicht thematisch strukturieren, sie können auch keine Gesellschaftstheorie entwickeln: Sie sollten und könnten sich aber als Diskussionsforum, als »rostra« anbieten.

Aus diesem Grunde bleibt die Berichterstattung über Wirtschaftsverbrechen auch nahezu vollständig personalisiert, wofür starke Interessen angenommen werden dürfen: So wird analog zur Ereignisaktualität der Eindruck vermittelt, daß es immer nur einige wenige »schwarze Schafe« seien, die ungesetzlich oder sozialschädlich handelten, während das System selbst in Ordnung sei. Die These, etwa als Teil einer allgemeinen Gesellschaftstheorie, daß »das« Wirtschaftsverbrechen notwendiger funtionaler Bestandteil des kapitalistischen Gesellschaftssystems sei, daß es ein gesellschaftlicher Zustand sei, der seinerseits wieder Zustände schafft, daß – mehr noch – dem Wirtschaftsverbrechen mit gesetzlichen Maßnahmen gar nicht mehr beizukommen sei, weil sonst das System verändert, gewissermaßen auf bürokratischen Wege »revolutioniert« würde, kann zur Zeit innerhalb der Medien nicht vertreten werden. Diejenigen Experten, die versuchen, aus den zahllosen (ereignisaktuellen) Informationen über Fälle von Wirtschaftsverbrechen induktiv eine Theorie zu entwickeln, haben gegenwärtig kaum eine Chance auf Öffentlichkeit. Es gilt das Dogma, das gegenwärtige kapitalistische Gesellschaftssystem sei das beste der möglichen (wofür die Geschichte mit dem Zusammenbruch des real existierenden Sozialismus gerade den Beweis geliefert habe), so daß nur eine daraus abgeleitete, deduktive Beurteilung des Wirtschaftsverbrechens möglich ist, mit dem Ergebnis, es handele sich nur um Ausnahmen (die die Regel bestätigen). Daß dies erkenntnistheoretisch unhaltbar ist, kümmert niemanden, da Ideologie den Blick verstellt.

Ideologien machen immer dogmatische Vorgaben, erlauben also keine andere Interpretation von Welt als eine deduktive.

(Nur am Rande sei vermerkt, daß das Interesse der Rezipienten an ereignisaktueller Berichterstattung in den letzten Jahren stark nachgelassen zu haben scheint. Diesem »Paradigmenwandel« sollten und müßten zumindest die Printmedien Rechnung tragen, da sie die Konkurrenz mit den elektronischen Medien im Wettlauf mit ereignisaktueller »Ist-Zeit«-Information nicht gewinnen können, zumal wenn die eigene Zeitung noch vor Druckbeginn kostenlos im Internet zu finden ist. Das Interesse der Rezipienten konzentriert sich offenbar stärker auf zustandsaktuelle Fragen wie Arbeitsmarkt und Arbeitsplatzsicherheit, Wohnungssituation, Partnerschaft, Gesundheit, Kindererziehung, Jugendgewalt usw.)

Aus der Wirkungsforschung ist bekannt, daß die steigende Flut an ereignisaktuellen Informationen vom Individuum mental nicht mehr bewältigt werden kann, sie vielmehr das Langzeitgedächtnis beeinträchtigt. Dies könnte jeder unschwer an sich selber testen, etwa wenn er sich auch nur dreier wichtiger innen- oder außenpolitischer Ereignisse von vor zwei oder drei Jahren erinnern wollte. Er wird Mühe haben, im Gegensatz zu den Menschen früherer Zeiten, deren Erinnerungsvermögen noch nicht durch die Informationsflut blokkiert war.

Diese Blockade durch ereignisaktuelle Berichterstattung verhindert aber naturgemäß Ansätze für ein gesellschaftliches Bewußtsein. Es kann sich daher kein gesellschaftlicher Druck und kein Interesse an einem öffentlichen Diskurs über Wirtschaftsverbrechen entwickeln. Das isolierte Individuum kann zwischen Lobbyismus, Abhängigkeit und Gefügigkeit der Politik und Wirtschaftsverbrechen einerseits sowie den aktuellen Problemen wie Sozialabbau und Aushöhlung des Sozialstaates keine strukturellen und kausalen Zusammenhänge herstellen. Würden in den Medien solche Zusammenhänge hergestellt, dann müßten Meldungen über Wirtschaftsverbrechen als politische Nachrichten verstanden und auf den Politik-Seiten plaziert werden, auch wenn kein hochrangiger Politiker involviert wäre.

Um den pessimistischen Eindruck, den ich zu vermitteln scheine, zu vervollständigen, eine weitere Enttäuschung: Die Erwartungen, die von Nicht-Journalisten an die Möglichkeiten des »investigativen« Journalismus herangetragen werden, sind wenig mehr als hilfloser Zweckoptimismus. Zwar haben Journalisten immer wieder gewaltige

Wirtschaftsverbrechen aufgedeckt (Parteienfinanzierung, Neue-Heimat-Skandal), aber diese »Entdeckungen« sind eo ipso ereignisaktuell und kaum geeignet, als gesellschaftlicher Zustand verallgemeinert zu werden. Zum anderen beruhen sie insofern auf Zufällen, als sie nahezu ausschließlich auf Informationen von Insidern beruhen. Die von vielen Einzelfällen gestützte Annahme also, innerhalb der Wirtschaft werde in wachsendem Maße illegal und/oder sozialschädlich gehandelt, würde nicht ein einziges konkretes Wirtschaftsverbrechen aufdecken helfen.

Und schließlich: Selbst wenn es gelänge, in optimaler Weise über das Wirtschaftsverbrechen aufzuklären, wäre es nicht erlaubt, Prävention mit Abschreckung gleichzusetzen. Erstens ist die abschreckende Wirkung selbst härtester Sanktionsdrohungen allemal gering, und zweitens kann die beste Prävention immer nur in der Beseitigung der Ursachen bzw. »Verlockungen« für kriminelles Handeln liegen.

Und dennoch gibt es zu dem Argument, nur ein öffentlicher Diskurs (der die Einzelfälle über Wirtschaftsverbrechen verallgemeinert), vermittelt von den Medien, könnte eine Wende zum Besseren einleiten, keine erkennbare Alternative. Diese Alternative wird allerdings nur dann konkret, wenn man sich von der Vorstellung löst, die Medien müßten Vorreiter, gar Initiator eines solchen Diskurses sein, sie müßten ein Hauptinteresse an der Herstellung von Öffentlichkeit über »das« Wirtschaftsverbrechen haben (dieses Interesse haben sie aus den erwähnten Gründen und anderen, auf die ich in diesem Zusammenhang nicht eingehen kann – etwa der Rolle des Verlegers bzw. Intendanten, Rundfunk- oder Fernsehrats –, nicht). Vielmehr müssen kompetente Individuen – Richter, Staatsanwälte, Wissenschaftler, Politiker, Polizeibeamte, Kirchenvertreter, Gewerkschafter und in diesem Rahmen auch Journalisten – den Weg zu den Medien suchen. Die Rolle kompetenter Individuen mit hoher gesellschaftlicher Funktion, ergo Prestige, wird im allgemeinen unterschätzt (Personalisierung und Prestige sind schließlich bedeutende Nachrichtenfaktoren).

Noch wirkungsvoller wäre allerdings, wenn sich solche besorgten Individuen zu Initiativen zusammenschlössen und darüber hinaus Gruppen, Freundes- oder Arbeitskreise und »organisierte Interessen« wie in diesem Falle Business Crime Control (BCC) den Weg in die Öffentlichkeit suchten. Diese Öffentlichkeit werden sie, so fürchte ich optimistischerweise, zunächst nicht durch direkten Zugang zu den Massenmedien herstellen können, sondern durch eine mühselige Strategie, die Minderheiten in der Vergangenheit immer wieder mit Erfolg angewandt haben.

Da wäre zum einen die Herausbildung von Gegenexperten, die es mit den etablierten, häufig vielerlei Interessen verpflichteten Fachleuten an Sachkomptetenz aufnehmen können. Daran dürfte es z. B. bei BCC nicht fehlen. Ich wage die These, und der Frankfurter Kongreß über Wirtschaftskriminalität hat sie mir bestätigt, daß es solche kritischen Experten in größerer Zahl gibt als angenommen, die auf Reform und Änderung des bisherigen unbefriedigenden, immer prekärer werdenden Zustandes drängen, und zwar in allen gesellschaftlichen Bereichen oder Funktionen.

Damit verbunden wäre die Notwendigkeit der Publikation eines einschlägigen Schrifttums, Bücher in erster Linie, auch Veröffentlichungen in (vor allem juristischen, kriminologischen, polizeilichen und soziologischen) Fachzeitschriften, Verbreitung von Flugblättern und Handzetteln, Statements für Journalisten etwa nach Bekanntwerden eines aktuellen Falles von Wirtschaftsverbrechen. Es müßte Vorlesungen an Universitäten und Fachhochschulen geben, womöglich mit eigenen Lehrstühlen. Darüber hinaus empfiehlt sich immer auch ein persönlicher Kontakt zu Journalisten bzw. Redakteuren, von denen es viele gibt, die mit den strukturbedingten Unzulänglichkeiten sowie Defiziten der Medien, was kritische Berichterstattung anbetrifft, unzufrieden sind. Solche kritischen Journalisten, von denen es ebenfalls mehr zu geben scheint als angenommen, finden doch hin und wieder Formulierungen, mit denen sie zwischen den Zeilen aufklärend wirken.

In diesem Zusammenhang wäre eine stärkere Ansprache von gesellschaftlichen Meinungsführern anzuraten, also Fachtagungen mit Gewerkschaften, Kirchen, Abgeordneten, Polizisten. Minderheiten, die etwas bewirken wollen gegen den »herrschenden« Mainstream, müssen sich so artikulieren, daß die Medien nicht umhinkönnen, sie wahrzunehmen. Wie die erwähnten Beispiele zeigen, wäre zunächst eine negative Berichterstattung und vor allem Kommentierung zu erwarten, aber der Fuß befände sich in der Türe, und negative Berichterstattung bewirkt oftmals das Gegenteil. Totgeschwiegen zu werden ist das größere Übel.

Alle öffentlichkeitsstrategischen Überlegungen könnten davon ausgehen, daß das Thema Wirtschaftsverbrechen beim Publikum grundsätzlich auf erhebliches Interesse stieße. Sein Aufmerksamkeitswert ist hoch, auch wenn ein Großteil es immer noch mit der Organisierten Kriminalität und der Mafia gleichsetzt.

Über welche Forderungen müßte die Öffentlichkeit informiert und aufgeklärt werden, damit eine zumindest ansatzweise präventive Wirkung gegen Wirtschaftsverbrechen erwartet werden könnte? Der nachstehende Katalog ist nicht vollständig, und die einzelnen Punkte sind nur als Stichworte zu verstehen:

1. Kontrollen verstärken, sowohl staatlich als auch innerbetrieblich;
2. bestehende Gesetze verschärfen, allerdings ohne die Kompetenzen etwa zwischen Geheimdiensten und Polizei bzw. Staatsanwaltschaft zu verwischen; unwirksame Gesetze, in diesem Falle das OrgKG, das Geldwäschegesetz, das Verbrechensbekämpfungsgesetz oder die Strafbarkeit von Abgeordnetenbestechung sind gefährlich kontraproduktiv, weil sie zu illegalem Handeln geradezu einladen;
3. Gesetzeslücken beseitigen (die Annahme beispielsweise von Geldern oder sonstigen Vergünstigungen ohne unmittelbare Gegenleistung müßte ebenfalls sanktioniert werden);
4. neue Gesetze schaffen (allerdings ohne Bedrohung von Grundrechten wie z. B. durch den Großen Lauschangriff). Die Vorschläge reichen von vollständiger oder teilweiser Enteignung krimineller Unternehmen bis hin zur Strafandrohung für die Verschwendung öffentlicher Gelder;
5. bestehende Gesetze konsequenter anwenden;
6. Druck auf die Politik, um die sachliche und vor allem personelle Ausstattung der Fahndungsinstanzen und Strafverfolgungsbehörden zu verbessern, Kompetenzsteigerung durch optimierte Aus- und Weiterbildung eingeschlossen;
7. bessere Zusammenarbeit zwischen Justiz und Polizei einerseits sowie den Medien andererseits;
8. saubere Begriffsverwendung, d. h. Unterscheidung von Wirtschaftsverbrechen und Organisierter Kriminalität. Die OK kann und darf zwar nicht unterschätzt werden, aber das Wirtschaftsverbrechen muß als schwerwiegender und für eine jede Gesellschaft gefährlicher gelten; allerdings zeigt das Beispiel der italienischen, US-amerikanischen und neuerdings ukrainischen oder russischen Mafia, daß sich beide Bereiche untrennbar miteinander vermengen: Politiker, Abgeordnete, hochrangige Beamte – auch aus Polizei und Justiz – sind so mit der OK verwoben, daß von einer neuen Gesellschaftsstruktur gesprochen werden kann;

9. Kooperation der staatlichen Behörden mit Initiativen aus der Gesellschaft wie eben BCC oder auch der Interessengemeinschaft zum Schutz von Unfallopfern und Geschädigten usw. (die gegen sanktioniertes Unrecht von medizinischen »Experten«, Haftpflichtversicherungsträgern und Berufsgenossenschaften gegenüber Hunderttausenden von Unfallopfern kämpft).

Ich behaupte, daß der Staat mittlerweile alleine zu schwach ist – paradoxerweise selbst bei einer Verschärfung der Gesetze –, um wirksam gegen das Wirtschaftsverbrechen anzukämpfen, aus welchen Gründen auch immer. Man muß ihm daher helfen, wieder die Initiative zurückzugewinnen. Der Gedanke ist unerträglich, daß der gegenwärtige massive Sozialabbau, der Millionen von Bürgern trifft und das demokratische System langfristig destabilisieren oder in ein (wirtschafts-)oligarchisches System transformieren könnte, auch und nicht zuletzt eine Folge des Unvermögens des Staates ist, vom Wirtschaftsverbrechen jedweder Provenienz verursachte Schäden und Finanzausfälle, die in die Hunderte von Milliarden gehen, zu verhindern.

Aber ohne gesellschaftlichen Konsens wird der Staat in seiner merkwürdigen Agonie verharren. Aus Konsens müßte dann Transparenz entstehen, aus der Transparenz sich ein Katalog verbindlicher Normen entwickeln (etwa der Sinn für Unrecht, für Mitleid, das Bedürfnis nach Solidarität, Vertrauen in die Mitbestimmungs- und Mitgestaltungsfähigkeit abhängig Beschäftigter usw.), die dann qualitativ in Handeln umschlagen.

Es müßten sich aber auch bestehende Normen ändern, etwa die kritiklose Anerkennung des materiellen Erfolgs und des Erfolgreichen, die Ehrfurcht vor dem Besitz und dem Großeinkommen, die bereitwillige Zuerkennung von Prestige für die ökonomische und finanzielle Macht, die Vergötzung des Konsums. Dahinter werden Züge eines Sozialdarwinismus sichtbar, der eine Sinnsuche, die sich nicht um Geld und Macht dreht, als schwach und letztlich gesellschaftlich nutzlos betrachtet, für sich selber aber keine Schranken zu akzeptieren bereit ist. Wer über diesen haben-orientierten, »unproduktiven« Charakter Näheres erfahren will, ist immer noch auf die Schriften Erich Fromms verwiesen.

Machen wir unseren Mitbürgern deutlich, daß es Grenzen des Zumutbaren gibt und daß das Wirtschaftsverbrechen sowie die Untätigkeit des Staates diese Grenzen längst überschritten haben.

Die Autorinnen und Autoren

Eberhard Czichon, geb. 1930, Historiker. Veröffentlichungen u. a.: »Wer verhalf Hitler zur Macht – Zum Anteil der deutschen Industrie an der Zerstörung der Weimarer Republik« (1967); »Die Bank und die Macht. Hermann Josef Abs, die Deutsche Bank und die Politik« (1995).

Dr. Erich Diefenbacher, geb. 1928, Rechtsanwalt und Rechtsberater; Anwalt für Wirtschaftsrecht in Basel, Lugano und Bern, Verteidiger von Stanley Adams gegen die Schweizer Bundesanwaltschaft und Hoffmann LaRoche, Experte von BCC in Sachen Offshore-Banking, Steuerkriminalität, fiel bei Schweizer Banken, Industrie und Anwaltsestablishment in Ungnade, verließ die Schweiz, lebt heute in Wiesbaden. Veröffentlichungen u. a.: »Schmutzige Erbschaft – Eine Staatsaffäre?« (zus. mit M. Brink), in: H. See/D. Schenk: »Wirtschaftsverbrechen (1992).

Jutta Ditfurth, geb. 1951, Soziologin, Autorin von Sachbüchern, Drehbüchern und Thrillern; seit den 70er Jahren politisch aktiv: z. B. undogmatische Linke, Anti-AKW-Bewegung, Anti-§218-Bewegung, 1979/80 Mitbegründerin der Partei der Grünen, 1991 Austritt und Gründung der Ökologischen Linken, Herausgeberin der Zeitschrift ÖKoLinX, sechs Jahre im Bundesvorstand der dju/IG-Medien.

Elke Esders, geb. 1957; Studium der Politikwissenschaft und Anglistik in Bamberg und Brighton, Tätigkeit als Dozentin am Lehrstuhl für Politikwissenschaft der Universität Bamberg, anschließend Anstellung als »Junior professional officer« beim »UN-Institute for Training and Research« (UNITAR) in Genf, seit 1990 Verwaltungsrätin bei der SPE-Fraktion im Europäischen Parlament (Grundfreiheiten und Innere Sicherheit).

Dr. Rolf Gössner, geb. 1948, Rechtsanwalt und Publizist; parlamentarischer Berater, Sachverständiger im Bundestag u. a. zum OrgKG und in verschiedenen Landtagen zu Polizei- und Verfassungsschutzgesetzen. Autor u. a. von: »Mythos Sicherheit – Der hilflose Schrei nach dem starken Staat« (Hg.; 1995), »Polizei im Zwielicht – Gerät der Apparat außer Kontrolle?« (1996).

Anton Andreas Guha, geb. 1937; seit 1967 Redakteur der Frankfurter Rundschau, seit 1981 auch Redakteur der Zeitschrift VORGÄNGE. Zahlreiche Artikel, Reportagen, Kommentare und Buchveröffentlichungen, u. a. »Sexualität und Pornographie oder die organisierte Entmündigung« (1991).

Dr. Friedrich Heckmann, geb. 1953, Professor für Sozialethik an der Evangelischen Fachhochschule Hannover, Fachbereich Sozialwesen, mit den Arbeitsschwerpunkten Ethik und Ökologie, Mitarbeit in der Bürgerinitiative für Sozialismus. Buchveröffentlichung: »Wirtschaft von unten – Selbsthilfe und Kooperation« (Hg. zus. mit E. Spoo; 1997).

Dr. Jörg Heimbrecht, geb. 1945, Journalist, Sachbuchautor; steht mit seinen Methoden der Enthüllung von gesellschaftlichen Mißständen in der Nachfolge von Wallraff, Spezialist für Aufdeckung illegaler Geldwäschepraktiken. Bekannt geworden durch das Buch: »Das Milliardending. Minister, Multis, Moneten« (1984); enthüllende Fernsehfeatures.

Dieter Hummel, geb. 1955, Rechtsanwalt; Vorstandsmitglied der Vereinigung demokratischer Juristinnen und Juristen.

Rolf Knecht, geb 1934, Werkzeugmacher; seit 1996 im Ruhestand, davor Betriebsrat und Konzernbetriebsrat bei Honeywell Deutschland, nach wie vor stellvertretender Aufsichtsratsvorsitzender des Konzerns und BCC-Vorstandsmitglied. Veröffentlichungen in Sammelbänden, z. B.: »Was ein Betriebsrat über die intern. Geschäfte seines Arbeitgebers weiß und wissen sollte«, in: H. See/D. Schenk: »Wirtschaftsverbrechen« (1992).

Otto Köhler, geb. 1935, Redakteur bei »Pardon«, dann Kolumnist beim »Spiegel«, seit 1972 freischaffender Journalist und Schriftsteller. Buchveröffentlichungen: »... und heute die ganze Welt – Die Geschichte der IG-Farben und ihrer Väter«, »Wir Schreibmaschinentäter – Journalisten unter Hitler und danach«; »Die Macht der Reichen – das System Metro/Kirch«, in: H. Schui/E. Spoo: (Hg.): »Geld ist genug da« (1996).

Dr. Reinhard Kühnl, geb. 1936, Professor für Politikwissenschaft an der Universität Marburg. Zahlreiche Bücher, u.a. »Faschismustheorien« (Neuaufl. 1990); »Die Weimarer Republik« (Neuaufl. 1993); »Deutschland seit der Französischen Revolution« (1996)

Johannes Ludwig, geb. 1949, Wirtschafts- und Medienwissenschaftler; fünf Jahre Assistent an der TU Berlin, seit 1985 freier Journalist, Sachbuchautor und Filmproduzent, Dozent der Joumalisten-Weiterbildung an der FU Berlin. Zahlreiche Veröffentlichungen über Steuern und Staatsfinanzen, Bankenmacht, Ökonomie der Medien und Wirtschaftskriminalität, u. a.: »Wirtschaftskriminalität – Schleichwege zum großen Geld« (1992).

Leo Mayer, geb. 1949, Informatiker; Betriebsrat bei Siemens, ehrenamtliche Mitarbeit im isw – Institut sozial-ökologische Wirtschaftsforschung e.V., München.

Dieter Quermann, geb. 1950, Kriminalbeamter; Leiter der Dienststelle zur Bekämpfung der Wirtschafts- und Computerkriminalität im Polizeipräsidium Düsseldorf.

Hans Reich, geb. 1954, Schuldnerberater beim Deutschen Roten Kreuz in Braunschweig. Veröffentlichungen u. a.: »Verdienstquelle Verschuldete und Überschuldete«, in: H. Schui/E. Spoo (Hg.): »Geld ist genug da« (1996).

Rainer Roth, geb. 1944, Professor für Soziologie am Fachbereich Sozialarbeit der Fachhochschule Frankfurt a. M. mit dem Schwerpunkt Armut und Sozialhilfe; Vorsitzender von KLARtext e.V., einem Verein, der dafür eintritt, die Staatsfinanzen auf Kosten der Reichen zu sanieren. Veröffentlichungen: zahlreiche Leitfäden der Sozialhilfe, Sozialhilfe für Behinderte und Pflegebedürftige, Sozialhilfe für Wohnungslose; Studie zum Lohnabstandsgebot: »Abwärts mit den Regelsätzen« (1996); »Über den Monat am Ende des Geldes« (1992); »Über den

Lohn am Ende des Monats« (1997); »Wie die Reichen immer reicher werden«, in: H. Schui/E. Spoo (Hg.): »Geld ist genug da« (1996).

Dr. Werner Rügemer, geb. 1941, Journalist, Publizist; 1975 bis 1989 Redakteur einer pädagogischen Fachzeitschrift. Zahlreiche Veröffentlichungen zur Philosophie, Wirtschaft und Technik. Büchveröffetnlichungen u. a.: »Staatsgeheimnis Abwasser« (1995) und »Wirtschaften ohne Korruption?« (1996).

Wolfgang Schaupensteiner, geb. 1948, Oberstaatsanwalt in Frankfurt a. M., zuständig für Verfolgung von Wirtschaftskriminalität.

Gisbert Schlemmer, geb. 1946, Diplomsoziologe; Vorsitzender der Gewerkschaft Holz und Kunststoff.

Dr. Fred Schmid, geb. 1938, freier Journalist; Mitarbeiter beim isw – Institut sozial-ökologische Wirtschaftsforschung e.V., München. Arbeiten und Publiktionen u.a. zum Militär-Industrie-Komplex, Globalisierung der Wirtschaft, Europastrategie des deutschen Kapitals, Konzern- und Branchen-Analysen.

Dr. Herbert Schui, geb. 1940, Prof. für Volkswirtschaftslehre an der Hochschule für Wirtschaft und Politik in Hamburg; Mitglied der Arbeitsgruppe Altemative Wirtschaftspolitik. Letzte Buchveröffentlichungen: »Ökonomische Grundprobleme des entwickelten Kapitalismus« (1991); »Geld ist genug da – Reichtum in Deutschland« (Hg. mit E. Spoo; 1996); »Wollt ihr den totalen Markt? – Der Neoliberalismus und die extreme Rechte« (Hg; 1997).

Dr. Hans See, geb. 1934, Professor für Politikwissenschaft, Sozialpolitik und Wirtschaftskriminologie an der Fachhochschule Frankfurt a. M. Veröffentlichungen u. a.: »Kapital-Verbrechen. Die Verwirtschaftung der Moral« (1992); »Die Macht der Banken – Wie Menschen und Völker, Städte und Staaten in Schulden versinken«, in: Gegen die Soziale Lüge – Armut und Verelendung im reichen Deutschland« (1993); »Wirtschaft und Politik im Spannungsfeld der Korruption«, in: »Korruption in Deutschland« (1995).

Eckart Spoo, geb. 1936, Journalist in Hannover; Herausgeber zeitgeschichtlicher und medienkritischer Bücher, u. a.: »Kohl-Zeit – Ein Kanzler und sein Deutschland« (1991); »Weltmacht Deutschland?« (mit D. Heimann u. a.; 1996); »Geld ist genug da – Reichtum in Deutschland« (mit H. Schui; 1996); »Wirtschaft von unten – Selbsthilfe und Kooperation« (mit F. Heckmann; 1997); »Eigentum verpflichtet – Die Erfurter Erklärung« (mit Daniela Dahn, Dieter Lattmann und Norman Paech; 1997).

Manfred Such, geb. 1942; MdB für Bündnis 90/Die Grünen, ehemaliger Kriminalhauptkommissar, Mitbegründer und erster Sprecher der »Bundesarbeitsgemeinschaft Kritischer Polizistinnen und Polizisten«, Vorstandsmitglied von BCC. Veröffentlichungen, u.a: »Bürger statt ›Bullen‹. Streitschrift für eine andere Polizei« (1988).

Rolf Uesseler, geb. 1943; Journalist und Sachbuchautor, lebt seit 1979 in Rom. Mehrere Bücher, u.a.: »Mafia, Mythos, Macht, Moral« (1987); »Herausforderung Mafia – Strategien gegen Organisierte Kriminalität« (1993); »Stichwort Mafia« (1994); Aufsätze, vor allem über das politische Leben in Italien.